BOMBAS SEMIÓTICAS NA
GUERRA HÍBRIDA BRASILEIRA (2013-2016)

Wilson Roberto Vieira Ferreira

BOMBAS SEMIÓTICAS NA
GUERRA HÍBRIDA BRASILEIRA (2013-2016)
Por que aquilo deu nisso?

Cinegnose Publicações

2020

Cinegnose Publicações

Blog: Cinema Secreto: Cinegnose
http:// cinegnose.blogspot.com
Email: ferreirawrv@gmail.com
São Paulo/SP/Brasil

```
       Dados Internacionais de Catalogação na Publicação (CIP)
            (Câmara Brasileira do Livro, SP, Brasil)

       Ferreira, Wilson Roberto Vieira
          Bombas semióticas na guerra híbrida brasileira
       (2013-2016) : por que aquilo deu nisso? / Wilson
       Roberto Vieira Ferreira. -- 1. ed. -- São Paulo : Ed.
       do Autor, 2020.

          Bibliografia
          ISBN 978-65-00-07212-9

          1. Artigos jornalísticos 2. Comunicação - Pesquisa
       3. Comunicação de massa 4. Jornalismo 5. Publicidade
       6. Semiótica 7. Semiótica - História I. Título.

       20-41530                                  CDD-302.2

               Índices para catálogo sistemático:

          1. Comunicação : Artigos jornalísticos   302.2

          Maria Alice Ferreira - Bibliotecária - CRB-8/7964
```

"Nenhum pensamento é imune à comunicação, e basta
já expressá-lo num falso lugar e num falso acordo
para minar a sua verdade"

(Theodor Adorno)

Sumário

2015 - FICÇÃO, AGENDA POLÍTICA E ETNOGRAFIA DA POLARIZAÇÃO POLÍTICA

Introdução: Bombas Semióticas, Guerra Semiótica, Guerra Híbrida...

"Pior que as práticas isoladas de intolerância e preconceito é a preocupação de que o retrofascismo está à espera de uma tradução política para conquistar, mais uma vez, o Estado".

Com esta afirmação terminava o artigo "Retrofascismo e a Bomba Tecnológica" de março de 2011. Naquele momento, já eram recorrentes notícias sobre atos de intolerância e racismo: ciclistas em uma mobilização eram intencionalmente atropelados em Porto Alegre/RS; ocorrências de agressão a homossexuais na região da Avenida Paulista, São Paulo; redes sociais invadidas por mensagens de ódio postadas por supremacistas autointitulados "Orgulho Paulista" incitando ódio contra nordestinos etc.

Aqui e ali já se manifestavam indícios da matéria-prima psicossocial que seria instrumentalizada alguns anos depois na escalada de uma guerra semiótica cuja conclusão seria o impeachment de Dilma Rousseff em 2016.

Só estava à espera de uma câmara de eco, papel cumprido diligentemente pela mídia corporativa – através de seus telejornais, comerciais de TV e produtos ficcionais como minisséries e telenovelas, foi dada a tradução política necessária para arregimentar uma massa que mais tarde seria colocada nas ruas a partir de 2013.

As chamadas "Jornadas de Junho" de 2013, cujo estopim (ou o álibi) foram protestos contra o aumento das tarifas do transporte público, foi o pontapé inicial desse movimento que silenciosamente começava a ser gestado.

Na época, muitos viam nas milhares de pessoas nas ruas como "o novo na política".

Via professores e intelectuais querendo ver de perto ou fazer parte daquelas massas cujo *modus operandi* era tão visível que se tornaria um clichê: eram descritas como suprapartidárias, convocadas nas redes sociais e com uma organização horizontal, sem lideranças que se destacavam. Pelo menos, no seu início.

Enquanto a mídia corporativa levaria uma semana para compreender o que estava ocorrendo (para depois incorporar as "jornadas" no *script* da grande mídia como o principal partido de oposição), este humilde blogueiro vaticinava: "apertem os cintos... pois a esquerda sumiu!".

Não a "esquerda" especificamente estava sumindo, mas a própria mediação política de toda demanda social ou conflito. O ano de 2013 colocava em ação no Brasil todo o roteiro das chamadas "Primaveras" ou "Revoluções Coloridas" que pipocaram por todo o planeta - Jordânia (2013), Egito (2013), Ucrânia (2014), Georgia (2003), Hong Kong (2014), Síria (2012), Tunísia (2010), Líbia (2011) e, finalmente, Brasil (2013-16).

O modelo desses "levantes populares" de protestos desse século está lá no século passado como a "Primavera de Praga" na Checoslováquia em 1968 ou a chamada "Revolução de Veludo" no Leste Europeu em 1989.

Previsíveis e com uma narrativa tão fixa e recorrente que falar sobre isso sempre faz o locutor ser rotulado de "sensacionalista" ou "teórico da conspiração".

"Primaveras", "levantes", "jornadas", "protestos", não importa o nome. Em todos eles, sempre a cobertura midiática relata os acontecimentos sob a narrativa do "espontâneo", do "novo", da "renovação na política" ou, como no recente giro de "primaveras" pelo planeta, do papel das novas tecnologias digitais (redes sociais e dispositivos móveis) nesse processo. E sempre com o mesmo viés: a "velha política" supostamente não conseguiria dar mais conta das insatisfações, principalmente dos jovens.

Cronologia das bombas semióticas

Durante meus estudos na época da faculdade de Jornalismo, lá no início dos anos 1980, li o livro do pesquisador uruguaio Armand Dreifuss, 1964: A Conquista do Estado.

Com detalhes e fartamente documentado, Dreifuss descreve como o período de 1962-64 foi marcado por uma verdadeira guerrilha com bombas semióticas cujas explosões sucessivas desestabilizaram o governo Goulart para facilmente ser defenestrado pelos militares.

Como rádio, cinema, TV e meios impressos (além da ação direta por meio de rede suprapartidária que barrava qualquer projeto do governo no Congresso) foram orquestrados pelo chamado "complexo IPES-IBAD"

    Wilson Roberto Vieira Ferreira

(Instituto de Pesquisas e Estudos Sociais e Instituto Brasileiro para Ação Democrática) - Mobilizou a opinião pública para torna-la receptiva ao Golpe Militar que viria mais tarde.

Uma coisa é ler nos livros um evento que ocorreu décadas atrás. Outra completamente diferente é vivenciar em tempo real esses tipos de operações psicológicas capazes de redefinir os rumos sócio-políticos de uma nação inteira.

Por isso, a partir de junho de 2013 o blog "Cinema Secreto: Cinegnose" deu iniciou uma série de 51 postagens ao longo do período 2013-2016. Uma espécie de crônica das bombas semióticas que eram armadas e detonadas pela mídia.

Esse livro reúne essa série – um esforço para entender cronologicamente e em detalhes a evolução dessa operação simultaneamente semiótica (entender os diversos recursos linguísticos e semiológicos dessas verdadeiras bombas cognitivas) e psicológica - a criação de um pseudoambiente para a opinião pública, decisivo para a percepção de que o País estava imerso no caos para finalmente exortar a radicalização e polarização política.

Para tudo aquilo dar nisso que estamos vivendo atualmente.

Guerrilha Semiológica

Bombas semióticas e guerra semiótica (a matéria-prima da chamada Guerra Híbrida - transferir para o campo do simbólico as táticas militares usadas em um campo de batalha numa guerra convencional) são conceitos inspirados no conceito de "guerrilha semiológica".

Conceito de um pequeno texto de Umberto Eco, publicado em 1967, no qual vislumbrava a possibilidade de uma ação política para fazer um determinado público discutir as mensagens midiáticas para inverter o seu significado.

Como o leitor perceberá nessa crônica das bombas semióticas brasileiras, toda a ação de guerra híbrida foi dividida em quatro etapas bem definidas que podemos dividir da seguinte maneira: Caos; Guerra Total; Ficcionalização da agenda política e prospecção etnográfica; Polarização.

Como podemos observar na crônica das bombas semióticas, cada uma dessas etapas corresponde a cada ano dentro desse período de 2013 a 2016:

2013: caos

Camuflado como informações noticiosas, o objetivo era tornar a atmosfera política cada vez mais pesada com supostos indícios (fotos posadas e retoricamente carregadas – bandeiras nacionais queimadas, black blocs posando para fotógrafos com barras de ferro e pedras nas mãos, carros incendiando etc.) de que o país estava desgovernando e caminhando para o abismo.

Passou para a glamourização de jovens ativistas, a ameaça das hordas dos "rolezinhos" classe C e caos econômico – o descontrole da inadimplência e o ataque dos tomates inflacionários.

2014: Guerra Total

O início de 2014 começou a ampliar a variedade de bombas semióticas: noticiário econômico (crescimento da inadimplência e a ameaça dos tomates inflacionários assassinos), a politização dos cadernos de Cidades e Cultura – a perigosa "onda de rolezinhos" que ameaçava invadir shoppings.

Em 2014 guerra semiótica torna-se total: comerciais na TV (por exemplo, "Eu sou o Futebol", da Brahma), logotipos de telenovelas com sugestões subliminares, desfiles de moda (como no da Ellus no SPFW daquele ano), noticiário esportivo repercutindo o slogan "Não Vai Ter Copa!".

O arsenal semiótico acabou chegando até no prosaico bloco da previsão do tempo nos telejornais no qual infográficos presumiam a catástrofe climática que ameaçava se abater sobre o País.

2015: Ficcionalização da
agenda política e etnografia

Investimentos semióticos na teledramaturgia em minisséries como *Felizes para Sempre?*, *Questão de Família* e *O Brado Retumbante* da Globo – ator parecido com Aécio Neves em narrativa política, juízes justiceiros e protagonistas empreiteiros que financiavam campanhas eleitorais. Legitimação da agenda política através da narrativa ficcional da teledramaturgia.

E ao mesmo tempo a prospecção etnográfica na qual a grande mídia, indústria publicitária e de entretenimento começaria a criar as novas hostes de jovens neoconservadores que no futuro iriam vestir de camisas

    Wilson Roberto Vieira Ferreira

amarelas da CBF e sair nas ruas apoiando o impeachment: "novos tradicionalistas", "simples descolados", "coxinhas 2.0", "Rinocerontes" etc.

Novos tipos ideias (no sentido sociológico weberiano) como
uma reação das classes médias à ascensão da chamada classe C ao consumo
de itens antes restritos como o automóvel, restaurantes, shoppings e aeroportos.

2016: Radicalização e polarização

Construída as bases etnográficas de jovens neoconservadores,
passou-se a instigar a polarização geográfica, racial e política - com direito a
infográficos dividindo o País ao meio por um grande muro para explicar a
vitória de Dilma nas urnas, como no caso do jornal Folha de São Paulo.

Turbinados por neo-humoristas supostamente politicamente
incorretos, boots nas redes sociais e espaço nos telejornais para políticos do
baixo clero no Congresso como a bancada da bala, do boi e da Bíblia.

Foi o momento em que a grande mídia se transformou numa
câmara de eco das manifestações de ódio e intolerância - haters nas redes
digitais, manifestações de rua exortando intervenção militar, com Bolsonaro
lentamente ganhando espaço em programas de entretenimento como CQC,
Pânico e Super Pop. Tudo tolerado, porque ajudava a engrossar o coro pelo
golpe político e criar o clima politicamente pesado e perfeito para o impeachment.

Cada uma dessas quatro etapas não é estanque: sempre ocupa
parte do ano posterior, como fosse um efeito residual do no anterior. Até a
grande mídia "receber" os novos comandos para a mudança de estratégia
semiótica.

Abaixo o gráfico que representa essa dinâmica com as seguintes coordenadas: ano versus número de postagens no blog *Cinegnose*.

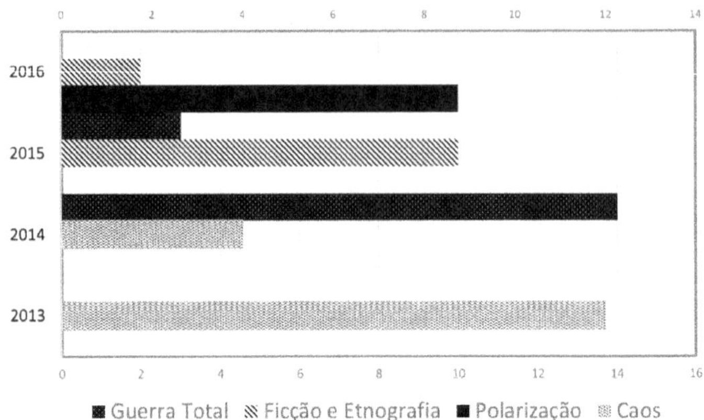

Wilson Roberto Vieira Ferreira

Os primeiros sinais...

Retrofascismo e a Bomba Tecnológica

(09/03/2011)

"Quem é duro consigo mesmo, também é com os demais"
(Theodor Adorno)

Uma novidade ronda o início de século XXI: o Retrofascismo. Se o fascismo clássico foi uma reação à depressão econômica e a humilhação do nacionalismo, o Retrofascismo atual é uma formação reativa contra a "bomba tecnológica": o último espasmo do corpo diante do destino da virtualização da carne. Práticas isoladas de intolerância e preconceito significam que o retrofascismo está à espera de uma tradução política para conquistar, mais uma vez, o Estado.

O que há em comum nos fatos abaixo?

1. Vinte ciclistas atropelados intencionalmente numa mobilização do grupo Massa Crítica em Porto Alegre;
2. As recorrentes notícias de homossexuais agredidos na região da Avenida Paulista, São Paulo, por grupos de jovens;
3. Relatos crescentes de prática de bullying digital nas escolas (criação de perfis falsos nas redes sociais que agridem ou difamam pessoas ou instituições);
4. Após os atropelamentos em Porto Alegre, o blog do movimento Massa Crítica vem recebendo ameaças anônimas onde se elogia a ação do motorista que intencionalmente atropelou os ciclistas, lamentam não ter morrido ninguém e incentivam novos ataques;

5. Principalmente após as últimas eleições presidenciais, redes sociais foram invadidas por mensagens incitando o ódio aos nordestinos e invocando um suposto "orgulho paulista".

Esses episódios parecem ser exemplos de um fenômeno novo que ronda o início de século: o Retrofascismo. O fascismo, que supostamente jamais voltaria a acontecer novamente, retorna como farsa, como uma forma latente de personalidade autoritária, como uma formação reativa à bomba tecnológica em plena era democrática. Uma formação reativa ainda à espera de uma tradução política para se tornar um Estado Fascista.

Na sua forma clássica, após a Primeira Guerra Mundial, o fascismo surgiu como uma reação à condição da depressão econômica generalizada na Europa combinada com o senso de humilhação nacional. Alemanha, Itália, Espanha e Portugal deram uma guinada para estados autoritários cuja promessa de reerguimento econômico e moral estava baseada em um processo de "purificação" da nação: retorno aos valores tradicionais da nação corrompidos pelo capitalismo financeiro internacional (nas mãos dos judeus), eliminação de tudo que impedisse o reerguimento nacional (estrangeiros) e disciplinarização (militarização) do corpo da nação: controle dos civis por meio da prescrição de hábitos "saudáveis" (antitabagismo, higiene, assepsia e monitoramento médico – médicos da SS no caso da Alemanha - da população). Tudo isso ancorado pelas estratégias modernas de propaganda que impactam as mídias de massa até hoje.

O surto fascista, na verdade a única contribuição à política do século XX à História, culminou com a II Guerra Mundial até a derrota do nazi-fascismo.

Porém, pesquisadores como o cientista político canadense Arthur Kroker vêm alertando desde o final do século passado para o ressurgimento do fascismo através de traços latentes, surtos ou formações reativas, igualmente alimentadas pela depressão econômica e pelo senso de enfraquecimento do nacionalismo diante da Globalização. Porém, agora com uma novidade: a hiper-tecnologia que virtualiza o Outro e a si mesmo.

Para Kroker, o retro-fascismo é uma formação reativa dos "derrotados", um "último espasmo do corpo diante do destino da virtualização da carne".

"O fascismo característico que se pensou jamais acontecer novamente retorna como uma vingança, criando uma situação ambivalente de hiper-tecnologia combinada com primitivismo. De um ponto de vista, organismos sócio-biológico-linguístico (seres humanos) virtualizam as relações com os outros e consigo mesmos.

     Wilson Roberto Vieira Ferreira

(...) Nesse contexto de dupla mediação, fascismo é uma formação reativa contra a lógica da virtualidade (...) A carne falhou. Os sinais desse fato são as operações realizadas pelo desejo por virtualidade e a reaparição do fascismo (o maior de todos os movimentos nostálgicos) – a vida dirigida pelo ódio (de si mesma) para destruir o Outro (e a si mesma). Fascismo: a revolta dos derrotados. A carne está sendo derrotada (...). Uma (essencial) definição operacional de fascismo: pessoas com severo ódio de si mesmas tentam salvar elas próprias às expensas dos outros e recebem em troca uma sádica recompensa." (KROKER, Arthur. Data Trash – the theory of the virtual class. New York: Saint Martin's Press, 1994, pp. 86-87.)

Se a depressão econômica e o enfraquecimento do nacionalismo foram as causas do fascismo clássico, hoje são os dois momentos de um único movimento ao qual Kroker define como "desejo por virtualidade" ou "reclíneo do corpo".

Retrofascismo e o desejo por virtualidade

Os ressurgimentos de nacionalismos e bairrismos ("orgulho paulista" ou sentimentos separatistas como "república de São Paulo") surgem como reação ao movimento de Globalização onde a crescente liquidez dos fluxos financeiros enfraquece o poder do patrimônio local ou nacional.

A depressão econômica clássica do período entre guerras mundiais hoje é experimentada pelos ciclos depressivos das crises financeiras internacionais, como a última de 2008. Crises de realização dos lucros de papéis sem lastros que arrastam o Estado, as poupanças e as aposentadorias individuais para o ralo da ajuda dos bancos centrais às quebras do sistema financeiro.

Mesmo em momentos de estabilidade econômica, o crescimento ocorre às expensas de práticas gerenciais e políticas corporativas que produzem medo e insegurança: flexibilização das leis trabalhistas, contratos temporários, terceirizações etc., em ambientes de trabalho onde os empregados (ou "colaboradores") são isolados em baias, incrementando o clima de paranoia.

Simultaneamente, como forma de se redimir ou escapar desse clima de insegurança e medo, abraçam o fascínio pelos gadgets e pragmatismo tecnológicos (o que chamamos de "bomba tecnológica"): a sedução pela liberdade prometida pela virtualidade do ciberespaço. Mas, como aponta Kroker, o efeito é inverso. Imagens renderizadas ou hiper-reais do próprio corpo e a paralisia corporal diante das próteses tecnológicas somente aumentam a percepção de que o corpo é decadente e necessita ser substituído.

A formação reativa a essa percepção é o desejo por pureza na busca de uma ressurreição impossível da carne: limpeza sexual, limpeza étnica, limpeza intelectual, limpeza racial etc. É a nostalgia por um corpo idealizado e poderoso, reforçada pelo ressurgimento, como farsa, de ideologias eugênicas e de pureza racial como clonagem e engenharia genética.

Esse mal estar pós-moderno constituído pelo medo e paranoia no mundo do trabalho aliado ao ódio de si mesmo (introjeção da culpa pela decadência do corpo e pela frustração no trabalho) resulta na clássica fórmula do fascismo latente descrita por Theodor Adorno em seus estudos sobre a personalidade autoritária na década de 40 nos EUA (a famosa pesquisa sobre a "Escala F"): "quem é duro consigo mesmo , também é com os demais".

A dureza contra os outros (estrangeiros, homossexuais etc.), ou seja, todos aqueles cuja percepção os rotula como "fracos" ou "inferiores" são a projeção do mesmo enfraquecimento interior diante de processos incompreensíveis, que apenas se potencializam na era da Globalização e da hiper-tecnologia.

Nos termos de Arthur Kroker, o Retrofascismo é a "nostalgia do futuro". Numa época de mal-estar e niilismo onde a tecnologia aponta não para a potencialização, mas para a substituição do corpo e do real (seja na financeirização da economia global, seja no ciberespaço), a última reação dos sujeitos é nostálgica: a recuperação da potência ao ser duro consigo mesmo e com os outros.

Assim como no trágico passado o fascismo recuperou antigas mitologias pagãs sobre super-raças ou de uma época de ouro de seres fortes e íntegros, no retrofascismo atual retornamos ao nacionalismo, racismo com muito misticismo New Age em plena hiper-tecnologia. Só conseguimos ter esperanças no futuro retornando ao passado.

Pior que as práticas isoladas de intolerância e preconceito é a preocupação de que o retrofascismo está à espera de uma tradução política para conquistar, mais uma vez, o Estado.

  Wilson Roberto Vieira Ferreira

Apertem os cintos... a esquerda sumiu!

(19/06/2013)

A escalada de manifestações nas ruas em todo o país parece expressar um profundo mal-estar dos jovens em relação não apenas à política *(o jogo partidário), mas principalmente à instituição da* Política *como representação de qualquer demanda social. Desconfiam que por trás da Política ou do Poder não existe nada mais do que ardil, simulação, blefe. Mas a mídia tem horror ao vácuo: para manter o ardil da simulação os meios de comunicação precisam encaixar as manifestações em um* script, *assim como um novo roteiro de um filme publicitário que oferece mais do mesmo para o mercado.*

As interpretações dos cientistas e comentaristas políticos crescem na mesma proporção que os protestos nas ruas. Em toda essa espiral interpretativa há um ponto que todos parecem concordar: a incrível flexibilidade e rapidez da logística das mobilizações nas ruas através das redes sociais contrasta com os lentos canais de comunicação representativos de partidos políticos, Executivo e organizações classistas. A UNE, por exemplo, desapareceu. Qualquer identificação partidária no meio das passeatas é vista com maus olhos e rejeitada pelos manifestantes.

Mas essa questão logística de comunicação é apenas o sintoma: os jovens na rua estão expressando um profundo mal estar em relação não apenas à política (o jogo partidário), mas principalmente à Política – o questionamento da própria ideologia política como representação de qualquer demanda social. Em outras palavras, os jovens desconfiam que por trás da Política ou da ideologia não existe nada e que tudo é um ardil, uma simulação, um blefe.

A essa desconfiança que parece estar latente em cada voto nulo ou em branco o pensador francês Jean Baudrillard chamava de "grau zero da política". Para ele o Poder teria perdido a sua correspondência objetiva no real.

Ele subsistiria apenas no campo midiático da simulação da vontade política das autoridades, das suas declarações, das suas "canetadas" em projetos e promulgação de leis, nas intrigas palacianas, nos boatos metodicamente "vazados" para as mídias. Diante do Capital, o Poder subsistiria como mero gerenciador da manutenção macroeconômica. Dito de outro modo, o Poder não mais *produz* a Política, ele apenas *reproduz* políticas econômicas, financeiras, sociais etc.

O perigo da simulação

O que seria então o jogo partidário senão a simulação de diferenças ideológicas que, em si, cessaram? Lendo Baudrillard parece que ele quer nos dizer que os partidos guardam uma analogia às mercadorias promovidas pela Publicidade: em mercados cartelizados os produtos começam a ficar cada vez mais parecidos tecnologicamente; por isso, o ardil publicitário seria o de simular diferenças (design, cores, apresentação, retórica etc.), criar um centro gravitacional em torno do qual tudo circule para evitar a suspeita no consumidor de que tanto faz qual produto escolher.

É exatamente esse o perigo de toda simulação ou blefe: e se suspeitarmos de que nada existe por trás? E se o eleitor descobrir que por trás da representação democrática não existe *produção* (História, Revolução, Transformação, Rupturas etc.), mas apenas a *reprodução ad eternum* não só do jogo político (circularidade e auto referência) como também *reprodução* da onisciente necessidade de reprodução macroeconômica do valor de troca?

Esse mal-estar de que, na verdade, "tanto faz" representaria o momento de verdade de toda essa escalada de protestos que testemunhamos nas ruas e nos meios de comunicação. Os jovens estão deixando o rei nu, Dorothy abre a cortina e descobre que o Mágico de Oz não existe.

Horror ao vácuo

Porém, a natureza parece ter horror ao vácuo. A ausência de centro gravitacional, de uma massa com densidade suficiente para criar uma força centrípeta que dê sentido à Política e ao Poder, passa a ser compensada de forma canhestra por uma instituição: a mídia.

Quando Maria Judith Brito, presidente da Associação Nacional dos Jornais (ANJ), falou que diante de uma oposição fragilizada politicamente no país os meios de comunicação seriam de fato o verdadeiro partido de

   Wilson Roberto Vieira Ferreira

oposição, não foi uma mera bravata ou elogio à liberdade de (em)imprensa. Foi na verdade uma tese baudrillardiana de que toda a sociedade já gravita em torno das mídias como a única forma de produção de sentido possível, nem que seja como simulação.

O campo de enquadramento da câmera passa a ser o novo tempo forte do social, em torno do qual todos os agentes gravitam, inclusive o próprio Poder e a Política.

Nas ruas o comportamento dos manifestantes diante das mídias tem se mostrado ambíguo: de um lado queimam furgões de emissoras de TV como o da Record ou expulsam repórteres da TV Globo como o caso de Caco Barcelos; por outro, onde tem um cinegrafista e um spot de luz (desde que não identificada a emissora) é imediatamente cercado por manifestantes que gritam palavras de ordem, pulam, acenam e mostram cartazes com mais palavras de ordem e reivindicações.

O incêndio do painel da Coca-Cola Copa 2014

É inegável que há um componente cênico-teatral nas ações nas ruas, um desejo de visibilidade, de repercussão ao depredar símbolos midiáticos (o painel da Coca-Cola em referência à Copa 2014) ou quando skatistas posam para fotos e cinegrafistas diante da carcaça do furgão da TV Record incendiado.

Passado o momento progressista e de verdade de um movimento que rechaçou a simulação do jogo político-partidário, o movimento corre agora o risco de ser mais um agente a gravitar em torno dos meios de comunicação, principalmente agora que a mídia descobriu um script para encaixá-lo. Passado o momento de perplexidade em que a mídia viu as manifestações das ruas sem poder entendê-las a não ser pela execração ("vândalos", "criminosos", "burrice política" etc.), agora vislumbram a possibilidade de encaixar as passeatas e mobilizações no roteiro da simulação do Poder e da Política a partir da criação da atmosfera de uma suposta crise.

Em poucos dias a TV Globo passou a compará-los aos "caras-pintadas" do impeachment de Collor, a convidar os espectadores a enviar seus melhores vídeos sobre os protestos, a caprichar nos enquadramentos de forte carga retórica (torre da FIESP na avenida Paulista iluminada em verde e amarelo diante de um mar de faixas e cartazes, uma criança que dava flores para cada manifestante que passava na avenida Faria Lima...). E as cenas de depredação e incêndios provocadas claramente por truculentos agitadores sempre mostrados em tomadas aéreas por helicópteros para dar um impacto ainda maior de caos e anomia, emendadas por comentários sobre perda do controle federal, repercussão internacional das manifestações, aumento do dólar e assim por diante em um delirante discurso metonímico.

Se a grande novidade da explosão das manifestações foi pegar a questão das tarifas de ônibus como um álibi para expressar esse mal estar do jovem diante do artificialismo da Política, agora ironicamente começam a ser capturados pelo mesmo discurso midiático que quer encobrir esse mesmo artificialismo ao simular a existência de Poder através do ensaio de golpe contra o governo Dilma.

Nostalgia ideológica

Dilma precisa ser derrubada por uma necessidade simbólica de simulação das diferenças ideológicas

Se o Poder não existe para Baudrillard, porque falar então em "golpe"? Para Baudrillard, se existe Poder ele não está mais no campo da política e do discurso, mas na ordem do proibido, da Lei, dimensões que evocam muito mais uma antropologia da política do que a ordem objetiva do real. Explicando melhor, o PT precisa ser derrubado não porque ele é virulento e radical (afinal ele nada mais fez até agora do que modernizar o país pela normalização das funções de reprodução de força de trabalho e consumo ótima para o capital com as medidas de inserção social e a manutenção da financeirização), mas por uma necessidade simbólica de simulação das diferenças ideológico-partidárias.

Encaixar os gritos das ruas à pauta midiática do combate à corrupção e à indignação "contra tudo que está aí" é um álibi para invocar toda a nostalgia ideológica retro da Direita: neoliberais radicais, neofascistas e

   Wilson Roberto Vieira Ferreira

tantos "neos" quanto forem necessários para a simulação do embate político.

Pois justamente no momento em que os jovens nas ruas expressavam esse sintoma do envelhecimento e fastio diante do jogo da simulação da Política e do Poder, eis que surgem os meios de comunicação ávidos por encaixar esses jovens manifestantes em um roteiro pré-estabelecido que, por incrível que pareça, a mídia levou algum tempo para entender: o *script* da "primavera de mudanças", da "novidade política", assim como o roteiro de uma campanha publicitária que lança mais do mesmo no mercado.

Tudo isso lembra o já mítico filme "Show de Truman" (Truman Show, 1998): diante da melancolia e paranoia crescentes do protagonista que desconfia de que há algo de errado na cidade de Seaheaven onde vive, o produtor do reality show cria um *plot* melodramático para racionalizar o mal estar de Truman: na verdade tudo o que ele sente nada mais é do que a culpa pela morte do pai.

Da mesma forma os meios de comunicação querem transformar as manifestações na palmatória de um suposto processo de moralização política em andamento, retirando toda a radicalidade de jovens que começavam a perceber que por trás das camadas ideológicas, nada existe.

Em um *revival* nostálgico voltam à memória da mídia a "marcha pela família" que antecedeu o golpe que derrubou João Goulart em 1964, as greves gerais que minaram o poder do governo socialista de Allende no Chile e a "Marcha dos 100 mil" de protesto contra a ditadura militar brasileira em 1968. Da Esquerda para a Direita essas imagens retro são repercutidas para, de alguma forma, dar sentido aos verdadeiros *flash mobs* em que se tornaram as mobilizações. A mídia soube entender em tempo hábil tudo isso, mas e a Esquerda? Sumiu... apertem os cintos.

Wilson Roberto Vieira Ferreira

2013 - Caos...

Bombas semióticas explodem na mídia

29/06/2013

Paralela à escalada de manifestações no País, nesse momento em cada re-dação de um veículo de comunicação e em cada cobertura jornalística nas ruas, está sendo travada uma verdadeira guerrilha semiótica: um enorme aparato de recursos bélicos retóricos, linguísticos e semiológicos está sendo mobilizado para saturar fotografias e vídeos com significações que apontam para uma estratégia discursiva bem evidente: a imagens devem ser teste-munhas da instabilidade, caos e baderna que dominaria a Nação. Encon-tramos duas "bombas semióticas" (uma no Portal Terra e outra na auto-denominada "edição histórica" da revista Veja) e tentamos desmontá-las em um exercício de engenharia reversa. Bombas camufladas em informa-ção, mas que explodem para criar ondas de choque de um tipo de propa-ganda baseada no esvaziamento de dois símbolos: a da "bandeira nacional" e o do "manifestante".

Junto com as manifestações nas ruas de várias cidades no País, está ocor-rendo uma guerrilha de um tipo muita especial: uma guerrilha semiótica nas mídias. Depois da primeira semana em que se viram perplexos diante das manifestações que saíram do script do jogo político-institucional e res-ponderam de uma forma reflexa (taxando os manifestantes de "criminosos" e "politicamente burros") os meios de comunicação monopolistas encontra-ram uma narrativa em que podiam ser encaixados os acontecimentos: o ro-teiro da escalada da instabilidade, descontrole e baderna que estaria minando o governo federal.

Para tanto, nesse momento está sendo mobilizando um impressionante aparato retórico, linguístico e semiótico em fotografias e vídeos. Uma mobilização talvez somente comparável às estratégias discursivas de períodos de guerra como a propaganda política norte-americana e nazista durante a Segunda Guerra Mundial.

Capas de revistas semanais, portais de internet e imagens de TV transbordam de efeitos retóricos e linguísticos, tornando as imagens carregadas e propagandísticas de uma forma tão explícita que é incrível que leitores, telespectadores e internautas não se insurjam contra um produto que diz informar quando, na verdade, é propaganda travestida de notícia.

Para fins didáticos, vamos tentar desmontar duas "bombas semióticas" que se destacaram na *blitzkrieg* midiática dos últimas dias: primeiro a capa da "edição histórica" (como se autodenominou a revista Veja n° 2327) com o título "Os sete dias que mudaram o Brasil" e o *print screen* de um flagrante do portal Terra acessado em 27/06 onde vemos uma chamada com o título "BH se despede de teste com morte, terror nas ruas e sopro de futebol".

Dessimbolização

Os primeiros elementos que chamam a atenção nas duas fotos são a bandeira nacional e as figuras solitária de manifestantes. Esses dois elementos são tradicionalmente dominantes no fotojornalismo centrado em passeatas e manifestações: são sempre destacados como símbolos. Todo símbolo evoca uma força de reconciliação, prenuncia a reunificação de "restos" espalhados pelo mundo. A bandeira nacional é a Nação, a unificação das diferenças étnicas, de classe e geográficas através da força de um pacto.

E os manifestantes tradicionalmente são mostrados em conjunto como nas fotos clássicas das manifestações de maio de 1968 na França, a caminhada dos 100 mil no Brasil contra a ditadura militar etc. Grandes multidões de manifestantes, em movimento ou portando cartazes e faixas, são a materialização de símbolos ideológicos e políticos.

 Wilson Roberto Vieira Ferreira

Mas nessas "bombas linguísticas" temos uma espécie de regressão semiótica do símbolo para o índice. A bandeira que vemos nas fotos não é mais um símbolo de unificação, mas um índice de abandono e esgarçamento. Na foto da Veja ela remete ainda a uma regressão intermediária – de símbolo a ícone como "manto" sobre o corpo do manifestante – mas as franjas nas bordas sugerem retoricamente uma bandeira com tecido esgarçado ou rasgado. Ou seja, índices de descontrole e instabilidade, a bandeira vítima da violência e caos.

Na foto do portal Terra a bandeira está jogada, parece cobrir alguma coisa ou está estendida, com o lema "ordem e progresso" invertido. Novamente índices de abandono e enfraquecimento de um outrora símbolo de unificação.

Os manifestantes estão solitários e impotentes: na capa da Veja uma jovem caminha para frente, mas olha para o lado. Sabemos que em jornalismo noticiar que milhares morreram ou ficaram feridos pouco sensibiliza os receptores.

Porém se for destacado um caso individual, o impacto será muitas vezes maior. Mas nessas fotos temos algo diferente: o manifestante solitário transmite, novamente, índices do descontrole e instabilidade. No portal Terra, o manifestante está curvado diante da destruição e chamas.

Esse mecanismo de regressão do símbolo para o índice (dessimbolização) tem na atualidade uma força muito grande, principalmente pela sintaxe metonímica do discurso publicitário no qual os jovens estão bem inseridos como consumidores.

Se no símbolo temos a ideia que remete a outra coisa por meio da analogia, metáfora ou alegoria, na metonímia temos uma contiguidade (aproximação) entre o índice e a representação de um objeto mais geral já presente na mente do intérprete. Se o texto ou as chamadas falam em "terror nas ruas" e "morte", a apresentação de antigos elementos simbólicos como a bandeira e o manifestante serão esvaziados de seu simbolismo (Nação e União, respectivamente) para serem apresentados como evidências ou sintomas de um clima mais geral de desordem e caos: em ambas as fotos a bandeira colocada em uma zona de penumbra (futuro tenebroso?), cobrindo algo, jogada ou esfarrapada; e o manifestante solitário, impotente e não mais mostrado em grupo demonstrando força e convicção.

Não é por acaso que, de repente, slogans usados pelos jovens manifestantes são referências a slogans publicitários como "O Gigante Acordou" (da campanha do Johnny Walker): em um ambiente semiótico tão dessimbolizado, a aproximação metonímica com os "símbolos" publicitários torna-se automática.

O Amarelo

Outra coisa que chama a atenção é o domínio da cor amarela, seja no matiz da fotografia como nas chamas que eclodem da destruição que domina a composição fotográfica.

Segundo a psicóloga alemã Eva Heller no seu livro *Psicologia das Cores – sentimentos, impressões e simbologia,* o amarelo é a cor com um imaginário mais contraditório: otimismo e ao mesmo tempo ciúme. É a cor da diversão e entendimento, mas por outro lado é também da traição. Vai do amarelo ouro ao amarelo enxofre, do nobre ao malcheiroso e demoníaco. Em combinação com o preto como no caso da foto do portal Terra inspiraria sentimentos negativos como traição e mentira.

É a cor da ameaça (por exemplo, "a ameaça amarela", para designar a China ou como o "povo amarelo" era encarado nos EUA, como estrangeiros dissimulados e traiçoeiros).

O amarelo ouro da bandeira é neutralizado na penumbra para dominar a composição o amarelo enxofre para dar uma atmosfera infernal, reforçando o efeito retórico geral de descontrole, instabilidade e caos.

Composição

Os elementos principais das fotos (manifestante e bandeira) estão em contra luz, reforçando ainda mais o processo de dessimbolização descrito acima, onde bandeira e manifestante são colocados solitários para criar o índice do abandono e impotência.

Os enquadramentos estão inclinados para a esquerda (no caso da Veja, uma inclinação mais leve), em um clássico recurso da linguagem visual dos filmes policiais ou thrillers para reforçar uma situação de risco, desequilíbrio e ameaça latente.

Por isso, a composição é tão saturada que já deixou de ser fotojornalismo ou mesmo "foto-choque" da antiga "imprensa marrom": são explicitamente posadas em uma decupagem cênica onde os elementos parecem com uma posição marcada como em um palco de teatro. Explicitamente perderam a natureza espontânea de flagrante para se constituírem em fotos

 Wilson Roberto Vieira Ferreira

posadas e meticulosamente compostas a partir de clichês da galeria de imagens seja da cabeça do fotógrafo ou de editores.

Duplo vínculo na comunicação visual

O antropólogo e psiquiatra inglês Gregory Bateson costumava definir o problema do esquizofrênico como uma questão de comunicação: ele não conseguia entender certas ciladas lógicas que a nossa linguagem cria que ele chamou de "duplo vínculo": se uma mãe nervosa ralha com a criança que não para de falar na refeição dizendo "fecha a boca e come", a criança poderá não compreender as dupla mensagem contraditória (como posso fechar a boca e comer ao mesmo tempo?), entrando num estado de paralisia sem entender a conotação da frase.

Pois igualmente essas fotografias estão imersas em uma dupla mensagem contraditória entre textos e a retórica/disposição semiótica das fotografias, resultando numa interpretação esquizo por parte do receptor.

A capa da Veja fala em fala em "sete dias que mudaram o Brasil", mas na composição e retórica fotográfica passa a ideia geral de medo, insegurança e impotência. Bem diverso do tom heroico e "histórico" que o texto comunica. Enquanto isso no Portal Terra a fotografia alarmista e aterrorizante compartilha o espaço confortavelmente com anúncios de TV por assinatura, tênis e aparelhos de TV. Se na fotografia temos um cenário de um típico filme "pós-apocalipse" hollywoodiano, no entorno do espaço gráfico há uma normalidade cotidiana contraditória.

Se para Bateson, o duplo vínculo produz uma situação onde o esquizofrênico não consegue compreender simbolismos, metáforas ou conotações e reduz-se à literalidade da linguagem (comer de boca fechada é impossível), da mesma forma os intérpretes dessas fotos tendencialmente vão dessimbolizá-las, reduzindo-as à literalidade do que veem: índices, pistas, evidências do caos e da baderna que tomou conta do País. Sabemos que a repercussão política desse diagnóstico chapado de uma conjuntura pode resultar em apoio das massas a medidas bem drásticas e nefastas.

Palavras finais

Mesmo após desarmarmos essas duas bombas semióticas, não podemos garantir que não explodirão: elas já foram detonadas e continuam explodindo no campo da opinião pública!

O que nos leva a duas hipóteses:

(a) apesar do aspecto retoricamente carregado, não espontâneo e posado dessas fotos, elas têm força graças ao senso comum que possuímos em relação às fotografias, tidas como decalques da realidade, e não um exercício arbitrário de intencionalidade do fotógrafo.

(b) a força dessas bombas semióticas é também um sintoma do monopólio midiático: esta retórica e composição visual é tão comum e clichê em qualquer mídia que se tornou naturalizado e auto evidente.

     Wilson Roberto Vieira Ferreira

A bomba semiótica da Polícia Federal

(14/07/2013)

Novamente a Semiótica é convocada para desmontar outra "bomba semiótica" que detonou na mídia nesses últimos dias. E dessa vez uma bomba plantada pela própria Polícia Federal: investigações do órgão concluíram que o boato que levou ao pânico beneficiários do "Bolsa Família" em 12 estados foi "espontâneo", não havendo, portanto, causa intencional. Conclusão tão irracional, retoricamente saturada e cientificamente sem sentido que entra na categoria das "bombas semióticas": artifícios letais camuflados de informação, mas que escondem construções de sentido arbitrárias e, nesse caso, com uma novidade: se o fenômeno aconteceu porque aconteceu, então os fenômenos da comunicação entram no terreno da tautologia e da magia.

A Polícia Federal deu uma histórica contribuição científica que será o divisor de águas dos estudos no campo da Comunicação. O relatório final das investigações sobre o boato que provocou grandes filas e tumultos em agências da Caixa Econômica Federal e casas lotéricas em 12 estados em um final de semana de maio encerrou o caso da seguinte maneira: "foi espontâneo, não havendo como afirmar que apenas uma pessoa ou grupo tenha causado. Conclui-se, assim, pela inexistência de elementos que possam configurar crime ou contravenção penal".

Essa conclusão de "investigação de campo" é "revolucionária" por quê:

(a) insere na Comunicação um elemento tautológico (o boato aconteceu porque aconteceu!). Em outras palavras, a Polícia Federal insere um elemento animista e mágico nos fenômenos de comunicação: o mundo é animado por forças que estabelecem bizarras contiguidades entre fatos aparentemente aleatórios;

(b) rompe com um princípio básico da ontologia da Comunicação: a *intencionalidade*. O que define o fenômeno comunicacional é a *intencionalidade* do emissor (por que ele comunica? Qual sua intenção ou finalidade?) e a *decisão* do receptor - aceitar ou não o "jogo" proposto pelo emissor.

Dessa forma, a conclusão da Polícia Federal sobre a "espontaneidade" do fenômeno do boato o tiraria o fenômeno comunicacional do campo humano e cultural para ser transferido para o reino da natureza e da magia!

Deixando de lado as ironias, a conclusão da Polícia Federal para o caso é mais uma dessas "bombas semióticas" que estão explodindo na mídia nos últimos meses, tornando cada vez mais pesada a atmosfera política atual. É uma conclusão tão irracional, retoricamente saturada e cientificamente sem sentido que entra na categoria das "bombas semióticas": artifícios letais camuflados de informação, mas que escondem construções de sentido arbitrárias e, nesse caso uma novidade, um sentido até mágico.

Portanto, cabe a nós desmontarmos mais essa bomba semiótica. Como sempre, uma engenharia reversa feita *a posteriori* porque a bomba já foi plantada e detonada nas grandes mídias.

Orson Welles: o pai de todos os boatos

O boato está totalmente identificado com um espaço acústico ressonante. Diferente de veículos como a TV e o Cinema que estimulam o espaço visual, o rádio estimula o aspecto sensorial da ressonância: cria um ambiente plástico marcado pela simultaneidade, invisibilidade, envolvimento, inclusão e integração.

Não é por acaso que o pai de todos os boatos midiáticos foi a transmissão radiofônica de "Guerra dos Mundos" em 1938 pela rádio CBS em Nova York. Dirigido pelo ator e, então, futuro diretor de cinema Orson Welles, foi uma adaptação feita pelo "Mercury Theater on the Air" do livro "War of the Worlds" do escritor inglês H.G. Wells. Usando técnicas do programa de notícias "March of the Time" da mesma CBS associando-as à linguagem de dramatização de rádio-teatro, Welles conseguiu confundir muitos

     Wilson Roberto Vieira Ferreira

ouvintes que começaram a acreditar que estava em curso uma invasão marciana nos EUA.

Depoimentos como esse publicado no jornal "Herald Examiner" apresenta como foi a dinâmica da disseminação do boato:

"Samuel Tishman de 100 Riverside Drive foi um da multidão que fugiu para as ruas depois de ouvir parte do programa de rádio. Ele declarou que centenas evacuaram suas casas temendo que a cidade estivesse sendo bombardeada. "Eu cheguei em casa por volta das 9:15 da noite quando recebi um telefonema do meu sobrinho que estava louco de medo. Contou-me que a cidade estava sofrendo bombardeios aéreos e que todos estavam sendo aconselhados a abandonarem os prédios. Eu liguei o rádio e ouvi a transmissão, confirmando o que meu sobrinho havia dito, agarrei meu chapéu e sobretudo e alguns pertences pessoais e corri para o elevador. Quando cheguei nas ruas vi centenas de pessoas correndo desorientadas em pânico. Muitos de nós correram em direção da Broadway" ("Radio Fake Scares Nation", Herald Examiner, Chicago, 31/10/1938).

A dinâmica do boato

Nesse episódio seminal encontramos os primeiros elementos que envolvem a disseminação do boato:

(a) É necessário um meio "físico" condutor, uma atmosfera semioticamente carregada. Estudos posteriores revelaram que muitas pessoas presumiram que eram nazistas, e não marcianos, que invadiam os EUA. Era o momento da Segunda Guerra Mundial e para o imaginário paranoico do momento, nazis, alemães e marcianos eram significações muito próximas.

(b) Houve o elemento da intencionalidade. Logicamente, Orson Welles declarou para a FCC (Federal Communications Commission que apurou as responsabilidades do evento) em Washington que jamais lhe passou pela cabeça que as pessoas acreditariam em uma história tão absurda. Mas a sua experimentação estética inédita (a fusão da linguagem ficcional com a documental e jornalística, hoje comum em qualquer telejornal) foi o fator causal e, portanto, intencional.

(c) Mais tarde em 1947 Gordon Allport e Leo Postman publicaram "A Psicologia do Rumor" onde apontam dois fatores que estão presentes no episódio da "Guerra dos Mundos": *importância* e *ambiguidade*. Primeiro, a notícia deve ser "importante" no sentido de poder ser atribuída a ela pelo receptor uma novidade que resulte em seu próprio interesse – "o que ganho ou perco com isso?". Essa importância será multiplicada pelo fator ambiguidade: o ineditismo deve ser tão inusitado que deixe uma dúvida: é verdade ou mentira?

(d) Esse fator ambiguidade corresponderia à típica comunicação dominada pelo que a Semiótica chama de *signos indiciais*. Como um sinal ou fragmento que aponta para a existência de um objeto ou evento, o índice possui uma natureza ambígua porque a sua compreensão é subjetiva e perceptiva.

Ele aponta para um referente, mas a princípio nada sabemos sobre sua intensidade e qualidade: a fumaça aponta para a existência do fogo, mas pouco informa sobre a extensão ou natureza. Assim como no boato o "me disseram" ou "dizem" aponta para a existência de algo ambíguo que dependerá da *decisão do receptor*.

Encontramos aqui a outra ponta da dinâmica do boato: se de um lado temos a *intencionalidade* do emissor, do outro temos a *decisão* do receptor.

Ele poderá ampliar ou não a intensidade e qualidade do evento indiciado.

Como bem documentou os estudos empíricos da Mass Communication Research de Paul Lazarsfeld na década de 1940, há o fator latente da memória seletiva no processo da comunicação – o receptor somente entende o que quer entender, ouve o que quer ouvir. Isto é, a predisposição (política, ideológica, emocional etc.) é que define a decisão do receptor em selecionar determinados fragmentos de um discurso para reforçar algo que ele já pensa.

Se o receptor está sintonizado com uma atmosfera semioticamente carregada (paranoia, insegurança, ignorância, informações desconexas etc.), as decisões dos receptores começam a apontar para uma direção que supostamente o índice indicaria.

Propaganda versus boato

Nos ambientes atuais de comunicação e informação em tempo real, as mídias visuais como TV e Cinema progressivamente são incorporadas pelo espaço acústico ressonante das redes sociais, Internet e dispositivos de comunicação em tempo real. Por isso, a propaganda tradicional torna-se cada vez mais limitada e pontual já que ela é produto da cultura visual cuja natureza é assertiva e sem ambiguidades: toda imagem é afirmativa. A retórica visual cercada pelo discurso (textos publicitários, jingles, slogans etc.) composta por signos icônicos e simbólicos são unívocas, devem apontar

     Wilson Roberto Vieira Ferreira

sempre para uma afirmação, uma declaração, uma convocação, um comando.

Ao contrário, no espaço acústico ressonante dominado por índices (emoticons, boatos, signos não verbais como entonações, gestos, conotações etc.) a ambiguidade torna-se o fator potencializador de novidades, notícias e eventos.

Se esse novo espaço ressonante que incorpora o visual é marcado por conceitos como intencionalidade, decisões, importância e ambiguidade, de forma alguma sua dinâmica pode ser considerada "espontânea", mas humana e cultural porque produz significações linguísticas arbitrárias. Ou seja, está dentro dos fenômenos políticos e comunicacionais.

Se a revolução copernicana que a Polícia Federal pretende for verdadeira, então teremos que inscrever esses fenômenos no reino natural. Quem sabe, as instituições públicas ou privadas ao invés de contratarem estudiosos de comunicação, deveriam a partir de agora terem em seus quadros meteorologistas para preverem as variações atmosféricas que propiciam boatos: prever as frentes frias, quentes ou oclusas que moveriam os humores da chamada "opinião pública".

Jornal Nacional e o sorriso do gato de Alice
(28/07/2013)

Dando prosseguimento à nossa perigosa aventura de localização e desmontagem de bombas semióticas, nos defrontamos com um novo e mais letal tipo porque detentor de um efeito tóxico e de longo prazo: a comunicação não verbal do Jornal Nacional da TV Globo. A melhor analogia para entender essa bomba é o sorriso do gato de "Alice no País das Maravilhas" – o seu sorriso permanecia no ar, mesmo quando o gato desaparecia lentamente. O principal telejornal da emissora possui um complexo sistema semiológico para simular espontaneidade de gestos, sobrancelhas levantadas, mãos agitadas, locuções carregadas de vogais e pausas etc. Uma estratégia linguística para, assim como o sorriso do gato de Alice, os signos verbais permanecerem na memória mesmo depois que a notícia for esquecida ou, talvez, nem assimilada. O propósito? Disseminar signos não verbais que sinalizem uma difusa atmosfera de caos, anomia e instabilidade.

No capítulo 6 do livro *Alice no País das Maravilhas* de Lewis Carroll, Alice encontra o gato de Chershire e pergunta para ele se há algum lugar onde não exista gente louca e como chegar lá. O sorridente gato responde que todos são loucos, inclusive ele e Alice e desaparece lentamente deixando apenas o seu sorriso. O gato é o único personagem na fábula que Alice se refere como "amigo": o seu sorriso se destaca e se autonomiza da cabeça felina. Muitos significados e simbolismos foram atribuídos a esse personagem (sorriso lunar, autoconsciência de Alice de que tudo se tratava de um sonho etc.), mas uma coisa fica evidente: o poder da comunicação não verbal do gato – pouco importa o que ele dizia, seu sorriso enigmático que permanecia no ar era o mais importante.

Pois todas as noites, em rede nacional pela TV, repete-se essa cena surrealista narrada por Carroll: sobrancelhas, olhos, testas franzidas e mãos sobre uma bancada ganham tanto poder que se tornam mais importantes que a própria notícia – são índices de um "contínuo midiático atmosférico", de um clima do estado da Nação. Por isso, enquadram-se em uma metódica e recorrente "bomba semiótica" que, principalmente desde as manifestações de rua de junho, vem sendo detonada de segunda a sábado no Jornal Nacional da TV Globo.

Primeiro telejornal de rede da história da televisão brasileira, esse noticiário convive com uma interessante contradição: é o telejornal de maior audiência da emissora, ponte entre duas novelas do horário nobre mais caro da mídia nacional. Por isso, é a oportunidade única para expressar a linha editorial e ideológica do grupo de comunicações Globo. Mas, ao contrário do telejornal do horário mais tardio da emissora (o *Jornal da Globo*) onde Carlos Alberto Sardenberg e William Waack têm a liberdade de "tricotar" à vontade em cima dos infográficos catastróficos da economia brasileira, o Jornal Nacional tem que apresentar, no mínimo, uma aparência de isenção e objetividade jornalística.

A contradição entre a oportunidade de a Globo divulgar seu posicionamento político no horário nobre e a necessidade de criar uma aparência de isenção jornalística

Como resolver essa contradição? Através do arsenal fono-gestual-fisionômico da *comunicação não verbal*.

Sobre as manipulações e imparcialidades da pauta, edição e escolha das fontes pelo Jornal Nacional já é sabido até pelo mundo mineral. Exemplos não faltam. Mas tudo isso se restringe ao campo ideológico-político para ser discutida por acadêmicos e militantes políticos.

Denúncias e discussões em torno dentro desse campo se restringem aos críticos de comunicação.

 Wilson Roberto Vieira Ferreira

Se forem verdadeiras as descobertas do pesquisador norte-americano Paul Lazarsfeld feitas nos anos 1940 de que nove em cada dez receptores de meios de comunicação estão desatentos em relação aos conteúdos e que a TV é uma das mídias cuja recepção é das mais dispersivas, então temos que encontrar as bombas semióticas de destruição em massa em outro campo: na dimensão *não verbal* da comunicação.

O sistema semiológico do Jornal Nacional

Desde a escalada de manifestações de rua em junho, passando pela Copa das Confederações até a atual visita do Papa na Jornada Mundial da Juventude há uma atmosfera de manifestações permanente: multidões nas ruas em passeatas, reivindicações, confrontos e depredações. Para o Jornal Nacional, a visita do Papa é uma espécie de novo capítulo nesse verdadeiro plantão de protestos: imagens de multidões na praia de Copacabana para ver a missa celebrada do papa aproximam-se metonimicamente, em um mesmo bloco de notícias, com imagens de depredações de *black blocs* na Avenida Paulista em São Paulo. E na bancada do Jornal Nacional índices vocais, gestuais e fisionômicos dos *âncoras* pontuam e reforçam essa atmosfera. Portanto, vamos tentar encontrar recorrências desses elementos não verbais para montar o seu sistema semiológico.

Embora esses elementos simulem serem índices (sinais espontâneos da subjetividade dos apresentadores William Bonner e Patrícia Poeta), podemos encontrar padrões ou classes de equivalência que seguidamente pontuam o noticiário. Isso demonstraria que, ao contrário, possuem uma natureza simbólica e arbitrária. E, como o gato de Alice, permanecem no ar mesmo depois que a notícia foi esquecida ou nem mesmo assimilada pelo espectador. Resta apenas a impressão de uma atmosfera difusa que dominaria o País: anomia, caos e instabilidade.

O âncora

Em primeiro lugar temos que entender o papel do âncora no macro-discurso do Jornal Nacional. Se na semiótica o termo ancoragem se refere a por em relação duas grandezas semióticas diferentes como o quadro e seu nome ou a fotografia e sua legenda, no telejornal ocupa um duplo papel semelhante:

(a) fazer a passagem entre diversas matérias, reportagens (muitas vezes com diferentes texturas de imagens – videotape, webcam, vídeo-amadores etc.,) e sessões dando continuidade e uniformidade para que, no todo, o telejornal seja agradável ao espectador; e a personalização do apresentador através de uma deliberada confusão entre enunciado (o conteúdo da notícia) e a enunciação - a simulação de interação com o espectador através do *teleprompter* (simula falar "olhos nos olhos") e

(b) representação de si mesmo por meio de um complexo sistema de signos não verbais aparentemente espontâneos e que definiriam a "personalidade" ou "credibilidade" do apresentador.

Shifters e classes de equivalência (≡)

Dentro desse período analisado (junho/julho) encontramos os chamados *shifters* (ou "engatadores"), índices que reúnem em si o laço existencial e o laço convencional, isto é, estados "emocionais" que parecem emergir da subjetividade do apresentador, mas se originam de uma grade semiológica bem organizada: /Tensão, Preocupação/, /Contentamento/, /Desaprovação/, /Aprovação/ e /Neutro, Editorial/.

Eles irão "engatar-se" em elementos não verbais visíveis e estudados formando as seguintes classes de equivalência que, para os limites dessa postagem, envolveriam o gestual e o fisionômico:

(a) [testa franzida (Bonner), olho semicerrado (Bonner), olho arregalado (Poeta), ambas sobrancelhas erguem-se em movimentos rápidos (Bonner) duas sobrancelhas se erguem e se mantem por mais tempo (Poeta), mãos agitadas (Bonner) e fechadas (Poeta), cabeça maneando de cima para baixo (Bonner) ≡ tensão, preocupação];

(b) [sorriso aberto (Poeta), sorriso discreto (Bonner) olhos com pálpebras relaxadas (Poeta), cabeça inclinado para um lado (Poeta), cabeça maneando rapidamente para direita e esquerda (Bonner), sobrancelhas se erguem numa frequência menor (Poeta) ≡ Contentamento];

(c) [lábios em uma espécie de sorriso atravessado (Poeta), sobrancelhas erguidas mantidas erguidas por mais tempo (Poeta), sobrancelha direita ergue-se constantemente (Bonner), punhos se fecham (Bonner), cabeça maneando de cima para baixo (Bonner) ≡ Desaprovação];

O poder letal da comunicação não verbal

 Wilson Roberto Vieira Ferreira

(d) [lábios com sorriso atravessado (Poeta) sobrancelhas se erguem em movimentos rápidos (Poeta), sobrancelha direita ergue-se seguidas vezes (Bonner), olhos mais apertados (Bonner) cabeça maneando de cima para baixo (Poeta e Bonner) ≡ Aprovação];

(e) [mãos mais juntas (Poeta), corpo se projeta para frente (Poeta) rostos e lábios sem expressividade e sobrancelhas levantam-se muito pouco ≡ Neutro/Editorial] – Obs.: apenas os signos não verbais da Patrícia Poeta foram analisados nessa classe de equivalência por que apenas ela leu um editorial sobre a postura do telejornalismo da Globo na cobertura das manifestações.

Aspectos de locução

Discutir os aspectos vocais, fonoaudiológicos e de locução iria além dos limites de espaço dessa postagem, mas podemos enumerar alguns aspectos iniciais. Para além da óbvia observação da padronização das locuções pela eliminação de regionalismos e sotaques criando uma nova língua brasileira (o "globês"), há alguns aspectos decisivos para o funcionamento das classes de equivalência listadas acima: para os shifters "engatarem" o existencial com o convencional (isto é, simular a espontaneidade dos índices de subjetividade dos apresentadores para haver a confusão enunciado/enunciação), é necessário que seja diminuída a fluência da fala, para não denunciar a leitura do teleprompter.

Por isso, a locução produz valores mais altos de pausas silenciosas como indicadores temporais de um discurso não planejado, como índices da complexidade no planejamento verbal.

O que difere da antiga linguagem radiofônica como a do antigo Repórter Esso, com voz empostada, fluência e sem pausas. E ainda temos a profusão da utilização de articuladores de discurso ou conectores como "isto é", "isto quer dizer", "embora", "explicando melhor" etc. para criar a simulação de um esforço espontâneo do apresentador em buscar coesão textual - maiores detalhes veja a tese de doutorado de Cláudia Cotes na sessão "Bibliografia" ao final.

Outro aspecto, dessa vez de valor retórico, é a pronúncia das vogais. Há um constante alongamento de vogais abertas ou nasais e agudização na pronúncia das vogais. Ao contrário do passado, na locução do Repórter Esso as vogais eram pronunciadas de forma mais fechada e apenas alongada no final de grupo prosódico, com narrativa hiperarticulada e próxima da escrita.

As vogais carregam a melodia que exprimem emoções e atitudes do falante. Não é à toa que os refrões das músicas pop brasileiras são carregadas de vogais.

Concluindo: toda a complexa estratégia do sistema semiológico não verbal do Jornal Nacional tem dois claros objetivos: primeiro, conferir espontaneidade aos *shifters* para que simulem terem vínculo existencial com os locutores; segundo, produzir o efeito gato de Alice: dada a dispersão e a pouca fixação dos conteúdos informativos, o que deve permanecer é a imagem de sobrancelhas levantadas, senhos franzidos e mãos agitadas. Assim como no sorriso do gato da fábula de Alice que permanece mesmo depois que a cabeça desaparece, esses índices permanecerão como sinais de uma difusa atmosfera carregada e anômica.

Por ser uma bomba semiótica de efeito latente e de longo prazo, ela é mais letal do que caracteres e caracteres de contrainformações, desmentidos e denúncias de manipulação na edição. As denúncias de manipulação apelam para a Razão, enquanto as bombas não verbais incidem na dimensão emocional e afetiva.

Wilson Roberto Vieira Ferreira

As 10 técnicas do kit semiótico de manipulação das multidões

(17/08/2013)

Chamado de "século das multidões", o século XX nos deixou como legado um verdadeiro kit semiótico completo de ferramentas de gestão do comportamento de grupos e multidões. Esse kit composto por 10 ferramentas é aplicado na sua totalidade ou em fragmentos por políticos, agências governamentais, líderes de seitas, jornalistas e publicitários. Desde as manifestações de rua anti-globalização de Seattle em 1999, observa-se uma crescente importância na manipulação das multidões. A sequência atual de manifestações em diversos países como Brasil, Egito e Turquia nos faria questionar se estariam sendo aplicados nestes eventos ferramentas desse kit. Por isso, vamos entender cada uma dessas dez ferramentas para que possamos reconhecê-las nas ruas ou nas mídias.

O poder das multidões para determinar mudanças políticas é um dos temas mais significativos da História. Mas certamente as manifestações anti-globalização em Seattle em 1999 e em Londres em 2001 foram o ponto de viragem na maneira como os poderes estabelecidos viam os protestos. Os manifestantes utilizaram novas tecnologias de comunicação como laptops, Internet e mensagens em SMS por dispositivos móveis. A partir de então as agências governamentais responderam com suas próprias tecnologia invasivas: redes de monitoramento através de câmeras e sistemas de gestão das multidões.

Quando vemos a sequências de manifestações como na Turquia, Egito e Brasil, passamos a discutir sobre a espontaneidade ou não desses eventos.

Principalmente quando nos deparamos com o livro *Killing Hope: U.S. Military and CIA Intervention Since World War II* de William Blum (ex-funcionário do Departamento de Estado dos EUA), onde faz um relato das intervenções norte-americanas em diversos países através de ações de agências governamentais por meio de ONGs como National Endowment for Democracy (NED) ou Freedom House.

Segundo Blum (mais um da já longa lista de dissidentes como Snowden, o ex-agente Philip Agee e o soldado Bradley Manning), há uma verdadeira estratégia "cavalo de troia" ao não só financiar instituições civis com fundos, computadores, carros, mas também treinamentos para passar o know-how de manipulação de multidões.

O objetivo é claro: garantir a presença de governos fiéis aos interesses econômicos de Washington por meio do apoio de massas que veem nas livres manifestações a evidência de um jogo democrático.

Blum em entrevista afirma que ainda não há evidência de que o NED esteja ativo no Brasil por trás das manifestações, mas alerta: "Fiquem de olho no dinheiro. Quem está pagando as contas?" – **clique aqui** e leia a entrevista.

Origens do Kit Semiótico: Freud e Le Bom

Por isso, é necessário estarmos atentos à presença de alguns fenômenos de indução de comportamentos de multidões que fazem parte de um verdadeiro kit semiótico, conhecido desde o século XIX quando se iniciou a discussão sobre a existência de uma psicologia de massas na História.

S. Freud e Gustave Le Bom

Basicamente, as teorias que envolvem essa discussão baseiam-se em dois nomes: Gustave Le Bon e Sigmund Freud.

A proposição principal do cientista social francês Le Bon (1841-1931)

 Wilson Roberto Vieira Ferreira

é que os fenômenos grupais se originam em uma espécie de mente coletiva que faria o indivíduo pensar, sentir e agir de forma diferente quando tomado individualmente. Nessa mentalidade coletiva o indivíduo estaria facilmente aberto aos fenômenos de sugestão, hipnose, mecanismos de fascinação e sede de poder.

Ao contrário, Freud (1856-1939) via no funcionamento psíquico das massas elementos como identificação, regressão, idealização e investimento libidinal. Em outras palavras, Freud via por trás adesão do indivíduo ao grupo ou ao líder o medo da solidão: pior que a morte, o que o indivíduo mais teme é a solidão ou saber que pode não mais ser desejado pelo outro. Aderir à maioria seria uma forma de atrair o amor e a aprovação dos outros para   si.

Durante o século das multidões que foi o século XX descobriu-se que não há nada mais excitante do que concentrações humanas que vão das maiores como finais de futebol, concertos de rock, raves, manifestações de ruas a concentrações mais restritas como seminários motivacionais, encontros religiosos e grupos de autoajuda. Associando a psicologia e psicanálise às técnicas linguísticas e discursivas, um dos mais importantes legados do século passado foi a elaboração de um verdadeiro kit semiótico de ferramentas de manipulação de comportamentos grupais, hoje aplicados para as mais diversas finalidades, sejam políticas, empresariais ou religiosas. Fique atento ao se deparar com a suspeita da aplicação das seguintes ferramentas:

1 – "Efeito Forer"

O psicólogo B.R. Forer descobriu que em geral as pessoas aceitam descrições de personalidade vagas e genéricas como fossem aplicáveis unicamente a si próprias, sem perceber que poderiam ser encaixadas em qualquer um. Afirmações genéricas como "você gosta que outras pessoas admirem você", "você é muito crítico consigo mesmo", "você tem muitas dúvidas", "você tem um potencial inexplorado" ou "você quer mudanças" são usadas de astrólogos a seminários motivacionais.

Midiaticamente, descrições genéricas sobre pessoas suspeitas por algum crime acabam tornando-se evidências de culpa. Por exemplo, no atual caso do adolescente Marcelo Pesseghini suspeito de ter matado toda a sua família: depoimentos afirmam que gostava de games de computador e andava com um capuz na cabeça para ficar parecido com o protagonista de um determinado game violento... assim como centenas de adolescentes. É o discurso lacunar do "talvez", "possivelmente", "pode" ou do "poderá".

2 – Comandos embutidos

Discursos que trazem sugestões que carregam uma forte ênfase que afetam o ouvinte e provocam uma resposta emocional: "Você não está cansado de carregar esse fardo?", "Tudo isso está me deixando louco!", ou "Estou indignado com tudo que está aí!" são afirmações que pressupõem uma resposta positiva. Dos líderes de autoajuda que induzem o ouvinte à insatisfação consigo mesmo à propaganda midiática de protestos como o "Cansei!" ou todas as mobilizações em redes sociais como o "Protestos Brasil" ou o "Impostômetro" contra a carga tributária.

3 – A "bomba do amor"

Criação de atmosferas de intensa positividade e amor por curtos períodos para criar estados de excitação e boa vontade. Muito usado por líderes religiosos e gurus que estimulam o amor entre os participantes para tornar o grupo atraente ao público externo. Tática que vai de encontro à tendência descrita por Freud do indivíduo se adequar ao grupo pelo medo da solidão.

4 – A tática do "Sim!"

Quando o emissor elenca uma série de questões que necessariamente resultarão em resposta positiva, terminando com uma conclusão falsa: Você ama seu País? Sim! Você ama sua família? Sim!

Então vote em fulano de tal para presidente! A tática do "Sim!" possui algumas variações aplicadas, por exemplo, a grandes eventos como concertos de rock que para criar uma imagem de posicionamento sócio-político, abordam temas que é impossível não dizer "Sim!" O que dizer de eventos como o Rock in Rio cujo slogan de uma das suas edições era "Por um Mundo Melhor"? O slogan era de fácil adesão: quem pode ser contra esta ideia? O Rock in Rio fez pequenas tentativas de esclarecer às pessoas que compraram os ingressos o objetivo do evento. "Por um mundo melhor" tornou-se mais um slogan, uma imagem de fácil adesão. Mas *como* atingir um mundo melhor? A resposta a esta pergunta jamais foi ouvida, por suscitar polêmica, discussões ideológicas e políticas.

Um idêntico efeito pode ser criado usando a tática do "Não!".

5 – A manipulação do "Crente Verdadeiro"

Em um grupo ou multidão uma significativa porcentagem é costume ser mais susceptível à sugestão. Tais pessoas agem assim por medo ou

    Wilson Roberto Vieira Ferreira

sentimento de culpa. Elas são as primeiras a chorar, gritar ou concordar com as afirmações ou instruções do emissor. Seu comportamento pode ser o gatilho que dispara o efeito de ressonância no restante do grupo ou multidões. A conferir se o efeito Black Block nas manifestações de rua não se enquadraria nessa estratégia de indução das multidões.

6 – Indução ao Estado Alfa

Música, práticas meditativas como mantras, cantigas etc. induzem a um bem conhecido ritmo cerebral chamado estado alfa. Esse estado reduz o pensamento crítico e torna o comportamento aberto a sugestões.

7 – Ritmo vibrato e E.L.F. (Extra Low Frequency)

Ondas sonoras de diversas frequências podem afetar o cérebro e a psicologia humana, produzindo ações involuntárias. E.L.F. foram verificados ao produzir sentimentos de depressão ou euforia, dependendo da velocidade das ondas.

Alguns solistas de ópera têm conhecimento disso e obtêm inusitados efeitos psicológicos ao cantar certas notas. Dentro do que se chama na atualidade de "neuromarketing" empresas procurar aplicar comercialmente essas técnicas. Por exemplo, a Muzak, uma subsidiária da Mood Media, é uma empresa norte-americana especializada em produzir "arquiteturas de áudio": músicas especialmente compostas para elevadores, lojas de departamentos, shopping malls e esperas telefônicas para criar estados emocionais que possam ser colocados à serviço dos negócios: aumento das vendas, acelerar a velocidade da mastigação em lanchonetes para aumentar a rotatividade de clientes etc.

8 – Espiral do Silêncio

Esse dispositivo nos faz seguir a multidão, aquilo que supostamente a maioria pensa e faz. Ou, pelo menos, o que a gente pensa que a maioria pensa e faz. O tema aqui é "todos estão fazendo isso".
Como ninguém quer ser deixado para trás por temer a solidão, exclusão ou esquecimento, queremos seguir a tendência majoritária.

Conceito criado pela pesquisadora alemã Elizabeth Noelle-Neumann onde a criação de um "clima de opinião" pode isolar grupos discordantes até a extinção pela sua auto percepção do isolamento. "Havaianas: todo mundo usa!". Poderíamos responder, "todo mundo quem, cara pálida!" O slogan quer criar o clima de opinião onde pessoas isoladas, temendo ficarem de fora da "onda", embarquem em uma mera percepção psicológica sem fundamento real.

9 – Estratégia de "Voice Roll"

Muitos discursos são dotados de um ritmo vocal sugerindo a existência de uma batida rítmica imaginária. Isso criaria um fascinante efeito hipnótico, abrindo o receptor à sugestão. Muito usado por religiosos e líderes políticos, teria suas primeiras aplicações verificadas nos gigantescos encontros nazis do Partido Nacional Socialista na Alemanha às vésperas da Segunda Guerra Mundial: os discursos das lideranças do partido eram acompanhas pelas batidas hipnóticas de tambores. Grandes encontros festivos atuais como as raves seriam a atualização desse dispositivo onde o beat da música (com no subgênero *trance* da música techno) acompanha o ritmo do batimento cardíaco dos participantes.

10 – Técnica da "Vidraça Quebrada"

Multidões seriam guiadas por sentimentos contraditórios como medo e esperança. Por isso, apresente fatos supostamente consumados e as massas aceitarão qualquer coisa em nome da esperança da solução. "Acerte uma pedra na vidraça e então bata na porta vendendo alarme contra ladrões" ou "se quer vender a bomba deve vender em primeiro lugar o medo". Em nome da esperança de segurança ou paz as multidões seriam capazes de renunciar a seus próprios direitos. Por exemplo, o medo da criminalidade e terror tornaria aceitável todas as formas de controle, vigilância e renúncia à privacidade. É o subtexto por trás de celulares entregues pelos pais a adolescentes ou dispositivos de vigilância em banheiros escolares com a anuência paterna.

Wilson Roberto Vieira Ferreira

A bomba semiótica das pegadinhas do "Fantástico" e "CQC"

(11/09/2013)

Ensinar lições de moral e cidadania através de simulações. Mais precisamente através de "pegadinhas", dessa vez "do bem" e na TV. Cuidado! Sob o pretexto de nobres propósitos programas como o "Fantástico" da Globo e "CQC" da Band estão detonando mais uma "bomba semiótica", dessa vez sob a forma do "infotenimento" (informação + entretenimento), com situações do cotidiano simuladas para flagrar contraventores da ordem, da moral e dos princípios de cidadania para nos ensinar que o bem sempre compensa. Ambos os programas se alinham à pauta atual imposta pela mídia: a pauta da moralidade e do combate à corrupção, o último papel de protagonismo que lhe resta no cenário político atual.

Vamos desmontar mais uma "bomba semiótica". Porém esta é de um tipo sofisticado e difícil de lidar semioticamente, pois envolve um elemento "meta": a simulação, e não simplesmente uma simples manipulação ou encobrimento de fatos como habitualmente estamos acostumados a ver em telejornais ou revistas impressas.

O "Fantástico" estreou recentemente um quadro chamado "Vai Fazer o Quê?" no qual o repórter Ernesto Paglia conduz uma série de "experiências" para descobrir como reagem as pessoas diante de situações polêmicas como *pit boys* que ofendem um mendigo e tentam expulsá-lo de uma praça pública ou uma cuidadora que maltrata seu paciente idoso. O repórter privilegia mostrar aqueles que atuaram corretamente, pede desculpas ao estresse que os atores criaram na simulação, constrange os cidadãos menos valorosos que nada fizeram com perguntas do tipo "você ficou ali olhando, mas não reagiu..." e discorre como os espectadores devem agir em uma situação dessas.

O quadro lembra muito um tipo de "jornalismo justiceiro". Mas quem leva essa ideia de fazer justiça com as próprias mãos (ou câmeras) é o quadro do "CQC" "Olho Por Olho" onde Marco Luque e Maurício Meirelles se vingam de todos aqueles que desrespeitam códigos de trânsito, lei do consumidor, educação e cidadania: operadores de telemarketing, valets ilegais, motoristas que estacionam em vagas para deficientes etc.

Simulam-se situações onde atores ou integrantes da produção expõem o contraventor no intuito de dar uma lição que jamais será esquecida por ele. O título é claramente inspirado na antiga e bíblica lei mosaica da vingança ("Olho por olho, dente por dente") como um ato divino, mas não legal, pelo menos para a Justiça moderna. Estranho para um quadro que pretende dar lições de cidadania...

Ambos os quadros (o primeiro mais *soft* e o segundo mais agressivo) encaixam-se perfeitamente na pauta atual imposta pela mídia à Política, ao Governo e às manifestações nas ruas: a pauta da moralidade e do combate à corrupção como a grande panaceia que, dizem, tiraria o País do suposto buraco onde se encontra. Por isso essas "pegadinhas do bem" (para contrastar com aquelas produzidas desde os anos 1990 pelo Gugu, João Kleber, Silvio Santos ou Sérgio Mallandro) se transformam em verdadeiras "bombas metonímicas" onde, através das suas explosões, reforçam cognitivamente essa pauta que, para a mídia, parece ser a última que lhe resta para aparentar um papel de protagonismo no atual cenário político.

Cidadania neurótica e cidadania esquizofrênica

A febre das chamadas "pegadinhas" na TV mundial pode ser considerada uma evolução das chamadas "vídeo-cassetadas": pequenos acidentes familiares e situações inusitadas envolvendo pessoas desatentas e/ou desajeitadas capturadas por câmeras caseiras. O princípio do prazer psíquico do espectador baseado em uma dose de voyeurismo e sadismo não é uma novidade no cinema e audiovisual. Estava presente de forma latente desde o primeiro cinema de Lumière e Meliès.

Wilson Roberto Vieira Ferreira

"Pegadinhas do mal": pelo menos era fiéis às suas origens nas gags dos desenhos animados e filmes slapsticks

Mas as pegadinhas e vídeo-cassetadas são na verdade herdeiras das *gags* das comédias *slapsticks* e desenhos animados: o secreto prazer sádico retirado da cumplicidade entre a narrativa e o espectador contra o protagonista – por exemplo, todos sabem que o chão acabou em um abismo, menos o protagonista que continua andando no ar, até se dar contado do que todos já sabem e cair. O nosso prazer sádico está em saber que a vítima é o último a saber.

As "pegadinhas do mal" de João Kleber e companhia pelo menos eram mais fiéis às origens do gênero do que os quadros de "infotenimento" (o hibridismo entre informação e entretenimento) mostrados pelos quadros do "Fantástico" e do "CQC". Continua latente nas "pegadinhas do bem" esse prazer sádico em saber que a vítima (o cidadão contraventor ou indiferente à injustiça) são os últimos em saber que estão sendo filmados. Enquanto o "Fantástico" racionaliza essa forma de prazer sublimando em lições de cidadania, o "CQC" transmuta o puro prazer sádico em desejo de vingança por uma boa causa.

Enquanto no "Fantástico" o prazer sádico é envergonhado porque jogado para trás de camadas de discursos de cidadania e virtude, no "CQC" sadismo, desejo de vingança e princípios de cidadania são colocados no mesmo plano.

Pensando de forma freudiana, o "Fantástico" nos apresenta uma cidadania neurótica, enquanto o "CQC" constrói uma cidadania esquizofrênica.

Produção de Notícias e Simulações

O Jornalismo é uma produção cultural essencialmente simbólica: signos são editados e montados para criar uma narrativa sobre o mundo, uma certa maneira de enquadramento chamado de "notícia". Do ponto de vista semiológico é um processo de recorte de uma "narrativa sem fim" do real, para que tenha um sentido – o fato "político", o "econômico", o "cultural" etc.

A questão é que na atualidade os sistemas tornam-se cada vez mais complexos porque eles vão criando outros sistemas que vão se sobrepondo até o ponto que eles não mais apenas "recortam" ou "editam" o real, mas agora se auto referenciam, fecham-se em si mesmos, adquirem uma natureza "meta": filtram o real a partir dos seus próprios termos, como já analisamos em postagem anterior. Eles não mais manipulam e dissimulam, mas agora *simulam*. Como se fecham em si mesmos, o real não pode mais ser editado ou, se quer, manipulado.

As constantes críticas e desconfianças sobre a manipulação nas edições fizeram os telejornais e a própria TV buscarem na atualidade novas estratégias narrativas que buscam a simulação de realismo a partir de dispositivos que criam *efeitos de realidade*. Os antigos programas como "Aqui e Agora" do SBT nos anos 1990 foi um dos precursores: carro de reportagem seguindo viaturas policiais, câmeras trepidando, microfones deixados propositalmente abertos para que ouçamos a respiração dramaticamente ofegante do repórter no meio do tiroteio etc.

Programas *reality shows*, vídeo-cassetadas e "pegadinhas" foram a evolução dessa necessidade televisiva em ser realista para se contrapor à perda de credibilidade pelas críticas de manipulação.

Os efeitos de realidade criam uma sensação de "TV verdade" e, ao mesmo tempo, atiçam o prazer sádico-voyeurístico do espectador: é a essência do "infotenimento".

Os novos quadros do "Fantástico" e do "CQC" são a confirmação de uma tendência que já estava latente nas câmeras ocultas dos telejornais onde o repórter criava situações para induzir o corrupto a confessar o esquema de propinas e tirar os maços de dinheiro dos bolsos e maletas. Aqui, o telejornalismo deixa de ser um sistema semiológico que representa a realidade sob o enquadramento da notícia: agora deve simular ou induzir os fatos, produzir situações. Em outras palavras: a notícia tem que ser criada. Agora o sistema é mais complexo: o problema não está mais na edição, mas na própria fonte.

Existiria uma Simulação da Simulação?

Para a simulação ser realista entram em ação os efeitos de realidade: imagens noturnas granuladas, enquadramentos inclinados para criar o signo da tensão e, por último e não menos importante, muita metalinguagem: Ernesto Paglia mostra os bastidores da produção da "pegadinha" (contaminação do programa "Profissão Repórter" do Caco Barcelos?), a

     Wilson Roberto Vieira Ferreira

preparação da caracterização e maquiagem dos atores, a apresentação dos recursos tecnológicos envolvidos etc.

É como se dissessem ao espectador: "nós transmitimos, logo é verdade". Portanto, teríamos sobre o sistema semiológico da representação simbólica da notícia, o sistema de simulação da própria fonte da notícia por meio da produção de "pegadinhas". Mas ainda podemos imaginar a possibilidade de um terceiro sistema: a simulação da própria simulação!

Se Ernesto Paglia faz uma metalinguagem da produção da "pegadinha" com o objetivo evidente de caracterizar uma espontaneidade da simulação ("criamos a simulação, mas as reações das pessoas são espontâneas"), nada impede de as próprias reações "espontâneas" sejam selecionadas em uma pós-produção, direcionando o quadro através de um script pré-determinado.

Assim como no primeiro sistema semiológico o repórter vai à rua com a pauta pré-estabelecida (quem deve ser entrevistado, enquadramentos e hipóteses que obrigatoriamente devem ser confirmadas pela captação das informações etc.), nesse terceiro sistema reações excessivamente espontâneas dos participantes que saiam da curva esperada pelos editores seriam cortadas na edição final.

A descoberta pelo espectador da natureza editada seria fatal para a legitimidade jornalística da "pegadinha". Por isso, a metalinguagem que os homens de preto do "CQC" fazem sobre detalhes de produção e as entrevistas que Ernesto Paglia faz com os próprios atores que participaram da simulação para arrancar depoimentos sobre a "emoção" e "tensão" da experiência dos papéis representados, dilui na consciência do espectador leigo essa suspeita da existência desse terceiro sistema fatal.

Portanto, essa complexa bomba semiótica funciona a partir de três sistemas semiológicos: (1) o sistema de recorte e enquadramento da criação da notícia; (2) o sistema de simulação da fonte da notícia – a "pegadinha"; (3) o sistema que simula a simulação, isto é, simula a espontaneidade dos eventos que envolvem a "pegadinha" através de *efeitos de realidade* e *metalinguagens* - veja diagrama abaixo.

Na medida em que a atmosfera política brasileira se torna cada vez mais carregada, as "bombas semióticas" têm demonstrado uma engenharia cada vez mais sofisticada. Quais as próximas espécies de bombas que nos aguardam?

Wilson Roberto Vieira Ferreira

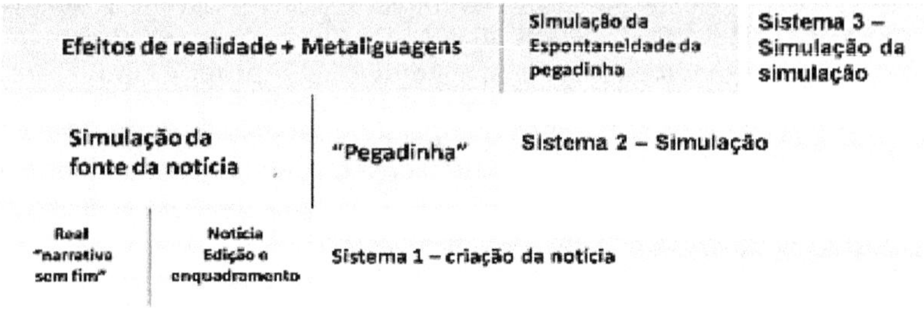

O cacoete jornalístico e a
agenda invisível

(15/09/2013)

Continuando nossa incansável e perigosa busca de "bombas semióticas" na mídia, encontramos outra de uma nova espécie, dessa vez involuntária, produzida por uma espécie de cacoete jornalístico: o furor em estabelecer conexões, religações ou cadeias de causa-efeito entre notícias distantes. O que o Jornal "Hoje" da TV Globo quis nos dizer ao aproximar a notícia de um incêndio em uma fábrica no interior de São Paulo com a sessão do tempo prevendo altas temperaturas e baixíssima umidade? De tanto forçar a barra na interpretação do noticiário político e econômico a partir de uma espécie de agenda nacional e global invisível que reina nas redações das grandes mídias, acabou criando um "modus operandi", um cacoete em que mesmo os "fatos diversos" acabam sendo involuntariamente tratados da mesma forma pelos jornalistas - como a materialização de um script político-ideológico pré-estabelecido.

Quinta-feira, 12 de setembro de 2013. O telejornal "Hoje" da TV Globo já havia apresentado os primeiros blocos noticiosos das chamadas *hard news* (política e economia) e entrava na sua parte final com o que se chama em jornalismo *faits divers* (fatos diversos – notícias locais, curiosidades, cultura, tempo etc.).

De repente, entra um link ao vivo: incêndio de grandes proporções em uma fábrica de bebedouros na cidade de Itu, interior de São Paulo.

Atrás do repórter vemos grossos rolos de fumaça negra subindo a dezenas de metros de altura contra um profundo céu azul. Corta para o estúdio. Sandra Annenberg imediatamente convoca a jornalista do tempo Michelle Loreto e pergunta: "vai cair alguma gota de chuva naquela região?".

Michelle responde negativamente e explica apresentando em um mapa as zonas de alta pressão e temperaturas elevadas esperadas para grande parte do país. Após a rápida previsão do tempo, Sandra Annenberg finaliza com uma expressão grave: "é... e não chove há uma semana naquela região..."

Curiosa e estranha relação de aproximação entre um fato diverso e a coluna da previsão do tempo. O costumeiro "e agora a previsão do tempo..." (forma tradicional de estabelecer uma separação entre sessões do telejornal) foi suspensa nessa particular edição do telejornal "Hoje" para sugerir uma estranha relação de causa-efeito entre um incêndio e a previsão do tempo. Estranha relação, pois essa aproximação metonímica entre um fato e a coluna do tempo pode sugerir várias interpretações:

(a) uma possível chuva poderia ajudar a combater o incêndio?

(b) o tempo seco criou condições para que ocorresse o incêndio?

(c) se estivesse um tempo chuvoso ou úmido não haveria o incêndio?

(d) Sandra Annenberg apenas tentou dar um dinamismo à narrativa fazendo uma ligação direta entre a notícia do incêndio e a sessão do tempo para arrancar o espectador da tradicional preguiça de pós-almoço?

Para Ignácio Ramonet, mais importante que as notícias, é a forma como elas são dispostas na pauta de um telejornal

Certa vez, o jornalista e sociólogo espanhol Ignácio Ramonet disse que mais importante do que as próprias notícias, é a forma como elas são dispostas na pauta do telejornal: as aproximações acabam sugerindo conexões e relações de causa-efeito entre fatos que, de outra forma,

   Wilson Roberto Vieira Ferreira

seriam meras informações isoladas. Ou, o inverso: notícias cujas conexões são críticas são afastadas, esvaziando seus significados. Aproximações ou afastamento de notícias dentro da pauta do telejornal acabam criando novas significações que, muitas vezes, podem ter motivações político-ideológicas.

A meteorologia e a ditadura

As relações inusitadas entre as condições atmosféricas e a política já ocorreram no Brasil. Conta-se que durante a ditadura militar na década de 1970, a paranoia governamental em relação à ordem era tamanha que até notícias sobre as altas temperaturas acima de 40° no verão carioca eram censuradas. Achavam que isso poderia criar algum tipo de comoção pública e desordem.

Certamente nesse caso particular da edição de quinta-feira não houve uma proposital motivação político-ideológico. Essa bomba semiótica involuntária do telejornal acabou revelando outra coisa, uma espécie de tique nervoso, de cacoete que parece incontrolável ao jornalismo atual: a presunção da catástrofe. De tanto forçar a barra na aproximação das *hard news* à pauta ou agenda nacional e global que parece reinar nas redações das grandes mídias, acabou criando um *modus operandi*, um cacoete em que mesmo as notícias diversas acabam sendo tratadas da mesma forma – como confirmações cotidianas dessa agenda político-ideológica.

Conexões, História e efeitos de realidade

Ignácio Ramonet aponta algumas características do jornalismo atual: o furor por conexões, a crença de que a TV mostra "a história acontecendo" e a elaboração de "efeitos de realidade" (veja RAMONET, Ignácio. *A Tirania da Comunicação*. Petrópolis: Vozes, 1999).

As transmissões ao vivo e as tecnologias de transmissão via satélite criaram no jornalismo um furor de conectar, entrar em cadeia, religar. Correspondentes em várias partes do país ou do mundo simultaneamente entram em cadeia como, por exemplo, nas manifestações de rua no último sete de setembro. Para Ramonet, isso cria a necessidade do repórter permanecer sempre próximo do link ao vivo, impedindo-o de ir na busca da informação.

Isso conduz à segunda característica: a dependência do jornalismo em relação às imagens e à tecnologia faz acreditar que a TV é a "história acontecendo" – a certeza ontológica de que mostrar é fazer compreender em uma só mirada. Toda História se manifestaria através de um rico material visual, levando à seguinte conclusão: ver é compreender.

Por isso uma série de efeitos de realidade é destacada para reforçar

esse realismo histórico: close no rosto de vítimas, depoimentos emociona-
dos, desabafos, protestos etc.

O furor das conexões, a teoria da "História acontecendo", os efeitos
de realidade somados à agenda invisível que permeia as redações dos grandes veículos criam essa ansiedade em querer conectar qualquer notícia
ao *script*. No seu íntimo, o jornalista acredita nessa teoria da História televi-
sionada: toda imagem deve ter um sentido porque é histórica, tem um significado em si mesmo. Por isso, as notícias devem ser constantemente reli-
gadas, aproximadas umas das outras para se criar blocos de sentido.

Por que a aproximação entre um sinistro isolado no interior de São
Paulo com a previsão do tempo de todo território nacional? Se a câmera
mostra um incêndio, isso não pode ser um fato isolado. Deve ter um por
que, um sentido que será dado por essa agenda invisível. De tanto fazer isso
intencionalmente nas *hard news*, essa operação semiótica acaba se repetindo
inconscientemente nas notícias diversas.

A agenda invisível

Grosso modo e rapidamente podemos dividir essa agenda invisível pré-
existente que reina nas grandes redações em Agenda Nacional e Agenda
Global.

1. Agenda Nacional

1.1. A corrupção e a perda dos valores morais é o mal que corrói o Estado e
a Política, levando a ineficiência da máquina estatal que produz um efeito
cascata de aumento de impostos e do chamado custo Brasil. A escalada de
manifestações em todo País seria um "basta!" dos brasileiros a esse estado
de coisas;

1.2. – Em nome dessa recuperação dos valores morais, a Justiça deve ser mais
dura, punitiva e intolerante. Por isso a redução da maioridade penal é necessária e deve ser sempre lembrada a cada notícia de contravenções prati-
cada por menores. Nos últimos meses, há uma endêmica onda midiática de
notícias sobre menores praticando crimes, exterminando a própria família e
liderando arrastões;

1.3. – A cada matéria que conta a trajetória de anônimos que ficaram ricos
graças a um pequeno comércio, blog, ideia ou conceito, vem a associação
com o ideário do empreendedorismo, da liberdade de ser o próprio patrão
etc. Histórico de fracassos não são mostrados, a não ser que a matéria

 Wilson Roberto Vieira Ferreira

consiga conectá-los aos fatores do item um;

1.4. – O noticiário econômico basicamente é orientado para a confirmação do seguinte script: ressurgimento da inflação, a falta de política industrial, descontrole cambial, crescimento dos juros, estratosférica carga tributária;

1.5. – Aquecimento da economia e do consumo é visto com desconfiança por ser uma notícia potencialmente negativa: notícias sobre o crescimento do endividamento, a ausência de educação financeira familiar ganha destaque. Isso alimenta o chamado jornalismo adversativo: o consumo cresceu, mas... aumentou o endividamento da população. O PIB cresceu esse mês, mas... caiu em relação ao mesmo período do ano passado.

2. Agenda Global

2.1. – Cada "anomalia" atmosférica (um tornado que se divide em dois, recorde de temperaturas no verão ou de nevascas no inverno, etc.) é apressadamente associada à pauta do Aquecimento Global. O cacoete metonímico em aproximar rapidamente um incêndio isolado com a sessão da previsão do tempo é um efeito involuntário dessa ansiedade nervosa por conexões. Notícias sazonais de queimadas em estações secas desde a Califórnia (principalmente quando se aproximam de mansões de celebridades) até o Planalto Central brasileiro seria a confirmação dessa marcha histórica para a catástrofe;

2.2. – Notícias sobre fome e pobreza são conectadas com regiões secas e falta de água. Desperdício de alimentos, água e energia são sempre os motivos apontados – as fontes naturais se esgotam. Nada se fala sobre a transformação desses recursos em mercadorias e a carência artificialmente provocada pelas próprias leis de mercado. O script da fragilidade da Natureza e da escassez é a justificativa subliminar para a mercantilização generalizada como pretexto para a utilização "racional" dos recursos. Basta acompanhar o depoimento do atual presidente da Nestlé de que a água "não é um direito humano básico" e de que a única solução para a questão global da água seria a privatização;

2.3. – Todos os problemas políticos e econômicos globais são reduzidos a um eixo conflituoso básico: o choque cultural entre o fundamentalismo e intolerância religiosa islâmica versus tolerância democrática do Ocidente;

2.4. – Esse script do choque de culturas se expande para o conflito entre modernidade (liberalismo econômico, globalização financeira etc.) versus atraso (nacionalismo de esquerda, comunismo, governos trabalhistas, populismo etc.).

Tem alemão no Campus? Repórter sofre acidente com bomba semiótica na USP

(19/10/2013)

A ansiedade em corresponder a uma pauta pré-estabelecida fez uma repórter da rádio CBN detonar precipitadamente uma bomba semiótica que estava sendo montada na cobertura de uma greve dos estudantes no Departamento de Letras da USP. Graças a uma "barrigada jornalística" (a repórter confundiu a mensagem "Alemão no Campus" de uma professora do Departamento com uma mensagem cifrada da malandragem ao enfrentar inimigos), a repórter expôs sem querer o mecanismo de funcionamento e a técnica de montagem de mais uma das bombas semióticas usadas na guerrilha semiológica midiática atual onde se pretende criar uma atmosfera de caos e pré-insurgência que supostamente estaria dominando o País. Além disso, foi criado um surpreendente evento sincrônico: um acidente com uma bomba linguística em um espaço justamente dedicado ao estudo, ensino e pesquisa da linguagem.

Uma repórter da rádio CBN foi vítima de um acidente durante a montagem de uma bomba semiótica na gravação de uma matéria, na USP, sobre a greve dos estudantes na manhã do dia 11 de outubro. Ansiosa por corresponder à pauta já pré-estabelecida pelos seus editores-chefes (criminalizar e desmoralizar as ações e discursos dos grevistas para transformá-los em exemplares do caos e desordem que estaria dominando o País), a repórter acabou dando uma "barrigada" (no jargão do Jornalismo, uma matéria falsa ou errada publicada com o estardalhaço de uma grande novidade).

O arquivo foi prontamente retirado do ar pela emissora, reeditado e agora disponível sem a "barrigada" que detonou precipitadamente a bomba semiótica. Esse é a íntegra do áudio da matéria:

> *"Na Faculdade de Letras, grevistas montaram piquetes com cadeiras empilhadas para impedir o acesso às salas de aula. No interior do prédio, onde a gente conseguiu entrar, havia também um recado de uma das professoras, que dizia "Alemão no Campus", uma referência ao termo dado nas favelas ao falar dos inimigos. Ela dizia também que os alunos deviam ficar atentos aos e-mails, para saber das próximas atividades (...)".*

A pauta: edição e mentira

Não é necessário muito esforço dedutivo para interpretar que "Alemão no Campus" dentro do departamento de Letras da FFLCH refere-se aos cursos extra-curriculares de língua alemã oferecidos a públicos internos e externos, assim como outros cursos oferecidos à comunidade acadêmica - "Italiano no Campus" ou "Francês no Campus". E que os e-mails aos quais a professora se referia nada tinham a ver com informações de táticas de combate contra os "inimigos" ou "alemães", mas sobre próximas datas do curso.

Mas a ansiosa repórter a CBN nessa simples barrigada colocou a nu todos os mecanismos de construção de uma bomba semiótica - manipulação midiática onde se utilizam as mais sofisticadas ferramentas semiológicas e retóricas.

Que nos últimos tempos a grande mídia vem detonando, travestida em informação, com o objetivo político de construir junto à opinião pública a percepção de que a Nação estaria em um momento de pré-insurgência civil, caos e baderna.

Na verdade, a guerrilha semiótica empreendida pela grande mídia tem como objetivo principal manter a opinião pública em permanente

Wilson Roberto Vieira Ferreira

estado de tensão desde irrupção das grandes manifestações de rua de junho. Como se as manifestações não apenas tivessem continuado, mas tivessem se transformado em manifestações genéricas (não importa se contra o poder municipal, estadual, federal, contra uma entidade privada ou autarquia), apenas "manifestações", índices de um país que estaria à beira do abismo.

A ansiedade da repórter em corresponder à pauta determinada pelos seus superiores acabou revelando como se articulam o nível retórico e semiológico na montagem das bombas semióticas em geral.

Nível retórico

Em jornalismo, a pauta é o que rege o trabalho do repórter orientando-o na edição: quais fontes devem ser buscadas, perguntas a serem feitas, "hipóteses" que devem ser necessariamente comprovadas etc. No momento atual de pesada atmosfera política onde a própria mídia admite explicitamente ser a única oposição política consistente ao atual governo, as pautas se revestem de importância fundamental para os repórteres conseguirem colher signos (frases, declarações, eventos etc.) que possam ser reduzidos a índices que comprovem as "hipóteses" elaboradas nas reuniões de pauta.

A função do nível retórico da bomba semiótica e saturar semiologicamente esses índices para que se tornem "motivados" – na conceituação da linguística, um signo motivado é aquele que guarda uma relação de pregnância com o objeto representado, isto é, uma relação natural e inconfundível, tal como a fumaça em relação ao fogo ou a fotografia em relação ao objeto fotografado.

A retórica vai saturar ou forçar essa motivação, dando o caráter ideológico ou propagandístico ao discurso. Para a ansiosa repórter, o aviso "Alemão no Campus" só poderia ter uma relação com a linguagem da malandragem do morro, favelas e periferias urbanas. Em uma linguagem radiofônica, o signo ideal para a criação de uma imagem mental perfeita nos ouvintes da rádio CBN: a bandidagem descendo o morro e invadindo o asfalto da classe média.

Feios, sujos e malvados na USP?

O termo "favela", usado na locução, cria um signo genérico e sem mais qualquer significado sociológico ou geográfico (morro, periferia urbana etc.): é a "favela" onde estão os inimigos internos imaginários dos ouvintes da CBN, de onde surgem as hordas bárbaras que querem destruir a ordem dos cidadãos de bem – no caso, os estudantes da USP.

Mas essa estratégia retórica guarda ainda outro personagem: o professor. Como símbolo de sacerdócio, pureza e elevação no imaginário social, como aquele que lida com uma atividade intelectual e "superiora", ele pode ser facilmente convertido em escândalo ao mostrá-lo envolvido em práticas corruptas ou "baixas": quem proferiu a suposta mensagem de aviso sobre os inimigos no campus, segundo a ansiosa repórter, teria sido uma professora do Departamento de Letras.

Com isso, a imagem mental do ouvinte da CBN está completa: professores corruptos da USP envolvidos em táticas de guerrilha ajudando bárbaros favelados infiltrados em uma instituição pública. Uau! Perfeito! A construção de uma "paisagem sonora" ideal, ainda reforçada pelo tom de voz agudo e ansioso da repórter – confira o áudio abaixo. Seu tom de voz exasperado teria sido proposital para criar uma atmosfera de tensão ou apenas índice da ansiedade incontida da repórter em corresponder aos seus superiores da CBN e que fez a bomba semiótica disparar antes do tempo?

Nível semiológico

Aqui está o núcleo da bomba, a delicada operação semiológica de transformação do símbolo em índice, de converter aquilo que é arbitrário ou significado por convenção em signo motivado.

"Alemão no Campus" é uma mensagem interna da comunidade acadêmica, composta por signos cujos significados são estabelecidos por convenção, isto é, são determinados por uma espécie de acordo linguístico, entre emissores e receptores de um espaço bem específico.

Determinada que estava pela pauta que conduzia (a necessidade de encontrar em um movimento reivindicatório interno da USP índices que confirmassem a hipótese da criminalização e do clima de pré-insurgência civil que supostamente se encontra o País), a ansiosa repórter da CBN empreendeu uma arriscada operação semiológica: transformar uma mensagem cifrada e específica em um sinal evidente de uma criminosa organização por trás do caos e desordem.

Vimos em postagens anteriores que essa operação semiológica é o núcleo de todas as bombas semióticas: por exemplo, converter a bandeira nacional (símbolo de união nacional) em índice de violência e caos ao destacá-la queimada, rasgada ou pisoteada.

   Wilson Roberto Vieira Ferreira

A arriscada operação semiológica da repórter resultou em um salto fatal: faltou a verossimilhança, efeito de realidade fundamental para que tudo funcionasse.

Porém, há um incrível evento sincromístico nesse episódio: uma bomba semiótica explode acidentalmente nas mãos de uma repórter em pleno Departamento de Letras, isto é, uma operação linguística terrorista falha no próprio local onde a linguagem é o objeto científico de estudo, ensino e pesquisa. No mínimo, o evento pode se transformar em ótimo estudo de caso para iniciantes no mundo semiológico e semiótico de Ferdinand Saussure e Charles Peirce.

A bomba semiótica do resgate dos cães de laboratório

(23/10/2013)

Em tempos de atmosfera politicamente mais leve, certamente o resgate por ativistas de 178 cães de um instituto de pesquisas farmacêuticas em São Roque (SP) seria relegado pelas redações da grande mídia aos blocos noticiosos de notícias diversas. Mas o suposto descontrole das lideranças que viram ativistas quebrando portões, depredando e levando os cães para, depois, receberem a "ajuda" de black blocks elevou o evento à pauta nacional, para ser submetido ao script da engenharia das bombas semióticas: "era uma vez uma manifestação pacífica e..." Mas aqui temos uma novidade: a exploração da relação mágica e mítica que nós temos com os animais, relação didaticamente mostrada no filme "As Aventuras de Pi".

Primeiramente quero me desculpar com os leitores desse humilde blogueiro pela insistência sobre o tema bombas semióticas. Para quem se dedica à pesquisa em meios e processos audiovisuais é impossível ficar indiferente à atmosfera cada vez mais saturada e pesada semioticamente – e por consequência politicamente. No futuro, pesquisadores certamente irão transformar os acontecimentos pelos quais passamos em objetos de dissertações e teses. Essa parece ser a miséria das ciências da comunicação: só conseguimos entender os acontecimentos *a posteriori*, isto é, interpretamos depois os acontecimentos como fenômenos filosóficos, psicológicos ou sociológicos. Nada conseguimos compreende-los no momento, no "aqui e agora" dos eventos, quando eles são *acontecimentos comunicacionais*.

Nesse momento, representado pela metáfora do "gigante que despertou", uma histeria das manifestações toma conta da agenda midiática: incêndio no Itamaraty, agressão a jornalistas, pedidos de intervenção militar, protestos dos médicos contra a "escravidão de médicos cubanos", planos detalhe de carros virados e incendiados, Batmans Black Blocs do bem e uma infindável série de eventos iconicamente anabolizados pela mídia.

Depois de um ano sendo investigado pelo Ministério Público sobre denúncias de maus-tratos de animais pelo Instituto Royal em São Roque (SP), ativistas se acorrentaram aos portões do instituto o que, na madrugada do dia 18/11, resultou na invasão e resgate de 178 cães da raça beagle.

Certamente, se fosse noutros tempos menos carregados politicamente, esse episódio seria visto nas reuniões de pauta dos "aquários" da grande mídia como um *fait divers* ("fato diverso", no jargão jornalístico) e teria sido pautado para blocos de notícias de variedades, assim como, por exemplo, notícias sobre ativistas que invadem passarelas de moda contra desfile de casacos de pele de animais.

São Paulo Fashion Week: fosse hoje, protesto contra racismo na Avenida Paulista contaria com black blocs, depredações e muita mídia

Fosse hoje, as modelos (recrutadas por uma agência de modelos negras) que desfilaram em protesto na Avenida Paulista em março contra o estilista Ronaldo Fraga acusado de racismo no São Paulo Fashion Week, certamente seriam vistas pela mídia como "manifestantes" e teríamos imagens de "black blocs" e "anonymous" quebrando vitrinas de lojas e bancos. E veríamos a narrativa midiática recorrente para todas as manifestações: "começou como pacífica, mas depois vândalos se infiltraram..."

Com o resgate dos cães beagles do Instituto Royal não foi diferente. A cobertura midiática seguiu rigidamente o mesmo padrão semiótico de saturação de significados retóricos e semiológicos, o que faz acreditarmos na existência de um *modus operandi* linguístico em ação, tão sistemático que é impossível não acreditarmos em uma intencionalidade.

Nas últimas postagens viemos denominando esse *modus operandi* como "bomba semiótica", sugerindo com esse conceito uma intencionalidade cada vez mais evidente por trás de uma guerrilha semiológica que estaria sendo articulada nesse momento na mídia.

   Wilson Roberto Vieira Ferreira

Pois bem, nesse episódio sobre supostos maus-tratos no instituto de pesquisas farmacêuticas em São Roque, além dos tradicionais mecanismos retóricos e semiológicos, encontramos uma novidade que certamente a promoveu como "bomba semiótica": a mitologia (no sentido dado pelo semiólogo francês Roland Barthes) do cão ser o melhor amigo do homem e, por isso, tocar os nossos corações.

O *modus operandi*

Script retórico –

(a) Beagles, bonitos cãezinhos de estimação, típicos das classes médias. E sendo resgatados por personagens que nas edições das coberturas midiáticas receberam um especial destaque: mulheres, igualmente de classe média. Apesar de décadas de movimento feminista e afirmação definitiva das mulheres na sociedade, elas ainda na mídia são símbolos de fragilidade. Em situações de perigo, então, assume um significado poderoso (muito explorado em filmes de ação). Elas receberam o destaque nas edições das imagens de resgate no meio da madrugada.

(b) Quem é o culpado? No atual ambiente político denso, culpar a "indústria farmacêutica" ou um "instituto" que até então a opinião pública desconhecia não obtém o efeito de indignação. É necessário buscar o inimigo em um órgão público. Por exemplo, a primeira cobertura do Jornal Hoje tentou aproximar a responsabilidade à ANVISA (Agência Nacional de Vigilância Sanitária), órgão regulador do Ministério da Saúde, que emitiu comunicado de desmentido durante o telejornal – a bomba semiótica explodiu no colo do JH ao vivo. O que obrigou os apresentadores da bancada do JH a pronunciar o desmentido no final daquela edição.

Mais tarde, no Jornal Nacional, foi ao ar matéria que ainda não conseguia o culpado pretendido – que deve ser necessariamente o governo federal. Apenas falou-se em "leis" e "legislação". Até que no "Fantástico" de 20/10 longa matéria onde finalmente a emissora consegue encontrar por onde: o CONCEA (Conselho Nacional de Controle da Experimentação Animal do Ministério da Ciência e Tecnologia).

O coordenador do CONCEA fala que o Brasil "tem regras rígidas de vigilância". E é mostrada prontamente a impactante imagem de um cão andando desnorteado entre fezes e confinado em uma pequena baia de laboratório e com as costas tosadas... A imagem em corte dramaticamente seco retoricamente condena o coordenador do CONCEA.

(c) Na manhã do dia seguinte do resgate dos cães, eis que surgem os black blocs sob a justificativa de proteger os manifestantes (por que eles não aparecem também em retomadas de posse para defender famílias em luta contra a polícia de choque nas periferias?). Clichês de imagens de carros da polícia depredados, fumaça e incêndios. E as tradicionais imagens aéreas mostrando a extensão dos estragos. Era uma vez uma manifestação pacífica... e aí os vândalos apareceram.

Script semiológico -

(a) O objetivo em sustentar o script das manifestações é mostrar que desde as grandes manifestações de rua de junho, o País se encontra em estado de pré-insurgência civil, imerso no caos porque o governo é fraco. Por isso, para criar um índice forte da instabilidade nacional repete-se a imagem da bandeira nacional perdida no meio dos confrontos: a bandeira como escudo, desfraldada no meio do conflito, ou abandonada, pisoteada, esfarrapada, esquecida. As imagens dos protestos capricham nas imagens da bandeira nacional em meio ao confronto com a polícia - veja imagens acima.

(b) Mais índices de insegurança, dessa vez criminógenos, com depoimentos de pessoas que não querem se identificar, dando depoimentos em contraluz ou de costas com a voz alterada por filtros. Imagens de ativistas encapuzados para reforçar ainda mais uma atmosfera assustadora de crime organizado - veja imagens acima.

    Wilson Roberto Vieira Ferreira

Cães: Mito e Fetichismo

A introdução da matéria do Fantástico de 20/10 foi uma aula perfeita de sincromisticismo utilizado como ferramenta semiótica para capturar o espectador na constelação de arquétipos que transformam o cão em animal mítico: cães, santos e religião.

"Na tradição católica São Roque é padroeiro dos inválidos e protetor de epidemias, porque dedicou a vida a cuidar dos leprosos da Idade Média. Contaminado pela doença se isolou em um bosque e se não fosse um cãozinho teria morrido de fome. O cãozinho todo dia levava pão para ele (...) isso demonstra como a nossa relação com os cães é intensa é isso foi demonstrado justamente na cidade de... São Roque", falam em jogral os apresentadores Renata Vasconcelos e Tadeu Schmidt.

Estratégia retórica para reforçar uma relação mítica com o arquétipo do cão que, como toda relação mágica, é invertida e fetichista. Magistralmente essa relação é mostrada no filme *As Aventuras de Pi* (*The Life of Pi*, 2012) onde o protagonista leva um pedaço de carne para o tigre-de-bengala Richard Parker preso em uma jaula no zoo da família.

Ele acredita que o tigre possui uma alma e que virá docilmente comer a carne em suas mãos. Quando o tigre já está ameaçadoramente próximo, seu pai o arranca de frente de jaula e diz enfurecido: "Acha que esse tigre é um amigo? Ele é um animal, não um boneco!". "Animais têm alma, eu vi nos olhos dele", responde Pi chorando. "Animais não pensam como nós... Quando olha nos olhos dele você vê suas emoções refletindo de volta, nada mais!", dispara o pai.

A novidade dessa bomba semiótica é acrescentar às camadas retórica e semiológica, mais uma: a mítica e sincromística – o homem projeta imaginariamente nos animais suas próprias mazelas. Se nos revoltamos contra o sacrifício de animais pela indústria cosmética, na verdade nos revoltamos pelo próprio vazio de sentido nas mortes: narcisismo e individualismo. O resgate dos animais é a expiação de uma má consciência pela espécie humana: enquanto houver mercado para o narcisismo cosmético, animais continuarão a morrer.

Através da simpática figura dos beagles, a bomba semiótica dos cães de laboratório utiliza essa relação mítica e fetichista que temos com os animais para chamar a atenção dos espectadores para os índices de um País que estaria sob o descontrole e anomia generalizadas. E tudo embalado por imagens de mulheres e cães típicos das classes médias, as mais vulneráveis aos estilhaços dessa bomba.

Estudante implode bomba semiótica do Enem

(02/11/2013)

Sem querer o estudante da USP que simulou ser um candidato atrasado do Enem, cujas fotos ocuparam primeiras páginas de jornais e portais de Internet, acabou abrindo uma perspectiva de contra-ataque na verdadeira guerrilha semiológica que toma conta da opinião pública brasileira: contra a manipulação midiática, a simulação; contra a mentira, o seu paroxismo: o simulacro! É a "bomba pós-moderna", que ajudou não só a implodir como colocou a nu o processo de construção de bombas semióticas, como as que a mídia detona contra o Enem. A estratégia irônica do contra-ataque através da simulação como forma de desmoralizar a mídia segue a tática como a do agitador cultural Joey Skaggs (famoso nos EUA por "pegadinhas" contra a TV e jornais) e de manifestantes em Portugal contra as políticas de austeridade.

Nessa semana uma pessoa fez mais estragos que dezenas de black blocs depredando fachadas de bancos e de lanchonetes multinacionais. Trata-se de um aluno do curso de Ciências Contábeis da USP, Flávio de Queiroz, que simulou diante de fotógrafos e jornalistas ser um candidato atrasado na prova do Enem realizado no último domingo. A foto dele dramaticamente tentando escalar as grades da Uninove, na Barra Funda, São Paulo, saiu em portais da Internet e primeira página do jornal Folha de São Paulo ao lado de uma sombria manchete: "Quase um terço dos candidatos não faz Enem".

Ao lado da barrigada da rádio CBN em que uma ansiosa repórter confundiu um aviso de um curso de alemão na USP como um aviso cifrado da bandidagem sobre a chegada da polícia para apressadamente confirmar uma pauta estipulada pela reportagem, o episódio da simulação do aluno atrasado do Enem pôs a nu o processo de montagem da notícia com a finalidade de torná-la uma bomba semiótica.

Enem na mídia: sempre à beira da fraude com jornalistas em busca de índices da sua ineficiência

Mas esse caso apresentou uma novidade: sem querer, o aluno da USP criou uma verdadeira contra bomba nessa verdadeira guerrilha semiológica em que se tornou o contínuo midiático nacional. Sem saber, ele acabou criando uma "bomba pós-moderna", cujo princípio tecnolinguístico pode ser sintetizado da seguinte maneira: contra a manipulação midiática, a simulação; contra a mentira, o seu paroxismo: o simulacro!

A bomba semiótica do Enem

Assim como a ansiosa repórter da rádio CBN que foi a campo cobrir a greve na FFLCH-USP com a missão de trazer evidências que confirmassem as convicções da chefia, da mesma forma os jornalistas da grande mídia vão cobrir cada Enem com uma pauta bem clara: registrar qualquer episódio, imagem, declaração que, ligadas metonimicamente na diagramação de primeira página ou nos planos das imagens televisivas, comprovem que o Enem é uma catástrofe sempre à beira da fraude.

E assim é todo ano: imagens de estudantes chegando atrasados lutando contra portões, fotos da prova postadas na Internet, tentativas de fraude e *print screens* de *tweets* da debochada série "Aprendi No Enem" onde se ridiculariza conteúdos e enunciados de questões. A missão dos jornalistas é, portanto, coletar o máximo que puder índices, fragmentos, indícios potenciais que ajudem a configurar para a opinião pública um clima generalizado de fraude.

Mas dessa vez uma contra estratégia irônica interveio em pleno momento de coleta de material para a montagem das habituais bombas semióticas.

 Wilson Roberto Vieira Ferreira

Um aluno da USP, Flávio de Queiroz Segundo, aluno de Ciências Contábeis, simulou ser mais um desses índices que os repórteres desesperadamente buscam para garantir seus empregos e carreiras no jornalismo atual da grande mídia. Apareceu em primeiras páginas sem sequer ser entrevistado e, quando foi, serviu a mais requintada matéria-prima para ansiosos repórteres: colocou a culpa pelo seu atraso no transporte, no trem, enfim, no poder público. O Jornal Folha de São Paulo foi ainda mais sinistro, ao aproximar sua foto a uma manchete sobre o crescimento de abstenções no exame.

E ainda para piorar, uma matéria do portal IG foi mais dramática e carregou no tom ao relatar que o candidato estava "de mãos trêmulas" ao descer das grades do portão da Universidade.

Pouco depois, o desmentido do aluno: "foi apenas uma brincadeira com alunos de uma faculdade rival. Pretendia divulgar o vídeo na Internet". Espontaneamente, nas entrevistas com os repórteres ia falando o que dava na telha: "meus pais vão ficar bravos...", "levei duas horas para chegar..." etc., atendendo a todo o *script* padrão de respostas que jornalistas esperam nesse momento.

Ao saber da "barriga", a reposta da grande mídia foi ironizar o estudante, falando que conseguira os seus "quinze minutos de fama". Porém, nenhum veículo da grande mídia publicou o deboche e ironias do estudante da USP: "a imprensa é muito ingênua", "nem dei entrevista e saí na primeira página", "Eu disse que queria fazer ciências econômicas na UFSCar. Só que nem existe esse curso...", sugerindo a ausência de apuração nas reportagens.

A bomba pós-moderna

Era 1995. No último bloco o telejornal Bom Dia Brasil da TV Globo apresentou uma notícia que o terapeuta internacionalmente famoso chamado Baba Wa Simba, queniano e filho de missionários norte-americanos, estava desembarcando em Londres. Nas imagens uma demonstração que ele fez em pleno saguão do aeroporto de um método que inventara para que homens e mulheres desenvolvessem "seu lado animal" e liberassem "instintos reprimidos". Diversos pacientes de quatro no chão urrando, grunhindo e devorando um pedaço de carne crua que Bamba Simba jogava. Tudo diante de uma patuleia de jornalistas e fotógrafos, ávidos por sensacionalismo para preencher blocos de notícias diversas dos telejornais.

Baba Simba: a simulação ganhou espaço nas mídias

Depois, o choque. Tudo era uma simulação na qual os repórteres prontamente caíram, sem sequer apurarem minimamente quem era "Baba Simba". O terapeuta, na verdade, era o artista plástico Joey Skaags, famoso nos Estados Unidos pelas "pegadinhas" que apronta contra TV e jornais com um objetivo estético (ter a sua "arte" captada pela mídia) e outro ideológico-político: desmoralizar a própria mídia.

O episódio involuntariamente criado pelo estudante da USP se enquadra nessa estratégia de enfrentar a *manipulação* midiática com a *simulação*. Para entendermos a eficácia dessa bomba pós-moderna é necessário estabelecermos a diferença entre a *manipulação* e a *simulação*.

A *manipulação*, técnica de montagem da bomba semiótica, está no campo dos signos. Todo signo é uma representação de um referente – evento, objeto, ideia, imagem mental etc. Os signos podem tanto apresentar como mascarar a realidade, ou seja, manipular: dizer que algo não existe quando na verdade você o esconde.

A bomba semiótica é uma manipulação de um tipo especial: esconde mostrando, por meio de técnicas metonímicas de justaposição de imagens e áudios. Obriga repórteres a serem meros coletores de índices (sem apuração ou crítica) para se tornarem depois símbolos ideologicamente direcionados nas edições e montagens nas ilhas de edição e reuniões nos "aquários" das redações. Pensando no diagrama do processo da comunicação, a manipulação ocorre no canal e na mensagem.

Ao contrário, a *simulação* ocorre na própria fonte, pois aparenta ser um evento autêntico, simula ser um índice que docilmente se oferece aos jornalistas para ser encaixado aos seus scripts e pautas pré-estabelecidas. Na simulação temos o inverso da manipulação, o blefe: dizer que possui algo,

   Wilson Roberto Vieira Ferreira

quando na verdade nada tem. Ao contrário da manipulação que está no campo dos signos, a simulação está no campo de influência dos simulacros no sentido atribuído pelo pensador francês Jean Baudrillard.

Blefe: a principal arma contra a mídia

Essa é a eficiência da bomba pós-moderna da simulação, pressentida pelo artista plástico Joey Skaags. A mídia acredita no blefe, capta-o através de áudios e imagens na ansiedade de ter encontrado um índice para suas pautas, a matéria-prima de mais uma bomba semiótica. Porém, a simulação implode no interior da bomba semiótica através do anúncio do blefe, expondo a manipulação e a mídia à desmoralização.

E por que uma "bomba pós-moderna?" A simulação é uma sensibilidade e, ao mesmo tempo, uma metodologia da nossa era do espetáculo e das imagens que muitos estudiosos qualificam como pós-moderna: a massificação e fixação dos clichês e estereótipos cria uma espécie de autoconsciência da sociedade em relação ao funcionamento e demandas midiáticas. Fraudes e boatos se sucedem através das mídias, sempre ávidas por notícias, seja por finalidade ideológica (fazer bombas semióticas) ou por necessidades mercadológicas (conteúdo para atrair publicidade).

Em 1962 o historiador Daniel Boorstin no livro *The Image – A guide of pseudoevents in America*, apresentou essa contradição interna na expansão dos meios de comunicação: o crescimento exponencial da necessidade por notícias – a demanda por notícias é maior do que a capacidade do mundo produzir fatos novos para as mídias. Para suprir essa "deficiência" do mundo, boatos, mentiras e fraudes ganham espaço midiático.

O jornalista norte-americano Chris Berdik classifica cinco tipos de fraudes das fontes midiáticas (veja "Bibliografia" no final): primeiro, eventos criados por pessoas em busca de fama e publicidade; segundo, eventos, boatos ou falsos comunicados à imprensa criados por empresários ou CEOs para manipular mercados de ações; terceiro, citações ou personagens falsos criados por jornalistas para "apimentar" as notícias e alavancar suas carreiras; quarto, brincadeiras de jornalistas que normalmente não se destinam a serem levadas à sério.

E finalmente o quinto: simulações encenadas por não-jornalistas para satirizar a imprensa, no qual se enquadram Joey Skaggs e o gozador estudante da USP.

A simulação armada pelo estudante Flávio de Queiroz abre uma nova perspectiva na guerrilha semiológica atual: combater a manipulação com a simulação.

Como fizeram um grupo de manifestantes em Lisboa em outubro: para furar o bloqueio midiático, através de redes sociais fizeram uma simulação de uma manifestação supostamente a favor da política de austeridade imposto pela "Troika" (Banco Central Europeu, FMI e Comissão Europeia) à Portugal. Os jornalistas foram na onda e, depois, descobriram que se tratava de uma estratégia irônica de atrair a atenção dos portugueses para o verdadeiro manifesto: "Que se lixe a Troika!

 Wilson Roberto Vieira Ferreira

A semiótica do pensamento neoconservador

(21/11/2013)

O episódio da ironia incompreendida do texto da coluna de Antônio Prata no jornal Folha de São Paulo que arrancou uma entusiasmada solidariedade de neoconservadores, revelou um mecanismo mais profundo no qual se baseia a eficiência da ferramenta da simulação como arma para combater bombas semióticas: tanto a pegadinha do falso estudante atrasado do Enem quanto a de Antônio Prata que simulou ter se convertido ao machismo, racismo e homofobia, têm como elemento comum aquilo que pesquisadores como Frederic Jameson apontam na cultura pós-moderna - a sensibilidade pastiche, paródia lacunar porque perdeu o senso de humor, demonstrado em situações como essas quando leitores e repórteres se reconhecem refletidos na sua própria caricatura.

Está comprovado. A estratégia da simulação é a principal ferramenta para desarmar e neutralizar (desmoralizar) as bombas semióticas que semanalmente estão explodindo no contínuo midiático nacional. Na semana retrasada acompanhamos a simulação do estudante atrasado do Enem que sem querer acabou desarmando e expondo à opinião pública o *modus operandi* de montagem das bombas semióticas (pautas pré-estabelecidas e "hipóteses" definidas à espera de fragmentos de eventos que se transformem em evidências por si mesmas).

Pois nessa última semana acompanhamos a "pegadinha" do colunista do jornal *Folha de São Paulo* Antônio Prata: simulando ter se convertido definitivamente aos argumentos *neocons* (abreviação de "neoconservador"), escreveu uma coluna raivosa intitulada **"Guinada à Direita"**

Denunciava uma suposta conspiração para "levar o País ao abismo", perpetrada por "gays, negros, índios, vândalos, maconheiros, comunistas, aborteiros, feministas rançosas e velhos intelectuais da USP".

Prata fez um texto que é praticamente um inventário dos principais clichês direitistas e *neocons*, com o mesmo estilo grosseiro e raivoso.

Uma conspiração gay?

A resposta de alguns leitores foi espantosa: entusiasmado, o roqueiro Roger da banda *Ultraje a Rigor* congratulou o articulista pela coragem (pelos "culhões", para ser mais exato). E muitos outros leitores não entenderam o texto ironicamente provocativo e repleto de frases *neocons* prontas, e passaram a fazer elogios entusiasmados: Sim! O mundo está sendo dominado por gays, comunistas e feministas!

O surpreendente nessa história é o motivo pelo qual os *neocons* não entenderam a ironia: por que o próprio raciocínio da direita atual é *retrofascista*: um pastiche de fragmentos de doutrinas, ideologias e discursos conservadores do passado, fragmentados e reunidos em um raciocínio construído como uma colcha de retalhos.

Na verdade, Antônio Prata atirou no que viu e acertou no que não viu: quis provocar a Direita, mas colocou a nu o cerne da mentalidade *neocon*. Não entenderam o texto porque o raciocínio deles é exatamente como o texto foi construído: uma série de fragmentos de frases prontas e clichês cujas sinapses são feitas por meio de teorias conspiratórias – não é à toa que a maioria dos sites especializados em teorias de conspirações na Internet é ligado a grupos conservadores, fascistas, neonazis e de Direita.

Por isso, dentro dessa série de postagens sobre o monitoramento das bombas semióticas midiáticas atuais, temos que entender duas novidades trazidas nesse episódio:

(a) a confirmação da *simulação* como ferramenta de contra-ataque;

(b) o *retrofascismo* como um conceito que explica o mecanismo

 Wilson Roberto Vieira Ferreira

semiótico do raciocínio não apenas *neocon*: refletiria, na verdade, uma sensibilidade mais ampla que o pesquisador inglês Frederic Jameson chamava de "pós-moderna" porque baseada no pastiche e na esquizofrenia da cultura contemporânea.

Simulação paródica e da Fonte

Nessas últimas semanas tivemos duas táticas diferentes de utilização da simulação: no episódio do falso estudante atrasado do Enem poderíamos considerá-lo como uma *simulação da fonte:* para simular ser um acontecimento (uma "protonotícia") o simulador deve ser exagerado, *overacting*, exagerar nos gestos, declarações, ser emotivamente copioso, em síntese, canastrão. O historiador Daniel Boorstin chamava tal situação como "pseudo-evento": protagonistas de eventos moldam seus comportamentos e o *timing* do acontecimento às expectativas de repórteres e redações sobre o que eles esperam que seja "notícia". Se isso já é algo intrínseco à mídia atual, imagine então com uma intencionalidade ideológica...

No caso da ironia má compreendida da coluna de Antônio Prata, teríamos a *simulação paródica*: para Frederic Jameson, na paródia há uma simulação das idiossincrasias e singularidades do original através do exagero e do senso de humor. Reside na paródia uma norma cultural que se quer romper ou criticar.

Porém, essa forma de simulação transforma-se numa ferramenta poderosa para a neutralização (desmoralização) como a que ocorreu com os leitores de Prata: ocorre que no raciocínio pastiche dos *neocons* não há senso de humor, e tudo se torna literal. Isto é, perderam o componente "meta" da linguagem e tudo é lido ao pé da letra, em seu sentido literal. Acompanhemos essa passagem de Frederic Jameson para clarearmos essa questão:

> *"O pastiche é, como na paródia, a imitação de um estilo singular ou exclusivo, a utilização de uma máscara estilística, uma fala em língua morta: mas a prática desse mimetismo é neutra, sem as motivações ocultas da paródia, sem o impulso satírico, sem a graça, sem aquele sentimento latente da qual ainda existe uma norma, em comparação com a qual aquilo que está sendo imitado é, sobretudo, cômico. O pastiche é paródia lacunar, paródia que perdeu o senso de humor"* (JAMESON, Frederic. *"Pós-Modernidade e Sociedade de Consumo"* IN: *Novos Estudos Cebrap, São Paulo, número 12, junho de 1985, p. 18).*

O sintoma cultural do pastiche

Para Jameson o pastiche e o *remake* são verdadeiros sintomas culturais que expressariam a maneira específica como o indivíduo pós-moderno experimenta o espaço e o tempo. Jameson chama essa experiência especificamente de esquizofrênica: as referências culturais de todas as épocas e signos (símbolos, estilos e fragmentos culturais) tornam-se, assim, um estoque aleatório de referencias que são pilhadas para formar verdadeiras colchas de retalhos (*pacthworks*) ou colagens estéticas sob uma roupagem de modernidade e inovação.

O caso do neoconservadorismo atual parece refletir essa sensibilidade cultural abrangente expressa, por exemplo, na arquitetura como nos prédios neoclássicos *fake* com pilastras em gesso colocadas ao lado de palmeiras para dar um toque tropical e acabamento com esquadrias de alumínio.

Seguindo a mesma lógica, discursos sobre cidadania e de sustentabilidade convivem tranquilamente com ataques às cotas de negros nas universidades; a defesa dos direitos humanos e da igualdade se coloca ao lado das críticas ao Estado de bem-estar social como populista e assistencialista, e assim por diante; um roqueiro que faz nos shows *covers* da banda punk *Ramones* e ao mesmo tempo defende uma agenda política conservadora. O filósofo Peter Sloterdijk chamava esse fenômeno de "cinismo esclarecido": espécie de auto distanciamento irônico, onde todos demonstram ter conhecimento de princípios ético e morais universais embora, na prática, os neguem.

A ferramenta da ironia paródica parece desmascarar publicamente esse cinismo, ao fazer os *neocons* incautos cometerem o ato falho de se revelarem.

Mas o mecanismo semiótico do pastiche vai para além disso. Mesmo no campo das ideias conservadoras há o fragmento sígnico. Por exemplo, o fenômeno do racismo, homofobia e xenofobia no passado, pelo menos, era justificado ou inserido em um discurso doutrinário que procurava dar um sentido histórico. O caso da doutrina da raça ariana como um conjunto de seres humanos superiores e predestinados que seriam descendentes da elite de seres da antiga Atlântida fez parte de um esforço (delirante) de dar sentido a impulsos instintivos de destruição do outro.

Os gastos que o Terceiro Reich despendeu para enviar arqueólogos e antropólogos da SS para o Tibete no Himalaia em busca de provas de que ali estavam os sobreviventes de Atlântida e a prova da existência dos ancestrais dos arianos, foram esforços para tentar racionalizar o preconceito e o

     Wilson Roberto Vieira Ferreira

ódio.

Como demonstraram as reações à simulação paródica de Antônio Prata, hoje os *neocons* tomam essas ideias descontextualizadas, como clichê, como se tivessem valor em si mesmas, sem a necessidade de justificativa, ideologia ou doutrina. Basta ter "culhões".

Se no passado foram tragédias, hoje se repetem como farsa descontextualizada, mas sempre à espera de um movimento político que as traduza.

Isso é o que estamos chamando de *retrofascismo*, tão danoso quanto o do passado, porém mais fácil de ser revelado.

Consequências

O mecanismo semiótico do pastiche, o fenômeno do retrofascismo e sua relação esquizofrênica com a História e o tempo produz algumas consequências:

(a) a colcha de retalhos de signos faz perder o nível "meta", temporal, tornando tudo exagerado e clichê. A sua repetição como farsa na atualidade é levada tão a sério ao ponto de se perder o senso de humor da paródia.
Um exemplo talvez distante da política, mas que exemplifica esse mecanismo: a banda "Massacration", paródia dos metaleiros *posers* criado no extinto programa *Hermes e Renato* da MTV passa a ser levada a sério por metaleiros reais, chegando, inclusive, a abrir festivais do estilo musical como mais uma atração: talvez por que eles sejam tão caricatos quanto a caricatura e acabam, por isso, se reconhecendo nela;

(b) Esses comportamentos clichês e saturados decorrentes do pastiche generalizado na cultura, produz um problema sério para o Jornalismo: repórteres começam a acreditar que os acontecimentos são sempre estrondosos, exagerados, aberrantes, bastando o jornalista abrir os olhos e registrálos. Rapidamente começa a se perder o "faro jornalístico", o instinto de achar que é necessário checar a fonte, pressentir armadilhas. Comportamentos exagerados e copiosos de protagonistas de acontecimentos atraem repórteres que, ingenuamente, podem cair em simulações na ansiedade de que esses fatos confirmem pautas.

(c) entre a *simulação da fonte* e a *simulação paródica* há um ponto comum: a caricatura e o exagero, sejam dos textos ou de acontecimentos que tanto leitores como jornalistas passam a levar ao pé da letra, porque perderam o senso de humor.

Acreditam que a realidade é assim mesma: clichê e exagerada. Por isso, a paródia está perdendo a graça para se transformar em uma poderosa ferramenta de simulação.

Wilson Roberto Vieira Ferreira

A bomba semiótica da
"black bloc good-bad girl"

(14/11/2013)

Dos elogios de Caetano Veloso nas páginas do jornal O Globo *aos "lindos olhos amendoados" do anarquismo à capa da revista Época com "Dani Pantera", temos a evidência de que mais uma bomba semiótica explode na opinião pública nacional: a bomba da "good-bad girl black bloc". Uma bomba linguística de fragmentação semelhante às* cluster bombs *reais que explodem em pedaços com a finalidade de aumentar o número de vítimas em um campo de batalhas: no caso da bomba da* good-bad girl, *explode em fragmentos semióticos da "mitologização" e do "diversionismo", vitimizando tanto à opinião pública quando os próprios black blocs que se julgam alvos de uma suposta conspiração midiática.*

Parece haver um erro metodológico nas críticas sobre a forma como a mídia aborda os chamados black blocs. Segundo as críticas, as grandes emissoras de TV e revistas de circulação impressa como *Veja*, *Época* e jornais como *O Globo* tratariam os integrantes desse movimento como vândalos, baderneiros, criminosos, bandidos etc.

O último lance dessa crítica seria a matéria da revista *Época* dessa semana que teria entrevistado a suposta liderança dos black blocs, Leonardo Morelli, que falou sobre o recebimento de verbas de ONGs nacionais e estrangeiras. A rápida reação dos integrantes do movimento nas redes sociais foi de perplexidade, críticas e opinião unânime: mais uma "globisse" para denegrir os black blocs. Porém, saindo do campo textual e analisando o conjunto texto/imagem não só dessa matéria, mas de diversos veículos, temos uma mensagem exatamente contrária: glamourização, mitologização e até erotização da ação e dos personagens desse movimento.

Caetano Veloso escrevendo loas sobre a foto de uma black bloc com "lindos olhos amendoados" ("o anarquismo é lindo", concluiu), imagens de ativistas em ação nas ruas em fotos cuidadosamente escolhidas em composições míticas e heroicas etc.

As críticas a forma como a grande mídia vê a ação desse movimento fica apenas na análise textual ou manifesta, esquecendo-se de perceber a embalagem dentro da qual essas matérias são vendidas, o aspecto latente ou subliminar.

Como explicar essa contradição entre texto e imagem, conteúdo e embalagem (capa, fotos, legendas etc.), meio e mensagem? Essa aparente contradição só começa a fazer sentido se começamos a vê-las como *bombas semióticas* – recursos bélicos retóricos, linguísticos e semiológicos mobilizados para saturar fotografias, vídeos e textos com significações cujo objetivo é de se constituírem como relatos "jornalísticos" da instabilidade, caos e estado de pré-insurgência civil que dominaria atualmente a Nação. Essa dupla mensagem contraditória sobre os black blocs implica na construção de uma espécie de uma *cluster bomb* que se fragmenta em duas funções bem distintas:

(a) *persuasiva* com a construção de duas significações básicas: o black bloc como *mitologia* e como *good-bad girl.*

(b) *diversionista* com textos e imagens relatando black blocs protestando, criticando ou queimando para as câmeras exemplares de revistas como *Veja* e *Época* como forma de desagravo a uma suposta manipulação midiática.

Good-bad girls e black blocs

Wilson Roberto Vieira Ferreira

Duas capas, uma da revista *Veja* (23/08/2013) e outra da última edição de *Época* (10/11/2013) são representativas dessa estratégia de significação: primeiro, ao destacar o personagem feminino e, segundo, por caracterizá-lo como o clichê da *good-bad girl*.

O pesquisador alemão Dieter Prokop descreve a forma como a mulher foi construída no cinema desde a sua fase pré-monopolista nas décadas de 1910 e 1920. Ela era uma figura problemática: era a mulher *vamp* (mulher fatal). Nos filmes era representada na profissão, autônoma, arruinava-se a si mesma e levava os homens à destruição através da sua sensualidade, como bem representou o mito de Greta Garbo.

Ao contrário, a partir dos produtos cinematográficos de monopólio a partir dos anos 1930 temos um novo tipo de mulher: a *good-bad girl* (garota boa-má), uma combinação de signos que jamais seria possível na realidade. Há um processo de desmanche do antigo estereótipo da mulher *vamp*, onde os pedaços dos filmes antigos (esquemas, sequências etc.) são juntados. A mulher *vamp*, com personalidade forte, é, no cinema moderno, tão má como a antiga, mas no decorrer da narrativa transforma-se, reconciliando-se com o mundo - veja MARCONDES FILHO, Ciro. *Dieter Prokop*, coleção grandes cientistas sociais. São Paulo: Ática, 1987.

A *good-bad girl* fascina pela sua loucura, sensualidade e aparente desajustamento, mas no fim descobrimos que podemos levá-la para casa e apresentarmos às nossas mães. Personagem ambíguo e polissêmico, o grande exemplo é a vilã do filme de Adrian Lyne "Atração Fatal" (1987) onde Glenn Close faz uma aparente mulher fatal clássica (independente, sensual e má) que seduz um pai de família (Michel Douglas) e ameaça levá-lo à destruição. Ao longo da estória, descobrimos qual a motivação de tanta maldade: ela inveja a felicidade da família de Douglas e, solitária, que ter a sua própria, porém usando um método moralmente errado – chantagem e sexo. No fundo, ela quer ter uma família como qualquer outra mulher e tem até boas intenções...

Os personagens das "musas black bloc" Emma e Dani Pantera, respectivamente construídos pela revista *Veja* e *Época*, obedecem essa construção linguística polissêmica que permite múltiplas identificações: o lado mau (fugir de casa para morar em favela, ex-presidiária, roupa preta, olhar desafiador, depredadora de vitrinas de bancos) instiga o fascínio pela combinação da sensualidade perigosamente fatal;

Enquanto o lado bom (namoradeira, mãe preocupada com seus filhos e com o futuro do País) reconcilia o personagem com a realidade: elas também estão cansadas "de tudo que está aí". No caso particular da personagem "Dani Pantera" tem o elemento "moradora da periferia e favelada do Capão Redondo" que reforça o lado *bad,* mas o seu *sex appeal* de uma foto sob o vão livre do MASP confere uma familiaridade de classe média – o lado *good.*

A utilização de *good-bad girls* na propaganda política é uma das estratégias semióticas mais manjadas na história das conexões entre mídia e política. Desde que a personagem Gilda, do filme homônimo estrelado por Rita Hayworth em 1946, foi utilizada para nomear a bomba nuclear que seria testada no atol de Bikini no Oceano Pacífico, a exploração do erotismo feminino como estratégia de engenharia de relações públicas passou a ser comum na propaganda política.

Lee Merlin vestindo um maiô na forma de um cogumelo nuclear (a *Miss Atomic Bomb* de 1957) fotografada na área de testes nucleares; o próprio biquíni, criado pelo estilista francês Louis Réard, como referência a área de testes nucleares do atol de Bikini; mulheres afegãs e norte-americanas apresentadas como heroínas sensuais na guerra do Afeganistão (invadido pelos EUA como resposta aos atentados de 11 de setembro) mostradas em exposições fotográficas patrocinadas pela propaganda governamental, são alguns exemplos dessa estratégia sistemática: tornar determinada agenda aceitável para a opinião pública por meio do *sex-appeal* ambíguo da garota boa-má.

Quando essas revistas realmente pretendem criminalizar grupos ou movimentos, apelam para o clichê narrativo do "feios, sujos e malvados": o olhar de baixo para cima (de uma pessoa ao mesmo tempo culpada e desafiadora), olhos ameaçadores e esbugalhados, barbas, figuras masculinas mal vestidas, fotografias em preto e branco, fortes contrastes de claro e escuro, luz e sombra. É assim com líderes sindicais, muçulmanos, traficantes, assassinos, acusados no julgamento do mensalão etc.

Mitologização e diversionismo

É claro que essa bomba semiótica é direcionada para a opinião pública, e não para a dos próprios Black blocs. A reação deles é naturalmente de crítica e ódio contra a "manipulação midiática" para "denegri-los".

Queimar exemplares dessas revistas para as câmeras reverte-se, ironicamente, a favor daquilo que tentam criticar: transforma-se em estratégia de diversionismo ao desviar o foco de atenção da saturação linguística da estratégia *good-bad girl* para uma suposta conspiração para criminalizá-los.

    Wilson Roberto Vieira Ferreira

*Mesmo mascarados, os black blocs são individualizados
e personalizados dentro da estratégia midiática de mitologização.*

Uma foto de capa de revista visivelmente posada e bem produzida (no vão livre do MASP, embora "Dani Pantera" seja moradora da periferia de São Paulo), deveria inspirar na opinião pública uma impressão de saturação e artificialismo. Porém, a estratégia de diversionista (destacar as reações raivosas dos black blocs) acaba conferindo um significado "jornalístico" a uma estratégia que é pura propaganda.

O destaque aos desagravos dos black blocs abre para um terceiro mecanismo de bomba semiótica: a mitologização. Para o semiólogo francês Roland Barthes, as mitologias modernas seriam uma fala ou mensagem que pertence a um sistema semiológico parasitário e extensivo a um primeiro sistema (fotografia, pintura, cartaz, rito, objeto etc.) que passa a ser dominado por ela, atribuindo-lhe um novo significado estereotipado e arbitrário e que deforma o sentido original. Esse novo signo criado é consumido pelos receptores como um sentido inato e harmônico, encobrindo-se a operação semiológica arbitrária que lhe deu origem.

Em uma amostragem aleatória de 400 fotos do Google Imagem, pode-se chegar a uma porcentagem de quase 70% de fotos que tendem a individualizar os black blocs – composições de imagens que privilegiam o indivíduo ao invés do grupo. Composições em *contra-plongee* (ponto de vista de baixo para cima por diversos ângulos de inclinação que retoricamente atribui uma conotação heroica e idealista) alcançam um número significativo em torno de 30%.

Esse princípio metonímico da parte substituir o todo (ou o indivíduo no lugar do grupo) é até um princípio jornalístico da definição de "notícia": o drama individual é mais atraente do que uma calamidade coletiva. Com isso, criam-se os clichês da mitologização do coletivo – casais que demonstram ternura em meio aos quebra-quebras, o indivíduo diante forças visualmente maiores que ele (massa de escudos da polícia de choque, enormes labaredas das chamas etc. – quem não se lembra da imagem de um indivíduo parando uma coluna de tanques nos protestos da Praça da Paz Celestial na China em 1989, eleito pela revista Time uma das imagens mais marcantes do século XX).

Mas o que finalmente concretiza a mitologia é a sua dessimbolização: além da individualização e personalização, o esvaziamento simbólico – nas fotografias há um privilégio no registro das ações (agressões, depredações, confrontos etc.) do que na focalização nos símbolos de identificação ideológica, seja anarquista, comunista, anti-globalização etc.

O duplo vínculo contraditório dessa bomba semiótica comprova a forma como a mídia vê os black blocs, com um misto de condenação e fascínio. Mais uma evidência que se soma a uma impressão de que a atmosfera política ficará ainda pior para o próximo ano. Principalmente depois da ameaçadora profecia de Marina Silva de que "as manifestações voltarão em 2014 e colocarão as coisas no lugar".

2014 - Guerra midiática total: telejornais, meteorologia, comerciais de TV...

A bomba semiótica da inadimplência

(12/01/2014)

Em 1999 o colunista José Simão bradava em pleno feriado de 7 de setembro: "Inadimplência ou Morte!". Mas na época a grande mídia fazia vistas grossas à quebradeira de consumidores e empresas na ressaca do Plano Real. Ao contrário, hoje uma suposta onda de inadimplência se converteu numa agenda midiática obsessivamente repercutida a cada imagem aérea mostrada pela TV da Rua 25 de Março lotada de consumidores: uma combinação resultante de uma suposta inflação descontrolada, crédito fácil, juros baixos e falta de educação financeira da população. Combinado com a pauta do "consumo consciente" e "crédito responsável", o discurso da inadimplência acaba de se transformar na mais recente bomba semiótica. As explosões dessa nova bomba pretendem criar uma percepção de temor e desconfiança que freie o consumo e favoreça a Banca que organiza o jogo econômico.

Fazia uma pesquisa no acervo digital do Jornal Folha de São Paulo para futura postagem (o filme de Kubrick *De Olhos Bem Fechados* – procurava resenhas sobre o filme na época do lançamento em 1999) e, sem querer, dei de cara com um texto de José Simão intitulado "Inadimplência ou Morte", texto do dia 07 de setembro daquele ano, feriado da independência nacional. Em um texto impagável, Simão declarava-se "deprecívico" e naquele feriado cívico não haveria parada militar, porque a pátria estava "parada".

De forma mordaz, José Simão refletia um momento em que o País estava quebrado, jogado aos pés do Fundo Monetário Internacional após a maxidesvalorização do real um ano antes, logo depois da reeleição de Fernando Henrique Cardoso. A taxa Selic era elevadíssima, mais de 30% ao ano, e com inflação anual de 8,94%. Na prática, a desvalorização do real comeu parte da poupança e dos salários.

Os consumidores devem ser salvos deles mesmos

O reflexo disso era a escalada da inadimplência dos consumidores e a insolvência de empresas, representada pela ironia e trocadilhos do texto de José Simão. Curioso é que pesquisando os veículos de grande imprensa da época, não havia repercussão sobre essa realidade, a não ser em cadernos e veículos especializados. Muito diferente dos últimos anos, mais precisamente após a reeleição de Lula em 2006, em que a grande mídia passou a martelar números de uma suposta inadimplência endêmica produzida, supõe-se, pela combinação de inflação galopante, crédito fácil, juros baixos e falta de educação financeira da população.

Fazendo um paralelo entre o crescimento dos mercados de consumo do início da era do Plano Real a partir de 1997 e o atual crescimento da chamada "nova classe média", a classe C, é interessante perceber como a grande mídia encarou de forma diferente essas realidades muito parecidas.

Nos anos 1990 Carla Perez do grupo *É o Tchan!* e Ratinho foram considerados os símbolos da era FHC. Objetos de consumo dos chamados "novos-ricos da cultura", os "bregas e bárbaros".

Graças a estabilidade da moeda após décadas de corrosão inflacionária, entraram no mercado de consumo através da aquisição de TVs e CDs (veja BARROS E SILVA, Fernando, "Bregas e bárbaros são os novos-ricos da cultura" In: Folha de São Paulo, 09/08/1998).

Época da ascensão dos grupos de pagode formados por carecas de terninho, expressando o gosto cultural de uma nova classe média que ascendia por meio do consumo de novos bens tecnológicos. Tal como hoje, naquela época ocorria um *boom* de consumo. A diferença é que naquele momento o crescimento do consumo era motivado pelos ganhos reais dos salários devido a estabilidade monetária.

 Wilson Roberto Vieira Ferreira

Os *Mamonas Assassinas* ironizavam os novos egressos ao mercado de consumo em uma de suas músicas dizendo que "a minha felicidade é um crediário nas Casas Bahia". Com estabilização, o crediário é facilitado e torna-se mais uma mercadoria anunciada nas TVs prometendo igualmente a realização de todos os sonhos.

Nesse momento em que o brasileiro repentinamente saia de uma cultura inflacionária (onde não tinha a noção de quanto realmente ganhava e qual era o valor real dos produtos, sempre à espera do gatilho salarial do próximo mês que reajustava automaticamente salários) e entrava em uma economia estabilizada, em nenhum momento a grande mídia apresentou qualquer preocupação pedagógica ou educativa em relação ao dinheiro e consumo, tal como faz hoje por meio de ampla agenda. Pelo contrário, é a fase (curta, é verdade, até o fim do Plano Real em 1998) de apologia ao consumo e estímulo aos empréstimos como a prova do sucesso e confiança do brasileiro no Plano Real.

Esse humilde blogueiro lembra bem desse momento. Toda uma geração, habituada que estava com os hábitos de consumo de uma recente cultura inflacionária onde salário e preços cresciam em termos nominais como bola de neve, em pleno Plano Real continuou consumindo da mesma forma de antes.

E o resultado dessa ausência de educação financeira não poderia ser pior: sem gatilhos salariais, o salário começava a acabar bem antes do final do mês, criando o efeito vicioso dos empréstimos e cheques pré-datados. Quem não se lembra dessa época onde esse tipo de cheque virou em dado momento uma segunda moeda?

Muita gente até ganhava uns trocados imprimindo etiquetas "cheque bom para" feitas em *Word* ou *Corel Draw* para serem vendidas a lojistas, a fim de se ter um controle sobre a avalancha de desses cheques no comércio.

O humor de José Simão era uma das poucas vozes na grande mídia que retratava, de uma forma indireta, essa ressaca da estabilidade monetária.

A construção da agenda da inadimplência

Sabemos que a grande mídia vem funcionando nos últimos anos como um verdadeiro partido de oposição. Ao contrário dos partidos políticos oficiais, ela é mais coesa, estruturada e eficiente. Uma prova disso é a articulação e detonação do que chamamos de bombas semióticas: conjunto de artefatos de comunicação que sistematicamente vem sendo detonadas na opinião pública, travestidas de informação através de mídias impressas, digitais ou audiovisuais, cujo objetivo não é a persuasão ou convencimento, mas a criação ondas de choque ou disseminação estilhaços de signos na esfera pública. Bombas cujo alvo não é a razão, mas a emoção.

Nos últimos anos as notícias sobre o aquecimento econômico e a inclusão de milhões de brasileiros dos estratos inferiores da sociedade no mercado de consumo, sistematicamente são acompanhados por notícias sobre o crescimento da inadimplência e o descontrole dos gastos dos brasileiros que, supostamente pela falta de educação financeira, comprometeriam a maior parte dos seus rendimentos. Muito diferente do passado, nos anos subsequentes ao lançamento do Plano Real onde o aquecimento do consumo pelos ganhos reais do salário era bem recebido pela grande mídia.

E não só na grande mídia. O tema começa, inclusive, a ser tema de *papers* acadêmicos especializados que tematizam a expansão do crédito no Brasil versus vulnerabilidade do consumidor (veja SBICCA, Adriana e outros, "Expansão do crédito no Brasil e a vulnerabilidade do consumidor" In: "Revista de Economia & Tecnologia", out-dez 2012).

Ou apoio de bancos e grandes empresas a publicações como "Diálogos Akatu" (do Instituto Akatu), revista que se define dessa forma: "discussões e mesas-redondas sobre o equilíbrio financeiro, levando em conta a importância da educação e do planejamento no combate ao endividamento e à inadimplência".

A bomba semiótica da inadimplência

Acompanhando a cobertura feita pela grande mídia sobre as vendas no comércio no período de festas e, agora, na época das liquidações, percebe-se um enfoque unificado:

(a) 13º salário veio para pagar dívidas contraídas pelo consumidor ao longo do ano;

(b) Consumidor está cauteloso, preferindo comprar "lembrançinhas" como presentes de Natal;

(c) Números de inadimplência crescem e batem recordes comparando-se com dados de anos anteriores do mesmo período. As notícias sobre a queda de 3,22% da "série histórica" (o termo "histórico" confere um tom de gravidade necessário) nos números da inadimplência são associados aos supostos efeitos benéficos do aumento da taxa Selic que tornaram o crédito mais caro,

     Wilson Roberto Vieira Ferreira

freando o ímpeto do consumo;

(d) Termos como "economia", "poupança", "cautela", "tentação", "estar consciente", "pensar duas vezes" etc. tomaram conta das coberturas das vendas natalinas.

Mesmo nas vendas de liquidação de ano novo, imagens de lojas lotadas com consumidores carregando aparelhos de TV ou eletrodomésticos são acompanhadas por declarações selecionadas onde pessoas falam que estão "economizando" e não comprando.

Pautas sobre consumidores que compram "inutilidades" por impulso ocupam telejornais. Percebe-se que o viés da grande mídia ao consumo é principalmente de ordem mais moral do que econômica/racional.

(e) A mobilização da grande mídia para tentar "proteger" o consumidor de si mesmo é tão grande que alguns telejornais escalam "especialistas em finança popular", como a jornalista Mara Luquet no SPTV da TV Globo que basicamente filtra as notícias mais pessimistas e sombrias dos analistas econômicos para criar um cenário cuja única opção ao espectador é: não compre!

Essa pauta acaba criando situações irônicas e até engraçadas como, por exemplo, a dissociação entre discurso e imagem. Imagens aéreas mostravam a Rua 25 de Março e imediações no centro de São Paulo superlotadas de consumidores carregando sacolas e grandes embrulhos, enquanto Mara Luquet discorria sobre um trágico cenário de inadimplência e quedas nas vendas...

Termos como "crédito consciente", "consumo responsável" (com suas variantes como "consumo sustentável", "ético" ou "consciente") começam a dominar a grande mídia e o discurso das grandes instituições financeiras.

De repente, 17 anos depois da estabilização da moeda, descobre-se a necessidade de uma "educação para o consumo". Significativamente, esse discurso é construído quase simultaneamente ao discurso governamental do aquecimento econômico, queda no desemprego e inclusão da chamada classe C no mercado de consumo.

A arbitrariedade e seletividade do momento da construção do discurso da inadimplência (nos anos 1990 esse discurso nem era pleiteado em meio a um crescimento real da inadimplência) na grande mídia e a sua transformação em agenda na opinião pública torna-o uma evidente bomba semiótica cuja detonação visa três efeitos esperados:

(a) forçar o governo a se ajustar a uma agenda econômica neoliberal com o aumento da taxa Selic para beneficiar a Banca;

(b) criar um ambiente de temor e desconfiança do consumidor;

(c) criar uma percepção tão negativa na opinião pública em relação à economia que freie o crescimento do consumo e sabote o discurso do governo federal sobre a inclusão social.

Obviamente, a bomba semiótica da inadimplência destoa da realidade.

Por exemplo, pesquisa do SPC realizada em todas as capitais do País e divulgada em dezembro revelou que as "incertezas" da economia não abalaram a confiança do consumidor, disposto a gastar mais no final de ano.

Mas ela revela outra função a longo prazo: reforçar a agenda da necessidade de proteger o consumidor de si mesmo e a projeção da imagem do consumo como algo perigoso – percepção oportuna para a Banca, mais preocupada com a liquidez da economia do que com o seu "aquecimento".

Uma operação semiótica arriscada

Campanha "Unibanco: nem parece banco" - as origens da operação semiótica do discurso da inadimplência

Mas o discurso da inadimplência esconde uma curiosa operação semiótica: uma estratégia retórica onde o discurso quer negar a si mesmo.

Quando o finado Unibanco lançou a campanha publicitária cujo slogan era "nem parece banco", estava lançando as bases de uma arriscada operação semiótica.

Mais tarde, passaria a ser incorporada pelo próprio discurso da inadimplência: assim como o banco não parecia querer associar a empresa a algo útil e desejável (o desejável paradoxalmente seria a negação da sua própria natureza), também o crédito e o consumo imaginado pelo discurso da inadimplência é paradoxal – algo como "nem parece consumo" ou "nem parece crédito".

"Consumo consciente", "crédito responsável" e outras contradições

Wilson Roberto Vieira Ferreira

em termos transforma todo o sistema financeiro e da sociedade de consumo em opção moral do indivíduo.

Esse discurso esquizofrênico (consuma, mas não muito; tome crédito, mas com moderação; fume, mas não trague...) é resolvido magicamente pela palavra "ética", termo etéreo e sedutor que resolve uma questão sistêmica da necessidade de integração dos indivíduos no jogo: se a Banca sempre ganha e seus efeitos injustos são sentidos por todos, o discurso politicamente correto da ética e responsabilidade joga, no final, a culpa nas possíveis opções erradas no indivíduo, como, por exemplo, no caso da suposta falta de educação financeira.

Imerso numa sociedade de consumo e bombardeado por toda uma parafernália de impulsos subliminares, palavras mágicas como sustentabilidade, ética e responsabilidade mascaram essa situação esquizofrênica onde um sistema irracional cobra do indivíduo o oposto: racionalidade e discernimento.

Por isso, supostamente o consumidor esquizofrênico deve ser salvo de si mesmo. É a conclusão do discurso oportunista da inadimplência cujo único beneficiado é a Banca que organiza um perverso jogo econômico.

Por que a mídia está tão obcecada pelos tomates?

(14/01/2014)

Dentre os vários itens que supostamente teriam elevado os índices inflacio-nários, por que a mídia escolheu como vilão o tomate? Quando tudo perecia ter sido esquecido, eis que portais da Internet no final do ano passado locali-zaram supostos ataques pontuais em regiões isoladas e, no início desse ano, telejornais reavivam a memória e até, timidamente, tentam um revival dos tomates inflacionários. Por que essa obsessão pelos tomates? Por que não o pão, o leite ou os vestuários? Por trás dessa escolha aparentemente arbitrária e sua recorrência midiática, o tomate revela um antigo simbolismo cultural. Uma área vasta, riquíssima e interdisciplinar, envolvendo antropologia, se-miótica da cultura e sincromisticismo. Ou seja, o tomate oferece um material imaginário altamente inflamável. Mais uma bomba semiótica.

Os tomates atacam mais uma vez. Depois do primeiro semestre do ano passado onde o vegetal (ou seria fruto?) ter sido considerado o vilão por puxar os números da inflação para o alto, eis que a grande mídia vem tentando ressuscitá-lo. Em dezembro, portais da Internet como o G1 começaram a noticiar altas de preços localizadas, como em São José do Rio Preto (SP) onde o tomate, acompanhado do pão francês e vestuário, teriam elevado os preços, segundo pesquisas de faculdades locais.

No início desse ano, o Jornal Nacional fez uma breve retrospectiva do "descontrole da inflação" do ano passado, dando um especial destaque ao tomate.

Pouco dias depois, no telejornal SPTV, a jornalista Ananda Apple, no quadro *Cozinha Popular* onde exibe receitas cujos ingredientes são pes-quisados em feiras livres procurando os produtos mais em conta, nova-mente fala do aumento do tomate.

Claro, sem a mesma veemência do ano passado, onde até um apresentadora de programa feminino matinal apareceu com um colar de tomates ao lado de um papagaio que lamentava os destinos do bolso dos seres humanos desse País.

Por que essa obsessão da grande mídia pelo tomate? Claro que politicamente sabemos o porquê – criar um clima de beira de abismo econômico na opinião pública. Mas por que o item tomate? Outros itens como leite, pão, vestuário etc. também participavam de um conjunto de produtos que supostamente estariam elevando a inflação para números que estariam extrapolando o teto estipulado pelo ministro da Economia Guido Mantega.

Arbitrariedade e Recorrência no tomate

Há nesse caso dois elementos que caracterizam uma bomba semiótica: *significação arbitrária* e *recorrência*. Primeiro, o tomate foi escolhido aparentemente de forma arbitrária como o vilão dentre um conjunto de itens; e segundo, a recorrência, isto é, a insistência como a grande mídia insiste em elevar esse vegetal (ou será fruto?) à condição de símbolo – por exemplo, aquela apresentadora de programa feminino matinal ainda apareceu em agosto com outro colar de tomates, dessa vez para comemorar a baixa do preço do produto...

Desde a teoria da Gestalt (a chamada psicologia da forma), passando pela Teoria da Informação até chegar à Semiótica, a percepção de recorrências (padrões, intervalos, repetições etc.) torna explícito aquilo que está implícito: seja pela percepção de unidades, semelhanças ou proximidades em que aos poucos conseguimos perceber as formas de um objeto (Gestalt); seja pela descoberta de padrões em repetições de sinais que revelam a

Wilson Roberto Vieira Ferreira

existência da intencionalidade do código (Teoria da Informação), ou seja, pela combinação de signos que produz uma significação que revela uma sintaxe (Semiótica).

Por trás da aparente escolha arbitrária que a grande mídia fez pelo tomate, sua recorrência é significativa e pode revelar um simbolismo cultural que é igualmente recorrente em diversas culturas, quase como um arquétipo: o objeto, sua forma e cor se revestem de profundos significados que envolvem o próprio simbolismo dos alimentos - sua natureza (animal ou vegetal), sua preparação (grelhado, frito, cozido etc.) ou sua procedência (terra, ar ou água). Uma área vasta, riquíssima e interdisciplinar, envolvendo antropologia, semiótica da cultura e sincromisticismo.

Ou seja, a escolha da grande mídia pelo tomate com objetivos políticos de oposição à política econômica não é por acaso: há uma coincidência sincromística entre o significado midiático atribuído ao tomate e o significado desse vegetal (ou será fruto?) no âmbito do inconsciente coletivo da cultura. Dessa forma, o tomate como símbolo do descontrole inflacionário torna-se um protótipo de um tipo especial de bomba semiótica cujo poder explosivo viria de elementos sincromísticos.

A construção simbólica do tomate

A primeira característica simbólica do tomate é a ambiguidade. É fruto ou vegetal? Parece uma discussão bizantina, mas é decisiva no plano do imaginário: o vegetal remete a terra e os frutos estão associados aos significados superiores, celestes.

Em postagem anterior discutíamos que o fator ambiguidade em uma mensagem é o fator multiplicador na sua disseminação (Leia o capítulo "A Bomba Semiótica da Polícia Federal"). Enquanto o pão e o leite se revestem de significados unívocos e consagrados (o simbolismo do pão e do vinho na Eucaristia assim e o leite com toda a carga simbólica da mãe nutriz, da saúde e proteção), ao contrário, o tomate tem significados simultaneamente malignos e virtuosos.

Originário do Peru (chamado de "maçã peruana"), o tomate foi introduzido no México e renomeada como "tomalt". A bordo dos navios dos conquistadores espanhóis do século XVI foi levada para a Europa onde ganhou a denominação atual – "tomate". Como os europeus ricos nesse tempo usavam talheres de estanho, a combinação desse material com a acidez do tomate resultava em envenenamento por chumbo e a morte. Pelo fato de comerem o tomate com as folhas, passaram a encarar com desconfiança como um vegetal – veja abaixo o simbolismo associado à cor verde.

Ao contrário, populações mais pobres comiam com talheres de madeira o que não produzia a tóxica combinação com o estanho, razão pela qual os tomates passaram a ser consumidos pelas classes populares até 1800, principalmente pelos italianos. As classes dominantes passaram a atribuir significados malignos aos tomates por causa dessa fatal combinação: envenenamento e populacho.

Esse imaginário maligno do tomate talvez esteja por trás da franquia de filmes *O Ataque dos Tomates Assassinos* iniciada em 1978 ou tradições populares como a *La Tomatina* na Espanha, onde o fruto (ou será vegetal?) é usado como arma e atirado uns contra os outros pela multidão. Ou expressões agressivas ou pejorativas como "pisar no tomate" ou atirar tomates podres no seu pior inimigo.

Muito diferente disso, os italianos imediatamente abraçaram o tomate como símbolo da família, da casa e da felicidade doméstica. Envolver tomates em um pano antes de entrar pela primeira vez em uma casa atrairia prosperidade e afastaria maus espíritos.

Entre os bambaras, etnia do oeste da África (Senegal, Guiné e Mali) o tomate se inscreveu no sistema religioso com significados mais carnais: seu suco representava o sangue e foi associado ao imaginário da fecundação, tanto de chuvas como de mulheres. Andorinhas levariam suas sementes para os céus cujo suco fecundante desceria a terra sob forma de chuva; e em muitos rituais cotidianos, casais teriam que comer um tomate antes de unirem-se (veja CHEVALIER, J. e GHEERBRANT, A. *Dicionário dos Símbolos*, R. de Janeiro, José Olympio, 2009).

Dentro do sistema imaginário que envolve os alimentos, talvez o tomate seja um daqueles que detenha significados mais ambíguos ou contraditórios. Associada à cor que pode representar um complexo de significados igualmente contraditórios como suculência, sensualidade e advertência e perigo, podemos ter aqui a primeira evidência do porquê esse fruto/vegetal foi tão privilegiado pela grande mídia como elemento sinalizador do suposto descontrole inflacionário: a propaganda adora mensagens ambíguas, duplos sentidos.

Perceba o leitor a recorrência da utilização de figuras retóricas pela publicidade e propaganda baseadas em operações semióticas por contradição: oximoros, paradoxos, antífrases, antíteses e sinecioses – figuras de linguagem que põem em cena dois contrários, mas une-os numa mesma ação ou situação. Quanto mais ambígua uma mensagem, maior o seu poder de

Wilson Roberto Vieira Ferreira

disseminação, como é observado no exemplo dos memes nas redes sociais.

Sistema semiótico das cores do tomate

O simbolismo das cores associado ao tomate (verde e vermelho) participa também ativamente dessa composição da significação ambígua do fruto/vegetal. Além da óbvia leitura que a cor vermelha do tomate remete à cor do partido político do Governo Federal (e, assim, associar um evento negativo como a inflação ao PT), o fruto/vegetal possui também na cor o importante elemento da ambiguidade.

O vermelho é a primeira cor nomeada pelo homem e possui profundas experiências elementais associadas ao fogo e sangue. Talvez pela memória atávica dessas experiências (experiências de dor e sobrevivência da espécie), é a primeira cor percebida pelos bebês. Por isso em pesquisas, tanto em homens e mulheres, espontaneamente a primeira cor que ocorre à mente é o vermelho. Não por ser a predileta, mas por significar o próprio conceito de "cor" (veja HELLER, Eva. *Psicologia Del Color*, Barcelona, Editorial Gustavo Gili, 2009).

Por isso é a cor presente na maioria das bandeiras nacionais e a cor da comunicação visual publicitária. Por isso essa cor está associada às experiências humanas mais elementares, simples e corpóreas: perigo, sangue, paixão, alegria (principalmente entre os chineses, cor presente em restaurantes e na comemoração do ano novo) e sensualidade.

Ao contrário, o verde está associado a algo quintessencial, a uma transmutação química que pode resultar tanto na vida quanto no envenenamento: de um lado a fotossíntese, ar e natureza; e do outro, processos tóxicos e veneno. Repare como a cor verde na mídia ao mesmo tempo é associada à ecologia e purificação do ar e na ficção a vilões como o Coringa, Charada e a Hera Venenosa todos inimigos do Batman. Isso sem falar que é a cor que representa a contaminação por radioatividade e a própria tonalidade da perversa Matrix.

Por isso, a bomba semiótica do tomate demonstra que cada vez mais a desmontagem desses dispositivos linguísticos da guerrilha semiológica atual exige ferramentas cada vez mais sofisticadas. Nesse caso, a semiótica é insuficiente, pois o material arquetípico que utilizado vai além de uma explicação a partir da sintaxe dos signos. Somente um enfoque transdisciplinar, sincromístico, pode se aprofundar no material imaginário altamente inflamável dessa bomba.

Os "rolezinhos" são um Cavalo de Tróia?

(22/01/2014)

Sintoma do apartheid social? Flash mob da periferia? Movimento consciente de protesto? Movimento político? Luta de classes? Repique das grandes manifestações de Junho? A maioria das abordagens sobre o fenômeno dos rolezinhos parece se esquecer de um importante detalhe: são eventos feitos para a mídia, divulgados pela mídia e repercutidos pela mídia. Antes de ser um sintoma sociológico ou econômico, é um evento midiatizado. Por isso se aplicaria nessa discussão o clássico enigma pragmático dos estudos de comunicação: quem comunica o que, para quem e com qual efeito. Em outras palavras, para além do fenômeno sociológico ou econômico, há o semiótico cuja análise traz uma importante suspeita, a de que os rolezinhos teriam se tornando para a grande mídia um autêntico cavalo de Tróia, uma nova modalidade de bomba semiótica na atual guerrilha linguística que se trava no contínuo midiático pela conquista da opinião pública.

Certa vez o professor de filosofia Boris Groys fez em 2001 uma profética advertência às ciências sociais como a Economia e a Sociologia: "Sem prejuízo do que todas essas veneráveis ciências são capazes, incorrem elas num erro fundamental. Não consideram a possibilidade de que a própria realidade, inclusive toda a sociologia, a ciência econômica etc., possa ser um filme mal produzido." - veja GROYS, Boris. *"Deuses Escravizados: a guinada metafísica de Hollywood"*, IN: Mais! Folha de São Paulo, 03/06/2001, p. 5.).

Groys não se referia apenas ao súbito interesse metafísico de

Hollywood através de filmes como *Show de Truman* ou *Matrix*. Mais do que isso, lançava uma suspeita de que Hollywood já expressava o fato de que a própria realidade estaria se transformando em um filme. E, o que é pior, mal produzido.

Para Groys o "erro fundamental" seria o fato dessas ciências não perceberem que os seus "objetos" (o "econômico", o "sociológico" etc.) estariam sendo assumidos ou simulados em ambientes altamente midiatizados pelas tecnologias de comunicação e informação. Em palavras diretas: os fenômenos econômicos e sociológicos seriam antes de tudo fenômenos midiáticos nas suas diversas modalidades: efeitos virais, profecias autorrealizáveis, paradoxos quânticos (o olhar tecnológico da mídia altera o próprio objeto que está sendo observado) etc.

Por isso, os fenômenos e eventos atuais cada vez mais se tornam uma "segunda natureza", isto é, linguagem. Deixam o campo econômico, político ou sociológico para se inserir no linguístico ou semiótico.

Portanto, qualquer fato ou fenômeno deve ser analisado não somente pela sua área de especialização científica (sociologia, economia etc.), mas, segundo o método semiótico, deve ser analisado por três planos ao mesmo tempo distintos e simultâneos: o *semântico*, o *sintático* e o *pragmático*.

Com o fenômeno dos chamados "rolezinhos" não seria diferente: seja um fenômeno de antropologia urbana (envolvendo identidade, consumo e discriminação) ou sociológico (o confronto de uma nova classe média em ascensão entrando em choque com redutos de consumo tidos como exclusivos da classe média alta), ele possui uma evidente natureza midiática – ocorre em ambientes altamente midiatizados dos shoppings (câmaras de segurança, câmaras das próprias vitrines onde o consumidor se vê não mais em espelhos, mas em telas; grifes, marcas e décor televisivamente familiares), para repercussão viral por meio das redes sociais e pelas ondas concêntricas das mídias de massa, o que faz os rolezinhos se retroalimentarem em *looping*.

Por ser um fenômeno realizado através das mídias, para as mídias e alimentado pelas mídias, ironicamente os discursos sociológicos ou antropológicos seriam como que "canibalizados" pela lógica midiática como fator que gera ambiguidade e polêmica (o que são, afinal, os rolezinhos?)

Que, como sabemos, é o fator propulsor para a disseminação de memes (Leia o capítulo "A Bomba Semiótica da Polícia Federal"). Ao tentarem explicar ou dar sentido aos rolezinhos, esses discursos seriam "devorados" pelo próprio fenômeno midiático, ajudando a repercutir eventos cuja

 Wilson Roberto Vieira Ferreira

recorrência nos meios de comunicação possui certamente um interesse "pragmático".

Ou seja, essa midiatização dos rolezinhos transforma-os em mais uma bomba semiótica, mas agora uma bomba de nova modalidade: um cavalo de Tróia. Para compreendermos os rolezinhos por esse ponto de vista que vê esse fenômeno como uma nova modalidade de bomba semiótica, vamos compreendê-los como funcionam por meio da articulação de três planos semióticos: o plano semântico, o sintático e o pragmático.

Nível semântico: o que significam os rolezinhos?

Fenômeno que rompe o apartheid social? *Flash mob* da periferia? Movimento consciente de protesto? Movimento político? Luta de classes? Estranha pós-modernidade? A esmagadora maioria das abordagens mobiliza um arsenal de conceitos clássicos das ciências sociais (Marx, Durkheim, Weber) para entender o que esse fenômeno denota ou conota. Qual o seu sentido, entender o seu significado profundo para que possamos ver nos rolezinhos o início de alguma tendência.

Rolezinhos: mobilizações conscientes ou de "conotação política"

Na massa de análises das últimas semanas, abriram-se dois caminhos que tentam dar um significado ao fenômeno: ou há uma consciência nessa mobilização (e, por isso, adquirem o status de "protestos").

Ou, então, o fenômeno possui uma "conotação política", isto é, a cabeça daqueles rapazes com bombetas, bermudas e tênis Mizuno que lotam os corredores de shopping não tem a menor consciência do significado dos seus atos, embora em si os eventos tivessem um significado político.

Em síntese, o plano semântico abre para uma espiral ascendente de interpretações cuja principal consequência é transpor o fenômeno do campo policial ou das notícias diversas para as editorias nobres de Política, das colunas de editorialistas até chegar a artigos de natureza acadêmica.

O nível sintático: arbitrariedade e recorrência nos rolezinhos

Nesse nível encontramos um padrão, um *modus operandi*, um código que parece organizar a transformação do fenômeno em notícia e, depois, em evento midiático.

Primeiro: a arbitrariedade. De repente, rolezinho vira um conceito elástico: já existiria desde os anos 1960 nos EUA quando universitários negros vestindo suas melhores roupas entraram em uma lanchonete reservada a pessoas brancas, sentaram e fizeram seus pedidos para a perplexidade dos clientes bem-nascidos. Estratégia retórica para atribuir um significado histórico a um fenômeno atual. Dessa forma, os rolezinhos ganham um status histórico, conquistando a seriedade e o peso de significação que o nível semântico tanto procura.

Com as grandes manifestações de rua a mesma operação semiótica foi acionada ao aproximar as fotos das multidões nas ruas de São Paulo com as antigas fotos em preto e branco dos protestos estudantis de maio de 1968 na França ou os movimentos de resistência de rua ao golpe militar brasileiro de 1964.

Outra questão seria o *timing* do evento: por que só agora ganhou a atenção midiática e transformou-se em notícia?

"Bandos", "ameaças de arrastão" ou "grupos exaltados" assombram espaços de consumo como em janeiro de 2013 no Itaú Power Shopping em Contagem/MG, em 2012 no mesmo local em um show do funkeiro Mr. Catra ou em agosto do ano passado no Shopping Estação em BH com encontro de mil pessoas que supostamente teriam combinado pelo Facebook. Eventos como esses ocupavam espaços nas mídias em editorias menos nobres, já que as principais se ocupavam com as grandes manifestações de rua.

Outro elemento é a recorrência: de evento localizado em São Paulo, ganhou status nacional e foi promovido a "protesto". No espaço de uma semana, ganha status de preocupação em reunião ministerial da presidenta Dilma como noticiado em primeira página do jornal *Folha de São Paulo*.

O jornal ofereceu a tentadora imagem de um governo sitiado por

     Wilson Roberto Vieira Ferreira

movimentos de protestos pipocando por todos os lados...

Outro exemplo de recorrência que evidencia a existência de uma sintaxe é a personalização de um evento coletivo. Manifestações com as de rua no ano passado ou os rolezinhos atuais são eventos coletivos. A mídia sabe que, retoricamente, falar em milhares, centenas ou dezenas de participantes tem pouco impacto. Mas se o evento é personalizado e ganha uma cara, tudo muda: assim como a personagem "Dani Pantera" virou a musa dos black blocs para a revista *Veja*, da mesma forma o jornal *Folha de São Paulo*, repercutido pelo programa *Fantástico* da TV Globo, elege os "famosinhos" dos rolezinhos (jovens da periferia que ganharam notoriedade nas redes sociais por postar vídeos e fotos do interior do "movimento") e que, de uma hora para outra, foram elevados ao status de *trendsetters* por analistas à procura da semântica do fenômeno.

Nível Pragmático: o cavalo de troia

Esse nível mostra qual a relação que as pessoas criam em relação aos signos e discursos. Como na prática os usuários dos signos se valem deles. O que se quer alcançar com aquilo que sendo dito? Qual a intenção?

Aqui vale o clássico enigma proposto por Paul Lazarsfeld para os estudos de comunicação: quem fala o que, para quem e com qual efeito? O nível pragmático quase sempre inverte o que se sinaliza no nível semântico como no exemplo do semáforo: se no plano semântico a cor amarela sinaliza "devagar e atenção", no plano pragmático torna-se para o motorista "acelera que ainda dá tempo".

Essa mesma fórmula parece ser aplicada ao fenômeno dos rolezinhos: se no plano semântico as análises atribuem ao fenômeno um status de sintoma da injustiça, apartheid racial e cultural e outras formas de expressões que comunicariam contestação e protesto, no plano pragmático a grande mídia ("quem fala") ressignifica como "repique das grandes manifestações de junho" apostando no efeito da profecia autorrealizável ("qual efeito") nas redes sociais ("para quem") para elevar os rolezinhos ao nível nacional como parte de um único propósito: demonstrar que esse evento é mais um exemplo do caos e desordem em que supostamente viveria o País.

Em outras palavras, pela forma como a grande mídia está noticiando, os rolezinhos se tornaram um perfeito cavalo de Tróia: insere uma pauta dileta para as esquerdas (luta de classes, racismo, segregação etc.) para, involuntariamente, auxiliarem na repercussão na sua incessante busca de um sentido semântico para esses eventos.

Cabe também ressaltar nesse nível pragmático que a repercussão do fenômeno dos rolezinhos produz dois efeitos colaterais e oportunos para a grande mídia:

(a) criminalizar as redes sociais e a Internet (mídias que corroem lentamente a hegemonia simbólica das mídias de massas). Se ficarmos bem atentos, perceberemos que é comum a pauta sobre essas novas mídias sempre terem um enfoque criminógeno ou patológico – problemas cognitivos e educacionais ou crimes cibernéticos, vício, terrorismo, espionagem ou simplesmente anomia.

(b) Mostrar que a ascensão social da chamada classe C (efeito socioeconômico de inclusão das políticas econômicas de Lula e Dilma) só produz caos e desordem. Por que será que os rolezinhos ganham mais destaque do que os milhares de jovens que se formam graças a programas de inclusão no ensino superior como o ProUni?

Portanto, nesse nível pragmático de análise revela-se uma nova espécie de bomba semiótica: o cavalo de Tróia – graças à arbitrariedade e recorrência do nível sintático, a grande mídia cria a pauta perfeita para as esquerdas morderem a isca. Embora as análises semânticas apontem para um sentido contrário onde a própria grande mídia é acusada de criminalizar os rolezinhos e manter o apartheid social, isso apenas converge para o principal objeto pragmático: através da repercussão e polêmica criar o efeito viral da profecia autorrealizável e tornar ainda mais pesada a atmosfera política desse ano que, ao que tudo indica, promete não terminar.

     Wilson Roberto Vieira Ferreira

A bomba semiótica do fusca em chamas

(28/01/2014)

O bordão "Não tem arroz, não tem feijão, mas assim mesmo o Brasil é campeão" em 1962 e o atual "Não Vai Ter Copa" demonstram que as bombas semióticas são a principal arma de uma guerra psicológica. Se no passado a ação era feita através de cinedocumentários exibidos para as classes pobres por meio de projetores montados em chassis de caminhões abertos, agora é por meio de produção de eventos com alto rendimento midiático, causando impacto mesmo em manifestações com baixo número de "manifestantes". O caso mais recente foram as dramáticas imagens do fusca incendiando e uma família humilde sendo salva das chamas, em uma rara combinação do oportunismo, sincronicidades e significados ambíguos, elementos que são o pavio da detonação de uma típica bomba semiótica.

Em 1990 os telejornais de todo o planeta mostraram chocantes imagens do que ficaram conhecidas como "o ossário de Timisoara", na Romênia: a descoberta de um ossário de quatro mil vítimas que, afirmavam os repórteres, eram vítimas da ditadura de Ceausescu. E outros milhares de corpos teriam sido dissolvidos em ácido. As imagens atrozes dos cadáveres alinhados sobre um lençol branco marcaram para sempre a derrubada do ditador na chamada Revolução Romena de 1989. Mais tarde descobriu-se que tudo tinha sido um cenário montado para cinegrafistas e fotógrafos: na verdade eram corpos de pobres desenterrados de um cemitério local e cedidos à TV.

É irônico que em uma sociedade tão cética como a nossa onde a máxima "eu só acredito vendo", que esvaziou simbolicamente as mitologias e religiões ou até a própria existência de Deus, o olhar e as imagens sejam as principais fontes de enganos e manipulações.

Partindo desses dois pressupostos para reflexão, vamos começar por uma insólita experiência pela qual passei ao assistir ao Jornal Nacional. Estava eu em mais uma das incansáveis e perigosas missões de buscar bombas semióticas (são perigosas pelo risco de expor nossos sentidos a elas) nos telejornais.

A pauta eram as manifestações contra a Copa que ocorreram em várias localidades do País. Como a matéria apresentava imagens já repetitivas, aproveitei e levantei-me para buscar algo para beliscar na cozinha. Na volta o susto: deparo-me com imagens de uma praça à noite em estado de guerra declarada. Incêndios por todos os lados, escombros servidos de barricada e uma multidão enfrentando pesada artilharia de repressão de multidões. Depois de alguns segundos, claro, entendi que as imagens se referiam aos protestos na Ucrânia contra o governo.

É significativa essa recorrência na divisão dos blocos de notícias dos telejornais: contrariando a tradicional divisão entre blocos de notícias nacionais e internacionais, as manifestações no Brasil são inseridas no mesmo bloco onde são mostradas imagens dos conflitos na Síria e Ucrânia. Praticamente sem intervalo, apenas como uma locução introdutória rápida. Pesquisadores como Ignácio Ramonet e Robert Stam já chamaram a atenção das manipulações metonímicas ou por separação e fragmentação das notícias, seja na "escalada" ou na divisão por blocos nos telejornais: procuram ou neutralizar e minimizar certos acontecimentos ou dar um significado maior a um determinado fato - leia RAMONET, Ignácio. *A Tirania da Comunicação*. Vozes, 2007 e STAM, Robert. "O Telejornal e seu Espectador" In: *Novos Estudos Cebrap* – veja "Bibliografia".

A pauta e a sua organização em blocos escondem uma intencionalidade. E nesse caso, o desejo quase incontrolável dos editores dos telejornais que o Brasil possa produzir imagens como aquelas na Síria ou na Ucrânia.

Oportunismo e sincronismo do fusca em chamas

O ápice dessa aproximação metonímica entre Brasil, Síria e Ucrânia vem agora com uma nova e oportuna bomba semiótica que apareceu com um timing e felicidade impressionantes.

Um fusca 1975, com uma família e uma criança de cinco anos, tendo no volante um humilde serralheiro que depende do seu carro para sobreviver. Todos voltando de um culto em uma igreja evangélica. Inocentes perfeitos, gente que rala para sobreviver.

     Wilson Roberto Vieira Ferreira

O fusca incendiando e todos sendo retirados do interior do veículo às pressas no meio das chamas, produziu uma dramática cena noturna: caos, anomia, insegurança – teremos Copa, mas não conseguimos ir e vir na cidade em que vivemos!

Além disso, essa bomba semiótica é cercada por duas coincidências significativas bem interessantes: primeiro, o nome do motorista era Itamar. Uma alusão ao presidente Itamar Franco onde, dentro do seu governo aprovou a Lei do carro popular em 1993 que previa isenções de impostos, e o fusca foi escolhido como o símbolo dessa política.

A segunda, as origens do fusca estão fortemente ligadas à Segunda Guerra Mundial e ao projeto de Hitler de um carro que deveria ser capaz de levar três soldados e uma metralhadora, além da típica família alemã como símbolo da propaganda de uma economia forte. Portanto, o fusca possui um simbolismo simultaneamente militar (coincidentemente um carro colocado numa situação de conflito como nas manifestações contra a Copa) e popular (manifestações contra um governo supostamente incentivador de políticas de popularização e inclusão no consumo).

Além dessas coincidências significativas (sincronicidades?), temos principalmente o fator ambiguidade que ficou evidente desde o início: os manifestantes atearam fogo deliberadamente no veículo? O fusca avançou inadvertidamente sobre um colchão em chamas? Uma conexão entre o fusca e o histórico "atentado da bolinha de papel"?

O fusca em chamas não permite leituras ideológicas

Algumas leituras ideológicas encararam o incidente como "manifestantes fascistas de direita que atacaram um trabalhador humilde", como uma clara demonstração da "destruição niilista dos vândalos black blocs".

Mas o movimento "Não Vai Ter Copa" é refratário a qualquer interpretação ideológica porque ele se autojustifica: seu objetivo não é a demonstração ideológica (destruição do capitalismo) ou reivindicatória, mas de simples propaganda de terror – impactar o contínuo midiático com imagens simbólicas de descontrole, caos e medo para demonstrar que um governo que não consegue controlar as ruas não é um governo legítimo.

Daí a incrível felicidade e oportunismo do fusca incendiando para as telas de TV: vítima? Culpado? Evento montado como o ossário de Timisoara para impactar a opinião pública?

O que importa é que essa poderosa combinação semiótica de

sincronismo com ambiguidade anaboliza uma manifestação que contava com poucos participantes nas ruas, mas que foi capaz de produzir um ótimo rendimento midiático, forçando inclusive a FIFA fazer um pronunciamento através de nota onde condena os protestos e assegura a confiança no governo em manter a segurança durante o torneio.

Em si, o pronunciamento da FIFA já é outro elemento de ambiguidade: se no plano denotativo é um discurso que reafirma a confiança na organização da Copa, no plano pragmático é o sinal da força do golpe midiático, o que torna legítima a pauta construída pela mídia – lembra a clássica afirmação dos dirigentes de um time em crise: "o técnico está prestigiado!".

Não importam mais as condenações e interpretações. O objetivo já foi cumprido: uma mobilização com poucos participantes, mas que é capaz de produzir dezenas de acontecimentos que se transformam em imagens simbólicas (virar carros da polícia, veículo incendiando, depredação de bancos e lojas, manifestante carregando adereços anarquistas em pose desafiadora sobre um carro de TV ou da polícia etc.) para a delícia de fotógrafos e cinegrafistas.

1962-64: bombas semióticas contra João Goulart

"Não tem arroz, não tem feijão, mas assim mesmo o Brasil é campeão". O Brasil era campeão da Copa no Chile em 1962, enquanto inexplicavelmente sumia arroz e feijão das prateleiras do comércio.

Simultaneamente a mídia, por meio da TV e rádio, repercutia esse bordão como parte de uma sistemática propaganda de terror para desestabilizar o governo João Goulart que conduziria ao golpe militar de 1964, como apontam pesquisadores como Rene Armand Dreifuss e Denise Assis (leia DREIFUSS, Rene A. *1964: a conquista do Estado*, Petrópolis: Vozes, 1981 e ASSIS, Denise. *Propaganda e Cinema a Serviço do Golpe*, R. de Janeiro: Mauad, FAPERJ, 2001).

Mas, sobretudo, entre 1962-64 a principal mídia utilizada como estratégia de impactar a opinião pública foi o cinema.

Embora o rádio já fosse uma poderosa força graças ao transistor, pois precisava apenas de pilhas para funcionar, o Ipês (Instituto de Pesquisas e Estudos Sociais) investiu pesado no cinejornalismo, liderado pelo fotógrafo francês Jean Manzon, pioneiro do cinedocumentário brasileiro.

Vislumbravam que as imagens eram o mais poderoso instrumento já que, em si, a linguagem cinematográfica é ideológica por meio da seleção,

     Wilson Roberto Vieira Ferreira

corte e edição.

A princípio as peças fílmicas (cinejornais e documentários onde ao mesmo tempo enaltecia os valores da iniciativa privada, meritocracia e liberdade econômica e também o caos e instabilidade política e social resultantes de um governo supostamente fraco que não conseguia conter as ações de radicais – os comunistas infiltrados) eram apresentadas por todo o País em seções regulares e especiais. O IPES conseguiu na época arregimentar um eficiente sistema em cadeia apoiado pelo SESI.

Para atingir os mais pobres que não dispunham de dinheiro para comprar um ingresso de cinema, o IPES criou uma engenhosa estratégia: sob o pretexto de projeto cultural, montava projetores em caminhões abertos e ônibus com chassis especiais para levar sua guerra psicológica a bairros periféricos.

Segundo Dreifuss, toda a infraestrutura técnica necessária era suprida por empresas como a Mesbla e a CAIO, na época a maior montadora de carrocerias de ônibus e caminhões.

Para quem falou o fusca em chamas

As bombas semióticas não visam doutrinação ou inculcação ideológica. Pesquisas empíricas em comunicação de diversas linhas (Mass Communication Research, Agenda Setting etc.) já comprovaram que os conteúdos midiáticos apenas reforçam predisposições já existentes por meio da seletividade da recepção e memória do receptor. As imagens do fusca em chamas repercutidas pela mídia apenas reforçam as posições pré-existentes da direita à esquerda do espectro político.

Portanto, seu principal objetivo é cognitivo: criar uma atmosfera de insegurança e uma percepção de que os poderes públicos não conseguem manter a ordem nas ruas. Isso se chama *gestão do medo,* tática para atingir a grande massa de receptores que podem ser indiferentes aos conteúdos discursivos das mídias, mas são extremamente sensíveis às imagens que formam o contínuo midiático atmosférico e cuja reação imediata numa situação de perigo latente é a autopreservação.

E sabemos que, historicamente, essa situação é propícia para o surgimento de aventureiros políticos e oportunistas de ocasião.

Comercial "Eu Sou O Futebol" é uma bomba semiótica?

(05/02/2014)

O novo vídeo publicitário da Brahma alusivo à Copa do Mundo no Brasil intitulado "Eu Sou O Futebol" surge no momento de pesada atmosfera política do "Não Vai Ter Copa" nesse início de ano. Numa coincidência significativa, o vídeo toma emprestado clichês midiáticos da cobertura das manifestações para compor o protagonista "Futebol" e a torcida brasileira nas ruas: o "Futebol" como uma figura encapuzada, vestida de preto e calçando coturno e a torcida representada através de uma composição visual ambígua que em alguns planos de câmera parece se assemelhar a manifestantes. O que significaria essa coincidência? Intertextualidade? Ressignificação de signos negativos em imagens positivas tal como no vídeo do ano passado? Um ato falho da criação publicitária? Ou mais uma deliberada "bomba semiótica" para reforçar o pesado ambiente político?

Nosso leitor Francisco Freire se diz intrigado com o novo comercial da Brahma intitulado "Eu Sou O Futebol", alusivo à Copa do Mundo no Brasil nesse ano. Ele suspeita que haveria algo de muito errado nesse filme: uma figura protagonista encapuzada, de coturno carregando uma mala preta representando o futebol.

Instigado por esse estranhamento demonstrado pelo nosso leitor, vamos analisar essa peça publicitária e submetê-la uma análise semiótica: será que o comercial da Brahma poderia ser mais uma bomba semiótica? E, o que seria surpreendente, dentro do campo publicitário?!

O filme, criado pela Agência África conta a narrativa histórica do personagem Futebol, desde sua transformação, até a sua volta para casa.

"O futebol está voltando pra casa é mais que uma campanha, é um conceito que estará presente em todas as ações de Brahma para 2014, dando continuidade à nossa mensagem de otimismo, traduzida na assinatura 'Imagina a Festa'.

Vamos receber os melhores jogadores aqui na nossa casa e queremos que desde já os brasileiros usem sua alegria para tornar esse momento único para o país", declara Bruno Cosentino, diretor de marketing da Brahma.

Olhando em retrospectiva os filmes publicitários da Brahma, desde a copa de 1994, mostram que suas criações primam pelo trivial de campanhas que associam cerveja com festas populares: o ufanismo, música axé, mulheres sensuais e exóticas para o olhar estrangeiro, a dobradinha clichê mulheres/cerveja, jogadores da seleção como artistas ou guerreiros (por exemplo, o Brasil contra o "resto do mundo" na Copa de 2010) e a tirada humorística do torcedor símbolo "tartaruga, né!" para a Copa do Japão em 2002.

Com o crescimento do movimento anti Copa nas mídias e as grandes manifestações de rua, a Brahma lançou no ano passado um vídeo publicitário que brincava com o bordão "Imagina na Copa". O vídeo pretendia "resgatar a alegria e o orgulho de ser do país sede do mais importante evento global".

Mas no atual vídeo não encontramos a inequívoca leitura positiva ou otimista do comercial do ano passado: ele é marcado por uma significação ambígua e recorrência de clichês icônicos que marcam fotograficamente a cobertura das manifestações de rua.

Ambiguidade e dissociação áudio/imagem

O primeiro traço de ambiguidade está no descompasso entre o áudio e as imagens. O plano que abre o comercial é de uma figura encapuzada totalmente de preto, em contraluz diante da janela no interior de um quarto de hotel, enquanto vemos na cama uma mala preta aberta com peças de roupas. Corta para o plano detalhe dos coturnos figura de preto agora caminhando e segurando a mala também preta. A composição visual dos planos iniciais remete à *imagerie* dos filmes de suspense e ação: franco-atiradores em quarto de hotéis, espiões, James Bond etc.

     Wilson Roberto Vieira Ferreira

Nos planos seguintes imagens de festa, alegria, comemorações e, de repente, vemos essa figura soturna como que se infiltrando no meio da multidão que vibra com o futebol. Ninguém parece perceber a sua presença que passa pela multidão como um fantasma. E no final, a figura encapuzada (sempre em contraluz – com exceção de um plano em que ela atravessa um campo de futebol à luz do dia) se detém na saída de um túnel que dá acesso às arquibancadas de um estádio lotado e põe a mala preta no chão.

Se tomarmos em consideração a sequências dos planos sem o áudio, estaremos diante de uma narrativa que contaria um thriller policial ou de suspense.

Acima à esquerda: clichê de black bloc criado pela mídia; abaixo: cena do vídeo da Brahma. Ao lado: black blocs elogiados em uma revista de oposição

O que reforça essa impressão visual é a mala preta: ela não parece ser uma típica mala de viagem, mas lembra aquelas malas de franco-atiradores de filmes que carregam armas desmontadas com miras telescópicas.

Enquanto isso, o discurso do áudio narra outra estória: a figura visual soturna é o Futebol, de volta à sua pátria (o Brasil) onde o esporte se transformou em arte. O texto fala em "minha casa", "a maior festa de todos os tempos" etc. Talvez a estranheza do nosso leitor Francisco Freire seja provocada por essa dissociação entre a sequência dos planos e o áudio.

Mas há também uma ambiguidade nos próprios planos de câmera, principalmente quando a narrativa apresenta as imagens do protagonista "Futebol" chegando ao Brasil.

Das ruas ensolaradas onde vemos bandeiras brasileiras sendo desfraldadas em *contra plongée* (plano de câmera debaixo para cima) tendo ao fundo o céu azul, de repente corta-se para imagens noturnas de uma massa de torcedores (sempre em contraluz) e atrás deles vemos fumaça e o predomínio de uma intensa luminosidade amarelada e avermelhada que se sobrepõe à verde e amarela que está isolada no canto à esquerda.

Ambiguidade: típicas imagens de comemorações nas ruas mescladas com os clichês visuais da cobertura jornalística das manifestações: incêndios e depredações. Vemos "vuvuzelas", mas, também, punhos fechados imergindo da massa de torcedores que de repente pode ganhar uma conotação de manifestantes.

Recorrência de signos midiáticos

Outra característica desse vídeo publicitário é a recorrência. Como já apontamos brevemente acima, uma repetição de ícones que já se transformaram em verdadeiros clichês fotográficos nas coberturas jornalísticas nas manifestações desde junho.

Para começar a figura encapuzada, trajando roupa totalmente negra e calçando coturnos. Na grande mídia é o clichê do "vândalo-black-bloc-manifestante". A narração em *off* nos informa que aquela figura é o próprio Futebol em pessoa, o que causa estranhamento diante de uma figura tão soturna representar algo tão alegre – dissociação áudio e imagem. Isso dá o que pensar: ressonâncias das manifestações anti-Copa em um filme publicitário que pretende homenagear o evento máximo do futebol mundial?

Outro clichê visual: o efeito dramático da composição fotográfica em contraluz, estilo retórico marcante em fotos e vídeos das coberturas das manifestações - o protagonista e o perfil da massa de torcedores com luzes incidindo por trás em amarelo e vermelho e fumaça: torcedores com sinalizadores?

Algumas hipóteses para explicar o vídeo

Em síntese, o vídeo publicitário produzido pela Agência África para o produto Brahma da Ambeve S.A. apresenta uma evidente aproximação com os signos midiáticos das manifestações de rua no País. Resta saber se esta aproximação tem uma intencionalidade criativa (uma forma de intertextualidade como, por exemplo, alusão, paráfrase ou contiguidade), uma intencionalidade política (mais uma bomba semiótica lançada no contínuo midiático para tornar a atmosfera politicamente ainda mais carregada) ou simplesmente um caso de contaminação ou ressonância involuntária da histeria midiática em torno do tripé Copa/manifestações/eleições.

Por isso, valeria a pena levantarmos algumas hipóteses sobre esse vídeo:

(a) O vídeo manteria a coerência da criação do comercial do ano

 Wilson Roberto Vieira Ferreira

passado cujo mote era ressignificar de forma positiva o bordão negativo do "Imagina na Copa". "O Futebol está Voltando para Casa" estaria novamente ressignificando clichês anti-Copa, dessa vez a figura do black bloc e manifestações de rua transformados em comemorações pela volta do Futebol ao nosso País;

(b) Um ato falho da criação publicitária demonstrando como está saturado o contínuo midiático atmosférico: na representação visual das comemorações de rua e do próprio futebol são incorporados involuntariamente clichês da cobertura midiática;

(c) Utilização intencional dessa ambiguidade produzida pela dissonância imagem/áudio e o soturno personagem parecido com um black bloc para representar o Futebol. Como discutíamos em outra postagem, o fator ambiguidade é o principal elemento que auxilia na disseminação a princípio de boatos como descreveram Gordon Allport e Leo Postman em 1947. Hoje, estaria por trás na disseminação de memes e imagens – leia o capítulo "A Bomba Semiótica da Polícia Federal". A intencionalidade de uma construção semioticamente ambígua estaria no desejo de transformar o vídeo em meme.

(d) Numa hipótese conspiratória, a Agência África, junto com o seu cliente Ambev S.A., teria criado mais uma deliberada bomba semiótica para o atual cenário político. Assim como o banco Itaú que mesmo com seus lucros recordes e crescimento contínuo põe o seu economista chefe na reunião de Davos para desaconselhar os investidores a investirem na "economia instável" brasileira, da mesma forma a Ambeve S.A. apostaria suas fichas numa crise política para uma vitória oposicionista nas próximas eleições.

(e) E se o movimento oposicionista anti-Copa desse certo e o evento no País fosse uma catástrofe ou, talvez, nem ocorresse pelo nível de violência das manifestações de rua fora do controle das autoridades? Bom, aí pelo menos teríamos a realização do desejo implícito do anunciante: se tudo der errado, pelo menos você terá uma lata de cerveja Brahma na mão...

A nostálgica bomba semiótica do retrofascismo

(10/03/2014)

Depois das manifestações de rua onde foram produzidas bombas semióticas pontuais (fusca incendiando, coreografia desafiadora dos black blocs etc.) acompanhamos a mídia repercutir imagens de racismo, linchamentos, intolerância e crimes cometidos por menores principalmente por meio de vídeos amadores produzidos por telefones celulares. Todas as imagens seguidas de comentários alarmistas em telejornais que incitam soluções ainda mais radicais. Sob a aparência neutra de informação, as imagens a longo prazo suscitam uma estranha nostalgia que se espalha na grande mídia e redes sociais. "Marcha da Família", depreciação da política e intervenção militar ou o revival de alucinadas conspirações comunistas cubanas e Guerra Fria são sintomas de um complexo psíquico mais profundo e preocupante: o protofascismo colocado em movimento por meio do mecanismo semiótico do "retrofascismo" – nostalgia pós-moderna + protofascismo.

- O jogador Arouca, disputando uma partida em Mogi Mirim/SP pelo time do Santos, assim como o árbitro Márcio Chagas em jogo pelo campeonato gaúcho foram alvos de insultos racistas por parte de torcedores;
- Após o episódio de defesa do ato de linchamento contra um garoto negro que havia cometido furtos em um bairro no Rio de Janeiro, a apresentadora de um telejornal do canal SBT, Rachel Scherazade, sai nas redes sociais apoiando a convocação da "Marcha da Família com Deus Pela Liberdade" para o dia 22 que defende, entre outras coisas, a destituição da presidenta Dilma e do vice Michel Temer, dissolução do Congresso Nacional e intervenção militar, ressuscitando antigos fantasmas como conspirações cubanas e comunistas;

- O apresentador do programa Brasil Urgente da Band, José Luiz Datena, vem quase que diariamente, todo final de tarde, justificando os casos de linchamentos noticiados alegando que o brasileiro está "de saco cheio" e de que a Justiça "só defende os direitos humanos dos criminosos";
- Nas últimas semanas os telejornais vêm dando especial destaque a vídeos produzidos por celulares de anônimos mostrando tentativas ou casos de linchamento e espancamentos;
- Nos últimos meses esses mesmos telejornais também vêm destacando casos de crimes cometidos por menores ou casos de quadrilhas onde o texto jornalístico sempre destaca o número de menores. Quase sempre são destacadas opiniões de "especialistas" que defendem a diminuição da idade penal;
- A grande mídia dá destaque à suposta intervenção da Rússia na crise política da Ucrânia como uma espécie de *revival* da Guerra Fria entre aquele país e os EUA. Destaques para a expressão "não mexam com o grande urso!".

Como interpretar esses eventos tão sincronizados e recorrentes? Após as grandes manifestações de rua que serviram de matéria-prima para a construção de uma variedade de bombas semióticas que conseguiram dar uma turbinada à atmosfera de caos e descontrole nas ruas das grandes cidades, agora temos uma mudança de tática com uma ação semiótica não mais pontual (o fusca queimado, os ônibus incendiados, a coreografia desafiadora dos black blocs etc.), mas agora cotidiana e de efeito acumulativo de longo prazo: *a bomba semiótica retrofascista.*

Observando os episódios relacionados acima podemos perceber que os discursos midiáticos estão articulados em dois planos nítidos: o plano retro (uma espécie de ressurreição de antigos ícones e símbolos como a Guerra Fria, a ameaça do comunismo cubano, imagens iconicamente históricas como a "Marcha Pela Família" e dos esquadrões da morte pré-golpe militar brasileiro de 1964) e o plano protofascista (a atmosfera psicológica de linchamento – real e midiático – intolerância, revanche, vingança e violência).

Pensando por um ponto de vista semiótico, esse plano retro utiliza a nostalgia, onda de *revival* ou simplesmente clichês icônicos e históricos como suporte significante (ou se quiser, uma expressão material) para uma atmosfera difusa e contínua de percepções e sentimentos.

Na verdade, esse plano retro parece muito mais com racionalizações no sentido freudiano: álibis ou pretextos para que percepções e sentimentos protofascistas latentes na sociedade possam se expressar e, o que é

   Wilson Roberto Vieira Ferreira

pior, serem direcionadas politicamente.

Para que possamos desmontar mais essa bomba semiótica, temos que procurar entender o funcionamento de cada um desses planos: por que a nostalgia retro? Qual a explicação do desenvolvimento desse imaginário protofascista, imageticamente repercutido pela grande mídia e constatado na prática diária das redes sociais?

A nostalgia pós-moderna

Os jovens são nostálgicos. Mas é uma nostalgia paradoxal: saudades de épocas que não foram vividas, diferente da nostalgia tradicional.

Jovens montam as ambiências de suas novas residências com objetos e decorações que remetem aos anos 60 e 70; os anos 80 retornam com "baladas" especializadas nessa década ("trash anos 80", Projeto Autobahn etc.), feiras de rua onde são comercializados objetos dessa época (livros, jogos, brinquedos) para grupos de jovens estranhamente nostálgicos por uma época que não vivenciaram. Bares temáticos recriam para jovens ambiência e atmosferas de épocas e lugares distantes no tempo e no espaço ("botecos chics" que revivem os botecos populares dos anos 50 e 60, bares frequentados por tribos de jovens *rockers* em suas jaquetas pretas de couro, topetes à Elvis em uma ambiência estudadamente cenográfica com jukeboxes, pisos quadriculados, e posters com sucessos cinematográficos da época).

O jovem atual é conservador não apenas esteticamente: essa relação nostálgica com a História tende a idealizar o passado como épocas que foram melhores. Essa percepção se fundamenta nas próprias referências midiáticas ao passado, para começar cinematográficas e, depois, televisivas pelas retrospectivas superficiais.

Golpe militar de 1964, Guerra Fria e comunistas se fundem num amálgama de política, Woodstock, Beatles com imagens de estetizadas de Chê Guevara em baús de motoqueiros na atualidade e uma percepção de que no passado os jovens eram mais "atuantes" e que hoje são "alienados" pelo carnaval e futebol.

Protofascismo

Em seus famosos estudos sobre a personalidade autoritária nos anos 1940, Theodor Adorno elaborou a chamada "Escala F" resultando na fórmula clássica sobre o caráter fascista: "quem é duro consigo mesmo, também é com os demais". Essa dureza individual viria como estratégia psíquica de sobrevivência em tempos difíceis (hiperinflação, pobreza, falta de perspectiva, humilhação etc.) resultando em ressentimento, vingança e ódio descontado no socialmente mais fraco ou no bode expiatório oferecido no momento.

Retrofascismo: nostalgia pós-moderna + protofascismo

Na sua forma clássica, após a Primeira Guerra Mundial, o fascismo surgiu como uma reação à condição da depressão econômica generalizada na Europa combinada com o senso de humilhação nacional. Nada mais foi do que a tradução política desse mecanismo psíquico difuso e regressivo de auto conservação.

Esse psiquismo protofascista (de "proto" – aquilo que é primitivo, incipiente) retorna na atualidade através de um novo endurecimento das condições da vida cotidiana, dessa vez pelas novas formas de organização tecnológica do trabalho decorrentes da alteração das estratégias de acumulação do capital:

(a) crise da ideologia meritocrática das classes médias: a precarização de um trabalho mal pago e insegurança profissional leva àquilo que o professor de Sociologia do Trabalho da Unicamp Ricardo Antunes chama de "vida urbana destroçada". Frustrada, toda uma nova geração descobre que estudar para crescer na vida se tornou um mito após passar anos em escolas privadas caras e de péssima qualidade. Essas condições criam sentimentos de traição, humilhação e ressentimento prontos para se converter em ódio contra os "preguiçosos", "encostados", sejam eles pobres, imigrantes ou todos aqueles que recebem benefícios sociais do Estado.

(b) A precarização do trabalho e a "vida urbana destroçada" (insegurança e paranoia do cotidiano da vida urbana) conduzem a uma estratégia desesperada de racionalização da vida pelo apego a gadgets tecnológicos como aplicativos, dispositivos móveis, redes sociais (que em outra oportunidade chamamos de "bomba tecnológica" pela sedução de liberdade e organização prometida pela virtualidade do ciberespaço – sobre esse conceito leia o capítulo "Retrofascismo e a Bomba Tecnológica".

 Wilson Roberto Vieira Ferreira

A "inteligência coletiva" que tais ambientes digitais proporcionariam e que supostamente resultaria em liberdade e interatividade reverte-se no contrário: tais ambientes tornam-se muito mais solipsistas e narcísicos ao criar um meio circundante plasticamente moldável aos desejos do usuário reforçando uma autoimagem grandiosa.

"Protegido" em um ambiente simulado, fecha-se à experiência da alteridade e da convivência com o outro. Esse é um importante pressuposto psíquico que alimenta o protofascismo.

(c) O já fartamente documentado apoio logístico e financeiro dos EUA a grupos neonazistas na Ucrânia que defendem pureza étnica e a derrubada de um governo eleito, alimenta o imaginário protofascista de depreciação da política e estimula as soluções de força como saída para crises políticas. Principalmente quando a mídia, por exemplo, coloca as notícias das manifestações de rua no Brasil no mesmo bloco de notícias das crises na Ucrânia e Síria, atiçando a analogia entre situações totalmente diversas.

Retrofascismo

O que espanta nessa bomba semiótica é que a esperança em relação ao futuro só pode existir retornando ao passado. Embora o psiquismo protofascista seja antigo e ahistórico, ele sempre parece retornar através de diferentes significantes ou suportes. Na atualidade, o novo significante para esse psiquismo está em uma nostalgia cuja origem é midiática pela idealização do passado seja em filmes, novelas ou retrospectivas jornalísticas.

O fascismo em sua forma clássica já apelava para essa nostalgia do "retorno às origens" de um passado idílico: retorno a supostos valores tradicionais da nação corrompidos pelo capitalismo financeiro internacional, retorno aos valores da vida agrária, dos laços familiares tradicionais e da pureza do corpo e do caráter por meio da prescrição de hábitos "saudáveis" (antitabagismo, higiene, assepsia e monitoramento médico – médicos da SS no caso da Alemanha - da população).

A diferença é que a nostalgia atual que dá suporte ao protofascismo é muito mais midiatizada, pastiche e pop, sem a aura mítica e ritual da mitologia nazifascista clássica.

Wilson Roberto Vieira Ferreira

O "Estadão" de 31 de março: bomba semiótica ou sincronicidade?

(04/04/2014)

Leitores desse blog chamaram atenção para um estranho fenômeno semiótico apresentado pelo jornal "O Estado de São Paulo" na edição de 31 de março, dia marcado pela lembrança dos 50 anos do golpe militar de 1964. No caderno "Metrópole" do jornal paulistano uma sequência de duas páginas ímpares criou uma curiosa associação metonímica entre uma matéria sobre intervenção militar no Complexo da Maré no Rio de janeiro e um anúncio do HSBC onde um desenho artisticamente elaborado parece fazer um comentário pontual do que lemos na página anterior: a cidade do Rio de Janeiro à beira de um abismo e carregada por um tanque militar. Mais uma bomba semiótica? Delírios conspiratórios? Ou uma "coincidência significativa"?

Desde as grandes manifestações de rua de junho do ano passado sabemos que uma guerra semiótica está sendo travada pelo domínio da opinião pública. Um domínio que não visa a persuasão política ou disseminação ideológica, mas a explosão de verdadeiras bombas semióticas para moldar a percepção: criar um clima de opinião de que o país atravessa um estado de convulsão, caos e pré-insurgência civil.

Desde a morte do cinegrafista da Band, Santiago Andrade, em protestos no Rio de Janeiro em fevereiro percebeu-se um refluxo nas manifestações de rua. Protestos de rua turbinados por operações semióticas da mídia foram desde então substituídos pela repercussão de pautas que acabam se tornando supercondutores de manifestações de intolerância e de fascismo difuso – forma de pensar onde qualquer tema é pensado a partir de soluções finais, radicais e intervencionistas.

Por exemplo, a pesquisa do Ipea repercutida pela mídia de que para o brasileiro "mulher direita" corre menos risco de estupro e a lembrança dos 50 anos do golpe militar de 1964 incendiou a imaginação conservadora nas redes sociais.

A abordagem moralista sobre o tema do estupro e os debates em torno do regime militar (golpe ou revolução? Ditabranda? Ditacurta?) só tornaram o clima de opinião cada vez mais pesado.

A tal ponto que aqui e ali na grande mídia surgiram atos falhos como o de César Tralli no telejornal SPTV da Globo em pleno 31 de março sobre os 50 anos do golpe militar: "o que se imaginava que seria um governo curto de exceção, se transformou numa longa ditadura..." em uma implícita sugestão de que a intervenção militar foi necessária (medida de exceção) e que a ditadura foi um acidente de percurso.

Também em pleno 31 de março, o jornal *O Estado de São Paulo*, em duas páginas ímpares sequenciais, nos oferece um sincronismo entre texto e imagem que produziu uma estranha polissemia.

Na primeira página do caderno "Metrópole" vemos a notícia que ocupa página inteira: "Polícias e Marinha ocupam Maré e líderes do tráfico fogem para Paraguai" onde se noticia a intervenção forças de segurança (Corpo de Fuzileiros Navais, Polícia Militar e Civil) no complexo de favelas da Maré no Rio de Janeiro, após décadas de domínio do tráfico e de milicianos. Na parte central da matéria vemos a fotografia de um tanque que se desloca por rua de favela do complexo.

Wilson Roberto Vieira Ferreira

O leitor após virar a página dá de cara com a página 3 onde se vê um anúncio do banco HSBC que ocupa ¾ da página. Uma imagem metafórica ocupa a parte central do anúncio onde vemos a cidade do Rio de Janeiro sobre uma esteira rolante e a cidade de Nova York na face oposta. O anúncio se trata do serviço HSBC Empresas que promete "encurtar distâncias e abrir caminhos para novos negócios", seja no Rio de Janeiro ou Nova York, internacionalizando as perspectivas das empresas. É uma metáfora por similaridade, onde a esteira rolante é a analogia icônica com a ideia de encurtamento das distâncias nos negócios.

Porém, essa metáfora se transforma em metonímia: quando o leitor vira a folha e passa para a página três do caderno "Metrópole", a metáfora do anúncio da HSBC é imediatamente "contaminada" não só pela manchete da página um que trata da intervenção de polícias e Marinha no Rio de Janeiro como também da fotografia central de um tanque militar. A esteira rolante com os seus mecanismos de funcionamento aparentes (necessários para criar a metáfora por similaridade) de repente assume o aspecto de um tanque de guerra carregando a cidade do Rio de Janeiro.

Graças a esse efeito de contaminação a imagem do anúncio do HSBC assume um complexo de significados: intervenção militar (coincidentemente no dia dos 50 anos do golpe militar de 1964), Não Vai Ter Copa (o estádio do Maracanã ocupa destaque na imagem sintética da cidade do Rio de janeiro) e uma inevitável associação com uma situação de uma cidade que se movimenta para um abismo – um carro e um barco parecem que já foram tragados...

O tanque militar real da fotografia da página um parece que ganha continuidade e movimento com a *gestalt* de um tanque de guerra em que, por contiguidade, se transforma a esteira rolante metafórica da página três. Surpreendentemente, a imagem do HSBC parece sintetizar as situações de confronto reportadas na primeira página do caderno.

Jornalismo metonímico

Delírio? Paranoia? Devaneios psicóticos de uma teoria da conspiração? Uma operação semiótica engenhosamente pensada? Alguns leitores desse blog chamaram a atenção desse fenômeno da edição de 31 de março do Estadão, e pediram para nós um parecer técnico a partir do referencial da Semiótica.

De fato, acompanhando as bombas semióticas disseminadas pela grande mídia desde o ano passado, percebe-se a recorrência das metonímias na elaboração oculta de significados. Por exemplo, nesse ano telejornais como o *Jornal Nacional* e o *Jornal da Band* fizeram matérias sobre diversos protestos contra a Copa do Mundo em diversos estados. As imagens das manifestações eram colocadas no mesmo bloco noticioso das manifestações de rua da Ucrânia e do Líbano. O efeito evidente era de contaminação metonímica ao aproximar os protestos brasileiros ao mesmo status de caos político e insurgência civil das notícias internacionais.

Após essa série de manifestações que culminaram com a imagem do fusca em chamas com uma família sendo retirada às pressas, posteriormente em diversas vezes repetiu-se essa bizarra organização da pauta noticiosa que tradicionalmente divide os blocos em Nacional e Internacional.

Com certeza essa coincidência metonímica é significativa e não pode passar despercebida como uma mera coincidência ou paranoia de uma análise semiótica que misturaria má fé com devaneios conspiratórios. Ainda mais na atual atmosfera política pesada onde explicitamente a grande mídia assumiu o papel ativo de oposição política em um ano eleitoral.

Poderíamos elaborar algumas hipóteses para esse curioso fenômeno que o jornal *O Estado de São Paulo* nos ofereceu:

(a) Uma operação semiótica deliberada. Sabendo-se que os espaços publicitários são antecipadamente fechados pelo departamento comercial do veículo e que a redação já conhece de antemão qual o espaço restante destinado aos textos, propositalmente a notícia do Complexo da Maré foi colocado em uma página ímpar. Também repare o leitor que a foto do tanque de guerra da página um praticamente está na mesma linha visual da imagem metafórica do anúncio do HSBC na página três.

(b) O fenômeno em si seria neutro e uma mera coincidência. O efeito polissêmico seria decorrente de um fator externo: a atmosfera politicamente pesada.

(c) Uma coincidência significativa ou sincromística. Como se por trás dos fatos da realidade se escondesse uma estranha sintaxe que faz símbolos e significados convergirem em dados momentos, criando eventos de forte impacto no contínuo midiático. Claro que aí entraríamos na "parapolítica", um encontro da política, esoterismo e misticismo como procuram fazer pesquisadores como Christopher Knowles ou Loren Coleman no seu blog Twilight Language. Para eles, fatos como esses seriam mais do que meras coincidências...

 Wilson Roberto Vieira Ferreira

Como fazer uma notícia para um telejornal

(13/04/2014)

Como o dramaturgo do Teatro do Absurdo Eugène Ionesco pode explicar o suposto escândalo da questão de uma prova de Filosofia de uma escola pública que citava a música da Valesca Popozuda? Não só explica como também fornece um método para a criação de notícias em telejornais: a estratégia de descontextualização. *Mais uma bomba semiótica onde a fabricação da notícia é ordenada pela organização de fragmentos díspares em função de uma lógica que parece fazer os pedaços convergir em direção a um desenlace que já se tem em vista. Como nos romances, tudo parece ser o presságio de um inevitável abismo para onde o País caminharia. Uma bomba semiótica cujo efeito é turbinado tanto pelo preconceito de classe contra o funk quanto pelo jornalismo metonímico do "Não Vai Ter Copa".*

Como recortar um elemento do real para apresentá-lo como notícia em um telejornal? Na peça *A Cantora Lírica Careca* (*La Cantatrice Chauve*, 1950) Eugène Ionesco, dramaturgo do Teatro do Absurdo – 1909 a 1994) nos fornece um método bem interessante que é seguido à risca na atualidade para a montagem de bombas semióticas. Em primeiro lugar, devemos declarar como "extraordinário" um conjunto de elementos qualquer:

Sra. Smith ao casal Martin: vocês que viajam bastante devem ter muita coisa para contar.

O Sr. Martin para a sua mulher: Diga querida, o que você viu hoje?

Sra. Martin: Não vale a pena, não acreditarão em mim.

Sr. Smith: Não duvidaremos da sua boa-fé.

Sra. Smith: Você os ofenderia se o fizesse.

Sra. Martin (com graça): Pois bem, assisti hoje a uma coisa extra-ordinária, inacreditável.

Sr. Martin: Diga logo, querida.

Sr. Smith: Ah! Vamos nos divertir.
Sra. Smith: Finalmente!

Estamos nas manchetes, ou tecnicamente naquilo que se chama "escalada" em um telejornal. É preciso que o espectador tenha curiosidade por algo que foi pinçado da realidade seja uma novidade.

Sra. Martin: Muito bem, ao ir ao mercado para comprar verduras, que estão cada vez mais caras...

Sra. Smith: Onde é que vamos parar?

Sr. Smith: Não devemos interromper, querida levada!

Sra. Smith: Via na rua, ao lado de um café, um senhor convenien-temente vestido, com cerca de 50 anos, talvez nem isso, que...

Sr. Smith: O que, quem?

Sra. Smith: O que, quem?

Sr, Smith: Não devemos interromper, querida. É desagradável.

Sra. Smith: Pois bem, vocês dirão que inventei, mas ele pôs o joe-lho no chão e se agachou...

Sr. e Sra. Smith: Ohh!
Sra. Martin: Sim, agachado!
Sr. Smith: Impossível!
Sra. Martin: Sim, agachado. Aproximei-me dele para ver o que ele fazia.

A fabricação da notícia é ordenada por essa organização de

 Wilson Roberto Vieira Ferreira

fragmentos díspares em função de uma lógica que parece fazer os pedaços convergir em direção a um desenlace que já se tem em vista. Como nos romances, tudo aprece ser o presságio do inevitável.

Sr. Smith: E então?
Sra. Martin: Ele amarrava os cordões do seu sapato que tinha soltado

Os outros três: Fantástico!

Sr. Smith: Se não fosse a senhora, não acreditaria.

Sr. Martin: Por que não? Veem-se coisas ainda mais extraordinárias quando se anda por aí. Eu mesmo vi sentado em um metrô um senhor que lia tranquilamente seu jornal!

Sr. Smith: Que original! Talvez fosse o mesmo.

Substitua os personagens dessa peça de Ionesco pelos apresentadores e telespectadores de telejornais e o homem que "estranhamente" se agachava na rua pela falsa polêmica da questão da prova de Filosofia que fazia referência a Valesca Popozuda, e teremos um caso exemplar de fabricação de mais uma bomba semiótica.

O fato descontextualizado

À primeira vista o trabalho de um jornalista pode parecer simples: ver coisas que se passam e relatá-las. A princípio, essas coisas que passam seriam acontecimentos que rompem a norma, destoam em relação à regra e, por isso, chocam – um cachorro que morde um homem não é notícia, mas se um homem morder um cachorro... Mas desde que o Jornalismo transformou-se em uma indústria de notícias, esse trabalho simples tornou-se complexo: o mundo não produz um número de acontecimentos "chocantes" que atenda às necessidades diárias de produtividade da Imprensa. Então, é necessário tornar chocante qualquer acontecimento, algo parecido com o método proposto por Ionesco.

Mas, quando, além disso, a Imprensa e a grande mídia assumem o papel de oposição política, temos então a necessidade de produzir acontecimentos "chocantes" não mais de forma genérica como "sensacionalismo" (notícias chocantes para vender jornais e conquistar audiências), mas agora com uma intencionalidade: *descontextualizar acontecimentos*. Tal como o absurdo diálogo acima proposto por Ionesco, a grande mídia deve retirar fatos da sua banalidade cotidiana para em seguida, descontextualizado, o fato é elevado à condição de acontecimento.

Um professor de Filosofia, na sua atividade cotidiana de ministrar o conteúdo programático da disciplina em uma escola pública do Distrito Federal, lança mão de uma estratégia pedagógica para discutir com os alunos os valores da sociedade e o papel da imprensa – como a mídia apenas vê pontos negativos e não consegue enxergar os pontos positivos. E o funk como um exemplo. Correspondendo ao que foi discutido em aula, o professor formula uma questão ao mesmo tempo irônica é séria citando uma música da Valesca Popuzada.

Professor Antonio Kubitschek versus Valesca Popozuda: uma estratégia didática rotineira elevada à condição de escândalo

A imagem nas redes sociais da questão da prova (correspondendo ao homem convenientemente vestido que se agacha na rua, de Ionesco) e a citação da música "Beijinho no Ombro" (o homem estava amarrando os cordões do sapato) são retirados do contexto dos instrumentos didáticos cotidianos utilizados por um professor para discutir conteúdos (não só aquele homem, mas todos os homens convenientemente vestidos amarram seus cadarços na rua).

Eu mesmo na minha experiência como professor, já utilizei letras de músicas de Talking Heads e Madonna a Latino e o funk Dança da Motinha para contextualizar certos temas e debates. Imagine se uma dessas provas fosse parar em redes sociais...

Turbinando os efeitos da descontextualização

O objetivo dessa bomba semiótica de descontextualização é evidente: ao lado de outras notícias e produtos como o livro *Diário de Classe* (sobre as denúncias dos problemas de uma escola pública), o propósito é o de levantar evidências não só da crise do ensino público mas dos valores da sociedade brasileira exemplificado na sugestão de uma suposta má formação de um professor de rede pública.

　Wilson Roberto Vieira Ferreira

Reparem no vídeo abaixo do Telejornal Hoje da TV Globo, o rosto grave de Sandra Annenberg enquanto baixam os créditos finais, como se estivesse gesticulando indignada com a matéria a pouco exibida.

Mas o efeito de tornar chocante um fato pedagogicamente banal através da estratégia de descontextualização somente é possível com o cruzamento de alguns pressupostos latentes, aumentando a letalidade dessa bomba semiótica:

(a) O estereótipo criado pela grande mídia de que o funk é intrinsecamente mau, criminógeno e perigoso para as pessoas de bem. E as casas noturnas funkeiras como lugares insalubres onde ocorrem crimes e obscenidades – como se em raves e baladas de classes médias e altas não pudessem ocorrer casos idênticos.

(b) Como na maioria dos telejornais, Internet e redes sociais (inimigos da mídia tradicional) são sempre associados a casos exemplares negativos como golpes, trapaças, viciosidade e deterioração cultural. A fotografia da prova com a questão sobre a Valesca Popozuda, apenas comprovaria esse pressuposto que faz recordar das denúncias de publicações de gabaritos de provas do Enade e Enem nas redes sociais.

(c) Seguindo a estratégia do jornalismo metonímico (sobre esse conceito leia o capítulo "Estágio Meteorológico da Informação Cria a Presunção da Catástrofe"), essa suposta evidência da deterioração do ensino público que representaria a questão sobre a Valesca Popozuda, foi estrategicamente colocada antes ou depois das notícias sobre a Copa do Mundo no Brasil ou dos exames internacionais de educação onde o País ocupou posições classificatórias modestas. Essa operação semiótica cria um imediato efeito de contaminação, turbinando essa estratégia de descontextualização e tornando a notícia uma evidência do suposto abismo para o qual o País caminha.

(d) Isso sem falar na coincidência significativa (na verdade, um evento sincromístico) do professor ter o sobrenome Kubitschek, o mesmo do presidente que construiu Brasília (Juscelino Kubitschek). Mais um fator que turbina essa bomba semiótica, oferecendo um evento sincrônico que sublinha ainda mais o elemento de "brasilidade" ao destino das más notícias que, para a grande mídia, o Brasil está predestinado.

O logo da novela e a bomba semiótica da pararrealidade

(07/05/2014)

O logo da telenovela "Geração Brasil" da TV Globo traria no seu design uma subliminar sugestão dos números dos candidatos de oposição ao Governo? Delirante teoria conspiratória? Prepotência dos jornalistas? Designers e profissionais criativos veem exagero em tal acusação, já que toda marca produziria espontaneamente associações visuais, já que para a Semiótica todo signo produziria uma imagem mental. Posições ideológicas à esquerda, calejadas pela desconfiança em relação à grande mídia, falam em manipulação subliminar. Mas parece que todas as posições acabam se tornando vítimas da espiral das interpretações, a doença infantil da Semiótica. A cura? Desconstruir o logo da telenovela através de técnicas as mais objetivas possíveis como a de recorrência sincrônicas e diacrônicas, comutação e Gestalt. E no final descobrirmos que, na verdade, o suposto poder subliminar do logo não provém dele mesmo. Sua força é alimentada por uma pararrealidade criada pela TV ao fundir diariamente ficção com não-ficção.

Surge a polêmica entre jornalistas, simpatizantes da esquerda e profissionais de design e criação de que logomarca da novela das 19h Geração Brasil (ou "G3R4Ç4O BR4S1L") conteria "coincidentemente" em sua linguagem "internetês" (ou *Leet*, para ser mais preciso) os números dos candidatos de oposição: o "40" (PSB de Eduardo Campos – PE) e "45" (PSDB de Aécio Neves – MG).

O problema de toda análise semiótica ou gestalt é que, se tomarmos o objeto de forma isolada, todas as análises podem se cancelarem como meras interpretações subjetivas.

Se todo signo cria uma imagem mental no interpretante, logo o que estamos vendo poderia ser apenas o signo de outro signo da realidade – e o que é "realidade" para a Semiótica é uma questão metafísica, já que seu interesse é puramente pragmático: entender as significações obtidas de acordo com a posição relativa do interpretante.

Para superar esse problema do relativismo das interpretações, nada como sair um pouco da escola norte-americana de Charles Pierce e entrarmos na velha e boa escola linguística da semiologia francesa de Roland Barthes. Para ele, os significados e as intencionalidades de quem está significando (os "emissores") devem ser confrontados com duas técnicas: a da "recorrência" e o chamado "teste de comutação".

Recorrência busca repetições, padrões, que por serem recorrentes vão além da mera coincidência, tornando-se um fato linguístico de significação, um sentido.

Procuremos o fenômeno da recorrência envolvendo esse logo em dois eixos: diacrônico e sincrônico.

a) sincrônico

Há pelo menos um mês, desde que saiu o logo definitivo da telenovela, em muitos sites especializados (que não podem ser propriamente chamados de "blogs sujos" ou "de esquerda"), leitores postavam comentários sobre a "coincidência" e a polêmica que isso iria produzir no futuro, como essa do "Portal O Planeta TV" de 03/04/2014:

Karla **comentou:**

Os petistas de plantão vão dizer que tem mensagem subliminar em prol do Aécio Neves e do PSDB no logo, hehehe.

Di Almeida respondeu:

Pior que dá pra ver um "45" no meio da palavra Brasil. Hahaha

Ou ainda em um blog hospedado pelo site "UOL":

Zigzang: Até agora gostei muito. Achei apenas que a Globo forçou

     Wilson Roberto Vieira Ferreira

a barra com aquele 45 no nome da novela na abertura. Não precisava escancarar assim a sua preferência política nesse ano eleitoral.

Temos, portanto, um aspecto sincrônico a favor das suspeitas sobre esse logo: em diversos sites especializados em TV com viés politicamente neutro (cujos leitores não podem exatamente ser considerados como um público politizado ou disposto a expor seus posicionamentos em polêmicas políticas) vemos muitos comentários espontâneos que atestam a presença dos misteriosos números, politicamente significativos no cenário eleitoral atual.

b) diacrônico

Desde o fim dos governos militares e a volta das eleições presidenciais, não há como deixar despercebido as várias intervenções das atrações ficcionais e em produtos estéticos (vinhetas, animações etc.) no cenário político do momento.

No cenário da primeira eleição presidencial após o regime militar em 1989 as novelas *O Salvador da Pátria* e *Que Rei Sou Eu* foram nítidos produtos ficcionais cujos temas no mínimo pretendiam pegar uma carona na atmosfera política do momento. No primeiro caso, embora a novela de Lauro César Muniz quase tenha saído do controle da emissora (a própria direção da TV Globo passou a executar cortes devido ao enfoque politicamente de esquerda para onde a narrativa caminhava), seu título acabou virando um bordão político.

Bordão que alimentou um imaginário sebastianista ou messiânico em torno da figura de Collor de Mello (do caçador de marajá à "única bala que tenho na agulha" para justificar o sequestro da liquidez do Plano Color).

Já a novela *Que Rei Sou Eu* foi mais "ao gosto" da emissora: o jovem revolucionário lutando contra uma monarquia corrupta (Edson Celulari) foi a preparação imaginária da chegada de um jovem político desconhecido (aos poucos turbinada em aparições rápidas como em programas como o do Chacrinha) chamado Collor de Melo. O bordão "povo de Avilã" passou a ser usado por ele em palanques.

Ainda poderíamos citar a inacreditável mensagem subliminar em um "selo" (composição de elemento gráfico que identifica editorias em telejornais) do *Jornal da Globo* onde, em pleno "Caos Aéreo" após o acidente da TAM em Congonhas em 2007, aparecia a sigla PT em uma animação que simulava um letreiro de informações de voos em aeroportos.

Ou ainda o sincronismo da vinheta de comemoração dos 45 anos da TV Globo não só com o número do PSDB como também a letra da música com os bordões usados pelo candidato Serra nos palanques.

O espaço aqui não permitiria uma extensa lista de intervenções explícitas e sincronismos mas o plano diacrônico deixa bem claro que a recorrência desses fenômenos é significativa, principalmente porque parece ser seletiva: durante os anos 1990, quando as políticas neoliberais de privatizações no atacado eram hegemônicas, a TV Globo no máximo utilizava estratégias diversionistas como, por exemplo, o longo tempo dado para o nascimento da filha da Xuxa no Jornal Nacional em detrimento ao polêmico leilão de privatização da Telebrás em 1998, colocado em segundo plano naquele dia.

c) Teste de Comutação

Um teste simples sugerido por Roland Barthes para o analista encontrar as menores unidades de significação em um texto ou imagem: descobrir a existência de outros signos correlatos dentro do paradigma (no reservatório de signos disponíveis em uma determinada letra, palavra, frase etc.) e substituí-los, até encontrar a mudança de significado.

No caso do logo da telenovela global não é necessário muito esforço: na tabela do alfabeto *Leet* podemos encontrar os seguintes signos para designar a letra "A": 4, /\, @, /-\, ^, ä, [a] . Por que não grafar o logo pelo alfabeto *Leet* dessa maneira: G3R@Ç@O BR@S1L? Ou em termos de um design mais elegante sem tantos movimentos em espiral: G3R/\Ç/\O BR/\S1L?

Wilson Roberto Vieira Ferreira

O teste de comutação demonstra que houve uma escolha arbitrária dentro de um repertório de signos possíveis. Essa escolha arbitrária poderia ter sido casual ou motivada por alguma intencionalidade? Uma simples opção estética do designer ou alguma intencionalidade que perpassou por toda a cadeia criativa? Essa intencionalidade poderia ser percebida na evolução do logo: no início ele propunha um conceito totalmente diferente, com a letra "A" em destaque numa analogia ao símbolo do Anarquismo, já que o plot da novela lida com jovens e novas tecnologias.

Gestalt e o centro visual do logo

Mas com uma análise através da Gestalt (chamada psicologia da forma ou o estudo das maneiras como a mente configura formas através da percepção e visão pelo jogo figura/fundo) podemos nos certificar que o /4S1/ ocupa praticamente uma posição central na composição do logo.

Esse centro ótico aplicaria a lei gestalt de *continuidade ou unificação*: é a impressão visual de como as partes se sucedem através da organização perceptiva da forma de modo coerente, sem interrupções na sua trajetória. Pode-se considerar uma tendência de os elementos visuais acompanharem uns aos outros de maneira coerente.

Em uma sequência numérica (/4/ e /1/) entra a letra /S/. Nessa regra básica de Gestalt nossa mente "corrigirá" a lacuna ou a interrupção motivada pelo surgimento de uma letra e a transformará em um número análogo, no caso o /5/. Dessa maneira, é evidente o número /45/ em destaque, no centro visual do logo.

Pararrealidade

Mas toda a suposta força de sugestão político-eleitoral dessa estratégia semiótico-subliminar deve ser contextualizada no momento em que a linguagem televisiva opera um mix radical entre ficção e realidade (a pararrealidade), que acabam se tornando intercambiáveis (a ficção pode influenciar a realidade e a realidade oferece temas para a ficção) de duas maneiras:

a) No horário nobre praticamente os gêneros ficção e não-ficção se atropelam: novela sucede telejornal e vice-e-versa praticamente sem intervalos, muitas vezes confundindo o registro do telespectador ao ver temas do telejornalismo sendo repercutidos em telenovelas e os telejornais pautando temas que foram repercutidos por personagens ficcionais novelescos;

b) E ainda podemos acrescentar a esta questão o aspecto da mudança da qualidade da imagem da TV e adoção de um padrão homogêneo de imagem.

Em tempos da TV em preto e branco era evidente a passagem da ficção para a não-ficção: nos telejornais as imagens dos fatos eram granuladas em virtude da limitação técnica em que imagens externas somente podiam ser captadas em película para, mais tarde, serem telecinadas no estúdio. Com o advento da TV em cores e das possibilidades técnicas de efetuar links ao vivo a qualidade das imagens se padroniza.

Do set de gravação das telenovelas ao estúdio de onde são transmitidos os telejornais e as imagens ao vivo, a iluminação, tonalidade das cores, enfim, o padrão de telegenia passa a ser idêntico. Há exceções, é claro, como no caso das imagens cruas e sem tratamento capturadas por vídeos amadores que são aproveitadas em telejornais. Mas, no geral a TV esforça-se em homogeneizar o padrão de qualidade da telegenia de tal forma que, muitas vezes, em um primeiro olhar, confunde-se fácil o registro de um enquadramento: isso é real ou ficção?

Temos aqui, portanto, os princípios de uma pararrealidade televisiva onde o telespectador vive uma transitividade cada vez mais acelerada entre ficção e realidade. Essa transitividade permite cada vez mais essas contaminações semióticas que dariam força de propagação a estratégias como essa do logo de um produto ficcional.

Porém, a Globo não é mais a mesma. Suas audiências despencam e, mesmo assim, pretende manter-se abraçada a seu *modus operandi*, um cacoete que não perde mesmo quando os cenários estão mudando rapidamente. Talvez isso seja o sintoma do seu *tautismo*, doença terminal de todos os sistemas que de tão complexos e pesados começam a implodir – sobre o conceito leia na sessão "Glossário" no final do livro.

     Wilson Roberto Vieira Ferreira

A bomba semiótica fashion da Ellus

(28/05/2014)

Modelos vestindo uma camiseta onde se lia "Abaixo Este Brasil Atrasado". Dessa forma terminava o desfile da Ellus no último SPFW após um desfile repleto de signos militares estilizados. Mais tarde, a irônica foto da mesma camiseta na vitrine de uma loja da grife tendo ao lado um manequim carregando uma blusa com o icônico Mickey Mouse estampado. Essa é a mais nova bomba semiótica, dessa vez fashion. E por quê? Porque o niilismo político é fashion, assim como os radicais chics com o seu visual "heroin hero". Desde que o dandismo morreu com Oscar Wilde, a moda sente a necessidade de expiar o fantasma da sua suposta futilidade e superficialidade. O niilismo político da camiseta que protesta contra o "Brasil Atrasado" é a reedição da estratégia de tornar a moda supostamente sintonizada com a realidade do seu tempo, assim como Viviene Westwood fez com o Punk. E para isso, a Ellus foi buscar na atmosfera turva e tensa da atualidade o mote para tentar mostrar que Moda possui alguma relevância política.

Em uma vitrine de uma loja da grife Ellus em um shopping na Zona Sul do Rio de Janeiro vemos vários manequins com modelos da marca. Chama a atenção uma camiseta preta com os dizeres "Abaixo Este Brasil Atrasado". Ironicamente, ao lado vemos outro manequim com uma blusa em que vemos o icônico personagem do Mickey Mouse estampado.

A engajada camiseta teve sua estreia no desfile da coleção Primavera-Verão 2014-15 no São Paulo Fashion Week (SPFW) em abril desse ano, com toda pompa e circunstância, com direito até a "carta-manifesto". Ciceroneado pelo galã global Cauã Reymond, ele entra na passarela ao final com os fashionistas Adriana Bozon, Lea T., Laís Ribeiro e Rodolfo Murilo, todos vestindo a engajada camiseta da Ellus, para finalizar com uma *selfie* diante dos fotógrafos.

A "carta-manifesto" (na verdade uma colcha de retalhos com os principais mantras repercutidos por redes sociais e nas colunas econômicas da grande mídia) fala em "Brasil=ineficiência, improdutividade", "custo Brasil", "políticos e governos antiquados", "protecionismo" e a ameaça de ficarmos "isolados nas geleiras do Polo Sul".

Certamente estamos diante de mais uma bomba semiótica: uma camiseta com uma mensagem que surge em uma atmosfera politicamente carregada, onde a Copa do Mundo transformou-se em verdadeiro campo de batalha simbólico entre o "Brasil Moderno" e o "Brasil Atrasado", entre o "Brasil que perdeu a Copa fora de campo", como afirmou o ex-jogador e agora deputado federal Romário e o Brasil de Neymar Jr. que "ganhará a Copa para trazer esperança ao brasileiro", como messianicamente proferiu Fausto Silva no último domingo.

A bomba do niilismo

O interessante na aplicação do método da semiótica na análise de um discurso como esse que demonstra que a indústria da Moda também entra no atual campo das guerrilhas semiológicas, é que mais importante do que o discurso explícito (os dizeres da camiseta e a "carta-manifesto"), é o que ele representa: o sintoma. Como o velho Karl Marx dizia, o mais importante não é o que os homens dizem, mas os seus atos. Ou, fundindo essa máxima do materialismo histórico com a análise freudiana, o mais importante seria o que na verdade os homens gostariam de fazer, desejos incontidos que sempre retornam como sintomas recorrentes.

A estreia da camiseta e carta-manifesto foi em um desfile da Ellus no SPFW em abril onde, segundo a jornalista especializada em moda Lilian Pacce, alguns estilistas "pegaram mal a mensagem" pelo desfile ocorrer ao lado de bandeiras e roupas com referências e estilos militarizados.

Para a jornalista, o mal-estar das alusões em um mês marcado pelos 50 anos do golpe militar no Brasil teria sido diluído com a divulgação da "carta-manifesto" e da camiseta que reivindica que tudo venha abaixo.

A racionalização de Lilian Pacce é reveladora pela associação

    Wilson Roberto Vieira Ferreira

metonímica e sintomática entre o manifesto e as roupas com formas geométricas da bandeira nacional em alusões militares. Sintoma? Será que a associação de signos militares com manifestação de protesto contra políticos e governos "atrasados" foi um ato falho? Por que a força de um protesto necessariamente passaria por signos militarizados, como sugere a jornalista? Para ela, por isso, a mensagem da Ellus tornou-se compreensível, deixando de "pegar mal": a força do "Abaixo" veio com uma retórica militarizada...

Aqui se revela o núcleo dessa bomba semiótica neoconservadora: o niilismo. Uma manifestação política de protesto que nega a própria política. O niilismo é *fashion* porque agressivo, radical, tão sem esperança quando o visual *heroin heroe* ou *decadentes chics* tão ao gosto de modelos e estilistas.

Em postagem anterior revelávamos a preocupação da ascensão do chamado retrofascismo: um suposto discurso crítico que, na verdade, esconde a busca de soluções finais, radicais e não negociadas ou discutidas por canais representativos e socialmente legítimos – o Estado de Direito. Niilismo que abre espaço para o sebastianismo, messianismo e líderes carismáticos e até "fashionistas" cuja histeria é confundida com consciência política.

Eufemismo e má consciência

MINISTÉRIO PÚBLICO DO TRABALHO
PROCURADORIA REGIONAL DO TRABALHO DA 2ª REGIÃO

PORTARIA Nº 1083/2012, DE 18 de junho de 2012.

A DRA. CAROLINA VIEIRA MERCANTE, Procuradora do Trabalho, lotada na Procuradoria Regional do Trabalho da 2ª Região, São Paulo, no uso de suas atribuições legais, especialmente as previstas no artigo 129, inciso III, da Constituição da República, art. 6º, VII e 84, II, da Lei Complementar nº 75, de 20 de maio de 1.993 (Lei Orgânica do Ministério Público da União) e no art. 8º, §1º, da Lei 7.347/85, resolve CONVOLAR a Representação n.º 003337.2012.02.000/1 da Procuradoria Regional do Trabalho da 2ª Região, em Inquérito Civil de mesmo número, para composição dos fatos narrados na denúncia, fatos esses que podem configurar lesão a interesses metaindividuais conexos à relação de trabalho, figurando como investigado a empresa Inbrands AS (Etiqueta Ellus) tendo como objeto : 02. Trabalho Análogo ao de Escravo, Tráfico de Trabalhadores e Trabalho Indígena; 02.01. Trabalho Análogo ao de Escravo; 02.01.01. Condição Degradante.

Outro sintoma é o do eufemismo. A "carta-manifesto" fala em um País "burocratizado" para que se possa "exportar nosso design sem todo esse custo" e que, por isso, precisa ser "simplificado". Curioso é que essa "simplificação" é o léxico dos economistas neoliberais para os quais a racionalidade individual pela busca da melhor relação custo/benefício é moralmente boa em si mesma, tornando qualquer iniciativa de controle dos diversos apetites individuais como moralmente mal. Afinal, ganhar dinheiro é bom! Ambição é boa!

A má-consciência da Ellus: linha de produção com trabalho análogo a de escravo

A carta deixa transparecer essa tensão entre a busca do caminho simples, direto e natural e um país que parece dificultar esse Direito Natural.

De fato, o Estado brasileiro parece "dificultar" esse direito natural em vários episódios na área da Moda: a prisão da empresária dona da butique Daslu em 2009 por fraude, formação de quadrilha, contrabando e falsificação de documentos para sonegar impostos; a denúncia de que a grife de luxo Le Lis Blanc utiliza trabalho escravo em São Paulo em confecções "quarteirizadas", com imigrantes bolivianos vivendo em beliches e quartos apertados e insalubres; a descoberta de 28 costureiros bolivianos em trabalho análogo a de escravos em oficina clandestina em São Paulo onde produziam peças para a empresa GEP (formada pelas marcas Emme, Cori e Luigi Bertolli).

Ou ainda a notificação feita pelo Ministério Público do Trabalho para a própria Ellus sobre práticas de trabalho análogas de escravos em sua linha de produção. Isso sem falar no calote da grife de luxo Maria Bonita dado em 200 bordadeiras de Barbacena (MG), que não recebem os pagamentos desde 2012 – chegaram a protestar em frente a uma loja da grife na Zona Sul do Rio de Janeiro.

"Reformas estruturantes", "flexibilização", "desregulamentação" e "simplificação" são sinônimos eufemísticos que de forma indireta expressam o desejo do capital querer encontrar caminhos mais curtos e retos para a lucratividade. "Brasil Atrasado" na verdade quer dizer "Brasil Regulamentado", ou seja, a antítese da livre e amoral busca do lucro. Na prática, resulta o total descompromisso social através da destruição do emprego alheio e aproveitamento oportunista das mazelas sociais como migração ilegal e miséria.

Por isso, de eufemismo o "desfile-manifesto" da Ellus expressa também uma má consciência. Assim como no mesmo SPFW a grife Cavalera também fez um "desfile-manifesto" contra "os males que afligem o País" com modelos carregando cruzes com dizeres "impunidade", "preconceito" e "Indiferença", a Ellus faz seu manifesto talvez como forma de expiar sua má-consciência.

O remake da camiseta

Mas a camiseta e desfile-manifesto também traz uma sensação de deja vu e remake. Desde que o dandismo morreu na figura do escritor inglês Oscar Wilde (a arte pela arte sem culpas), a Moda passou a ser assombrada pelo fantasma da culpa pela sua suposta frivolidade, superficialidade e inutilidade em um mundo moderno de rápidas transformações. Por exemplo, na década de 1920, Coco Chanel (1883-1971) concentrava em seu

    Wilson Roberto Vieira Ferreira

apartamento a intelligentsia artística e filosófica da sua época, procurando uma equivalência entre a moda e o espírito da época, que foi sintetizado na flagrância do perfume Chanel n° 5. Na Rússia, Nadejda Lamanova (1861-1941) interpretou na moda a arte abstrata de Kandinsky.

Em tempo mais atuais, a estilista Zuzu Angel, ao ver seu filho ser perseguido, torturado e morto pela ditadura militar brasileira, passou a usar a moda como manifesto político. Na Inglaterra, Viviene Westwood (a estilista do Punk nos anos 1970) em 2005 lança a camiseta com a frase "Não sou terrorista, por favor, não me prenda", como protesto as duvidosas leis anti-terroristas.

As camisetas são um verdadeiro arquétipo contemporâneo de revolta, desde que James Dean e Marlon Brando começaram a usar como peça única e independente no cinema.

Por isso a carta-manifesto é um pastiche e a camiseta de protesto um remake: é a enésima recorrência de um clichê sempre usado para a moda expiar a má consciência e o fantasma da sua inutilidade simbólica – simbólica, porque industrialmente é útil e rentável. Mas o imaginário permanece e necessita ser exorcizado.

O clichê da camiseta de protesto já está tão surrado que, para turbiná-lo, a Ellus teve que trazer um galã global para ter alguma repercussão. Mas, como toda bomba semiótica, esta já explodiu e soma aos estilhaços de tantas outras que tornam o clima midiático atual turvo e tenso.

A bomba semiótica Forte Apache

(31/05/2014)

Depois de 14 anos das comemorações dos 500 anos do descobrimento do Brasil onde os índios foram recebidos com armas e bombas pela polícia e a grande mídia relatou tudo de forma burocrática e irônica, repentinamente eles foram redescobertos e levados a sério. "Índios cercam o Palácio do Planalto" é o tom geral das manchetes com muitas fotos com flechas e índios em poses ameaçadores em contraste ao futurismo de Brasília. É a bomba semiótica Forte Apache. Esse conceito não tem nada de ironia ou deboche: o núcleo dessa bomba linguística são fotos onde poses e situações forçam a associação com o imaginário hollywoodiano do western. Seja apanhando, sejam fotografados, os indígenas brasileiros continuam estranhos em sua própria terra: às vésperas do campo de batalhas simbólico decisivo da Copa do Mundo, tornam-se, agora, suportes passivos dos signos construídos por espertos fotógrafos. São as "fotos-choques", estado semiótico intermediário entre o fato real e o fato alterado.

O presidente eleito pelo colégio eleitoral em 1985, Tancredo Neves estava entre a vida e a morte no Hospital das Clínicas em São Paulo. E eu iniciava minha carreira no jornalismo como um "foca" na reportagem do jornal *A Tribuna* de Santos. Ficava impressionado como, apesar do caos que era uma redação, o jornal conseguia ser finalizado e chegava diariamente nas bancas. Aos poucos ia pegando os macetes: as notícias e os textos jornalísticos eram praticamente padronizados, bastando apenas preencher as variáveis: o que, quem, quando, como, onde e por quê.

Enquanto Tancredo agonizava em São Paulo e o País torcia pela sua recuperação, descobri que a lógica de linha de produção das redações era fria e pragmática.

Nas gavetas da mesa do diretor da redação já estavam prontos obituários, biografia, editoriais, retrancas (palavra ou pequena frase sobre manchetes para apresentar o tema da matéria), fotos e páginas inteiras já diagramadas sobre vida e morte de Tancredo Neves.

Logo entendi todo o processo semiótico de produção noticiosa que permitia que aquela loucura de vai e vem na redação desse certo: editores e diretores produziam uma forma, uma estrutura de texto onde a reportagem apenas preenchia as lacunas com as variáveis da chamada "pirâmide invertida" da matéria jornalística. Tempo era racionalizado e as matérias prontas em minutos. Um processo tão técnico e pragmático que os repórteres não percebiam o viés, o enfoque ideológico que sempre estava nessa estrutura pré-fabricada que descia do "aquário" das reuniões de pauta para nós, os "focas".

"A Copa como ELA É": retrancas jornalísticas prontas. Basta preencher as lacunas de um texto pré-fabricado

Às vésperas da Copa do Mundo no Brasil fica mais evidente essa racionalização semiótica da produção de notícias, onde o pragmatismo deve se aliar à guerrilha semiológica que se trava em um ano eleitoral: as lacunas dessas estruturas pré-fabricadas que a reportagem deve preencher são verdadeiras bombas semióticas: não importa a variável, qualquer notícia é inserida na retranca do fracasso da Copa.

Tal como na morte de Tancredo Neves que a imprensa já tinha matérias e páginas com a estrutura já pronta à espera dos acontecimentos, da mesma forma hoje a grande mídia já possui retrancas, estruturas de textos prontas à espera de qualquer acontecimento nos dias que antecedem a Copa do Mundo e durante o próprio evento esportivo.

 Wilson Roberto Vieira Ferreira

O que dizer então dos esgares maliciosos de William Waack ao dar a notícia da compra de carros anti bomba para a Copa ou a histeria dos jornalistas da Sport TV anunciando uma tragédia que não aconteceu no jogo Santos e Bahia em um estádio lotado em Feira de Santana.

Para, no dia seguinte, Tiago Leifert falar que "poderíamos estar dando aqui uma notícia trágica..."

Índios e o jornalismo metonímico

O episódio dos protestos indígenas em Brasília é um bom exemplo da dinâmica de montagem dessas bombas semióticas que, acreditem, terão a potência de megatons durante a Copa. A *Folha de São Paulo*, por exemplo, já possui a retranca "A Copa como ELA É" onde são colocadas notícias desde a suspeita de contusão de Cristiano Ronaldo até protestos de professores em frente da Prefeitura de São Paulo.

Pois nessa retranca surgem os protestos indígenas pela questão da demarcação de terras e que, para a grande mídia, só podem ser mais um protesto contra a Copa do Mundo. Depois de anos fazendo o *jornalismo adversativo* (o PIB cresceu, mas... o desemprego aumentou) agora temos o *jornalismo metonímico* onde qualquer notícia possui uma estranha evidência em si mesmo de que somente aconteceu porque a Copa do Mundo está próxima.

Índios fazendo protesto em Brasília não é nenhuma novidade. A novidade é como esse protesto foi inserido em um novo *frame*, a notícia que preenche aquela lacuna de uma estrutura invisível aos olhos do leitor.

Brasil 500 anos versus Copa do Mundo

Por exemplo, em 2000 o Brasil comemorava os 500 anos do descobrimento. Dias antes das comemorações em Porto Seguro/BA, índios yanomanis e xavantes fizeram marcha a Brasília para reivindicar novo estatuto que rege seus povos.

Um deles quase agrediu o presidente do Congresso Antônio Carlos Magalhães. Mais tarde, nas comemorações dos 500 anos na Bahia, a reação da PM foi desproporcional e violenta.

E como a grande mídia relatou esses acontecimentos? Poucas fotos, cobertura entre anódina e irônica. O semanário *Veja*, por exemplo, viu os acontecimentos como um grande samba-enredo, onde o abre-alas era o navio réplica da nau Capitânia que trouxe Cabral e os índios em "traje ritual com colares, penachos, bermudas e sandálias havaianas". Nada sobre a relevância das reivindicações indígenas.

Hoje ao contrário, às vésperas da Copa, a grande mídia repentinamente não só reconhece suas etnias e demandas por terra e saúde como vê neles o despertar de uma consciência crítica contra um evento esportivo que supostamente estaria prejudicando todos os brasileiros: índios, professores municipais, motoristas de ônibus etc.

É a bomba semiótica Forte Apache: "Índios Cercam o Palácio do Planalto" diz a cinematográfica manchete do Estadão. O que marca essas matérias é que elas são o inverso da cobertura feita dos protestos indígenas contra as comemorações dos 500 anos: além do diferente clima político (em 2000 a grande mídia mantinha relações mais cordiais com Fernando Henrique Cardoso do que com o governo atual), lá as matérias tinham mais texto e poucas fotografias. Agora temos o inverso: uma profusão de fotografias e poucos textos.

A bomba semiótica Forte Apache é muito mais icônica do que textual. Certamente porque, em si mesmo, a notícia não é novidade já que os índios apanham nesse país desde o seu "descobrimento". A novidade é que os protestos dessa vez estão turbinados pela retórica fotográfica, manchetes cinematograficamente icônicas (não há como o leitor não resistir a associação com o imaginário hollywoodiano dos filmes *western*) e as retrancas que juntam as notícias mais díspares em alucinadas conexões metonímicas.

A foto-choque

Roland Barthes definia as fotos jornalísticas como "foto-choque", um estado intermediário entre o fato literal ou real e o fato alterado: são intencionais demais para ser fotografia e excessivamente exatas para serem pinturas.

Um índio posando ao lado do Batman black bloc com cocar; índios posam com seus arcos e flechas com o Congresso Nacional ao fundo; índio aponta e mira com o arco e flecha o Supremo Tribunal Federal; índios defrontando-se com polícia de choque tendo o estádio Mané Garrincha (ícone da Copa) ao fundo etc.

 Wilson Roberto Vieira Ferreira

Duas coisas chamam a atenção nessas fotos: a intenção dos fotógrafos em criar o contraste entre a arquitetura futurista de Brasília e o primitivismo indígena e as onipresentes flechas. Como Roland Barthes afirmava no seu livro clássico *Mitologias*, as fotos-choque não se destinam à nossa sensibilidade: elas são posadas e carregadas demais de intencionalidade – alguém refletiu por nós, julgou por nós. O fotógrafo não nos deixou nada, a não ser o simples direito da aprovação intelectual.

Elas são posadas, carregadas de sobre indicações (índices) do fotógrafo. Igual ao texto jornalístico onde basta preencher as lacunas de uma estrutura pré-fabricada, ao fotógrafo basta se tornar um diretor de cena, orientar os objetos fotografados para que confirmem as retrancas e as alucinadas conexões metonímicas à espera nas redações da grande mídia.

A aprovação intelectual dessas fotos-choques vem muito mais do esforço técnico e retórico pela habilidade do fotógrafo em recortar e montar uma cena do que pelo episódio em si reportado. Elas apenas reforçam intelectualmente predisposições ideológicas nos receptores, do tipo "eu já sabia!".

O efeito emocional pretendido (a moldagem da percepção na opinião pública de um País caótico em estado pré-insurrecional) vem depois com a soma dos estilhaços de signos das diversas explosões simultâneas e diárias no contínuo midiático.

Nesse acúmulo de índices nessas fotos chamam a atenção a imagem do índio ao lado do Batman black bloc e diversas flechas espetadas em uma motocicleta da polícia militar. A natureza da pose é evidente porque ela indicia um imaginário cinematográfico que alimenta a bomba semiótica Forte Apache: super-heróis, luta do bem contra o mal, ataque dos índios ao forte dos soldados etc.

Seja apanhando, sejam fotografados, os indígenas brasileiros continuam estranhos em sua própria terra: às vésperas do campo de batalhas simbólico decisivo da Copa do Mundo, tornam-se, agora, suportes passivos dos signos construídos por espertos fotógrafos que buscam preencher as lacunas das retrancas e textos já pré-moldados.

A Copa das não-notícias

(07/06/2014)

A grande mídia esperou até o último instante, aguardando talvez alguma "bala de prata" que prejudicasse, suspendesse ou, no mínimo, colocasse em xeque a realização da Copa do Mundo no Brasil. Um evento que se tornou uma verdadeira dor de cabeça para uma mídia que assumiu explicitamente a oposição política. Mas a Copa vai começar e agora nada pode passar impune: uma nova etapa da guerrilha semiológica iniciada no ano passado se inicia. A pauta negativa, "recomendação" interna da TV Globo para todos os jornalistas na cobertura da Copa, revela uma novidade no paiol das bombas semióticas: a não-notícia. Produto das revistas de celebridades e das coberturas esportivas extensivas como Olimpíadas e Copa do Mundo, elas agora estão sendo turbinadas politicamente por meio de duas estratégias semióticas: fazer o espectador confundir causa e efeito dos acontecimentos e a armadilha da generalização nas indefectíveis enquetes.

Desde as grandes manifestações de junho do ano passado, a grande mídia (que de início execrou como vandalismo e infantilismo político para, logo depois, procurar inseri-las no plot narrativo da oposição na proximidade de ano eleitoral – mensalão, PEC 37 etc.) mobilizando uma pesada artilharia semiótica de construção de textos e imagens que sintetizem em um frame, fotograma, parágrafo, legenda de foto etc. um conjunto de percepções e fragmentos ideológicos. Chamamos esse arsenal de recursos retóricos e semiológicos de "bombas semióticas".

Ao longo desse período detectamos diversos tipos de

bombas: dessimbolizações, infotenimento, a black bloc good-bad girl, fotos-choques, cavalos de Tróia, guerrilha de memes, exploração fetichista de animais e mulheres, tomates e inadimplência.

Isso sem falar de acidentes com jornalistas no momento em que montavam bombas como, por exemplo, o caso da bomba semiótica do Enem ou a "barrigada" da repórter da rádio CBN que via no campus da USP mensagens cifradas análogas às do tráfico de drogas nos morros do Rio de Janeiro. Essa variedade de bombas semióticas teve um objetivo em comum: manter a opinião pública em estado de constante tensão em um País supostamente à beira do abismo econômico e em situação pré-insurrecional.

Mas agora quando a agenda nacional passa a ser dominada pela Copa do Mundo, entra em cena uma nova bomba semiótica: a da não-notícia. A grande mídia caiu em si que não só vai ter Copa, mas como também manifestações de protestos podem ficar isoladas ou, no mínimo, deslocadas na opinião pública em relação ao evento esportivo internacional.

Por isso, entra em ação a pauta negativa da cobertura da Copa para comprovar para todos que será um fracasso de gerenciamento, administração e organização. O problema é que os estádios ficaram prontos, as seleções chegam ao país sem atropelos ou gafes organizacionais. Alguns até elogiaram a rapidez dos serviços de aeroportos...

"Eu crio as circunstâncias"

Mas a pauta negativa tem que se impor e os pobres repórteres têm que exercer toda a sua criatividade na angulação das matérias, na edição das declarações, no enquadramento da fotografia etc. – como ficou evidente no memorando interno da TV Globo para os editores evitarem a pauta positiva na Copa. No início procuraram fazer a coisa mais óbvia: concentrar-se em um mínimo defeito como o vazamento do banheiro, a escada rolante quebrada, a conexão da Internet que é instável no estádio e assim por diante.

Porém, isso não era impactante o suficiente. Principalmente porque a estrutura da Copa começa a funcionar, para contrariedade da grande mídia.

E então, o que fazer? Como dizia Napoleão: "Circunstâncias? Eu crio as circunstâncias". Se as notícias negativas escasseiam e as angulações não são mais o suficiente, criam-se não-notícias: repercutir um fato que a própria emissora criou, a partir de um episódio cuja causalidade é absolutamente banal ou natural. Repercutida com as devidas estratégias de retórica, o episódio toma ares de denúncia e furo de reportagem.

     Wilson Roberto Vieira Ferreira

Um exemplo dessa nova bomba semiótica pode ser acompanhado na edição do jornal Estado de São Paulo de 05/06 na primeira página do caderno especial sobre a Copa 2014. Somos impactados com as letras garrafais "Frustração" sobre uma foto que ocupa mais da metade da primeira dobra onde vemos uma confusão de pessoas em uma espécie de fila desorganizada. Acima, nas chamadas de matérias internas, mais desalento: "Ruas sem enfeites" sobre um suposto desinteresse dos moradores enfeitarem casas e ruas com as cores nacionais; e "Sinal Amarelo" sobre um suposto jejum de gols do centroavante Fred que preocuparia – para contrariar a pauta, Fred fez o gol da vitória no amistoso contra a Sérvia na sexta-feira.

Na matéria principal, a perfeita não-notícia. O foco da matéria é "frustração" e "confusão" na venda de ingressos do último lote oferecido pela FIFA. Descreve que em uma hora os ingressos para os jogos principais foram vendidos no site da entidade. Fala em "fila virtual" e "dificuldade em acesso". E quem foi ao Ibirapuera enfrentar a fila, descobriu que só restavam ingressos para os jogos "menos atraentes". Pergunto ao leitor: onde está a notícia? A frustração e a confusão foram causadas por uma grande demanda de busca por ingressos como ocorre em qualquer grande evento, da Copa do Mundo a São Paulo Bike Tour, onde o site desse evento ficou congestionado de acessos de ciclistas tentando ganhar uma bicicleta promocional.

Ou o que dizer então da verdadeira obsessão da TV em postar uma câmera na entrada dos torcedores tanto no estádio da Arena Corinthians como no jogo em Feira de Santana Santos X Bahia.

Para mostrar as filas como um sintoma natural da desorganização tanto do futebol brasileiro como na Copa como fenômeno de contágio. Ora, se todos chegam ao mesmo tempo formar-se-ão filas.

Outra não-notícia observamos na edição de 05/06 na edição do SPTV quando o telejornal mobilizou "parceiros" da Zona Leste - reportagens feitas por moradores de diferentes regiões de São Paulo supervisionadas por jornalistas da emissora. "Chegada à Arena Corinthians causa congestionamento", dizia o repórter-parceiro que tentava chegar ao estádio de carro. No final da matéria, informava que a CET havia recomendado aos torcedores irem ao jogo através de transporte público, evitando os carros. Então, qual era a notícia? A matéria apenas confirmava o que a engenharia de tráfego tinha informado no dia anterior.

Mas, com a câmera no interior do carro no estilo "por dentro da notícia", a matéria adquiria um tom de "denúncia" e "flagrante". Estratégia retórica para turbinar a não-notícia.

A semiótica da não-notícia

Nas suas origens, a não-notícia é um produto direto daquilo que se chama infotenimento (informação + entretenimento), uma combinação entre as *hard news* (informação mais "seca") com estilo narrativo e retórico que beira o ficcional e produz entretenimento. O crescimento e a complexidade industrial das mídias exigem uma sociedade "acontecedora" que produza um fluxo constante de acontecimentos para produzir notícias e espaços editoriais que justificam a inserção dos anunciantes.

Ela é o produto direto das revistas de celebridades, sejam esportivas, artísticas, empresariais ou políticas. Principalmente em coberturas tão extensivas como Copa do Mundo e Olimpíadas onde jornalistas, obrigados a fazerem muitas entradas ao vivo, criam verdadeiras não-notícias: jornalista entrevistando outro jornalista, jornalista brincando ou fazendo apostas com jogadores (na Copa de 90 o repórter Elia Junior da Band chegou a fazer cobranças de pênaltis no goleiro Taffarel) etc.

Porém, a bomba semiótica da não-notícia mobilizada para as coberturas da Copa acrescenta um fator semiótico inédito: fazer o leitor/espectador confundir causa com efeito. Causas como grande a concentração simultânea de torcedores ou a opção em privilegiar transporte público em detrimento dos carros transformam-se em efeitos de desorganização da logística do evento. Ou o inverso: "filas virtuais" e "físicas", efeitos do excesso de procura de um bem escasso e valioso (os ingressos) transformam-se em causas de "frustrações".

Acabar ingressos dos principais jogos devido a grande demanda é um fato banal e previsível numa economia regida pelas leis de oferta e procura. Mas a retórica visual da não-notícia (câmeras que tremem, grande concentração de torcedores, a presença normal de policiais militares, a qualidade da imagem precária como fossem produzidas por celular) esquenta a não-notícia, criando uma simulação de *hard news*.

Generalização potencializa a não-notícia

Na primeira página do caderno do Estadão citado acima chama a atenção para uma outra estratégia de potencialização da não-notícia: a *generalização*.

Wilson Roberto Vieira Ferreira

"Ruas sem Enfeites" é uma matéria feita a partir da "metodo-logia" das enquetes, técnica sem nenhum pressuposto científico (amostragem, universo, tabulação etc.) que parte de um axioma que o jornalismo toma como inquestionável: todos têm uma opinião formada sobre qualquer coisa.

A matéria parte de duas constatações opostas em um mesmo bairro: ruas com decorações e sem decorações sobre a Copa e a seleção brasileira. E o "caso" de um morador que não fez a tradicional decoração por "medo de manifestantes" e "frustração com os governantes".

O sociólogo Pierre Bourdieu em um texto clássico chamado *A Opinião Pública Não Existe* desconstruía os três pressupostos das pesquisas de opinião: todos têm opinião; todas as opiniões têm valor; há um consenso em torno do problema formulado pela questão.

No caso das chamadas enquetes jornalísticas, esses pressupostos ficam ainda mais discutíveis por tenderem à generalização do tipo "todos os brasileiros" ou "a maioria dos moradores" etc.

A óbvia não-notícia (há ruas em São Paulo que estão decoradas com motivos da Copa e outras não) é esquentada repentinamente pelo salto brusco da generalização com a expressão "no caso do morador..." como fosse um exemplar de um conjunto sobre a qual o texto nada diz e não fornece nenhum dado quantitativo (percentual, soma absoluta etc.). E se pensarmos bem, a própria opinião do morador é uma não-notícia: aleatória, casual, assim como uma conversa rápida de elevador.

Talvez a notícia da matéria esteja em outro lugar, nela mesma: na verdade ela representa um ato falho, um desejo do próprio veículo para que não haja decorações em São Paulo. É o fenômeno da chamada "profecia autorrealizadora": se todos acreditarem que ninguém está enfeitando as ruas de São Paulo, logo todos não enfeitarão nenhuma rua.

A bomba semiótica da generalização da não-notícia não é voltada para a informação, mas para a percepção, a moldagem do "clima de opinião". A opinião do morador que se diz com medo de enfeitar a rua por causa de uma possível ameaça dos manifestantes é um modelo ardiloso de moldagem da opinião pública por meio daquilo que a sociologia chamou de "espiral do silêncio": sentindo-se em minoria, o indivíduo se rende a uma imaginária maioria, criando-se um consenso autorrealizável.

Barrigas e não-notícias na Operação Anti-Copa

(21/06/2014)

Da "barriga" do cão Caramelo em 2011 até a atual que envolveu o experiente jornalista Mário Sérgio Conti e um sósia do técnico Felipão entrevistado como fosse o verdadeiro, revela como jornalistas da grande mídia transformam-se em metralhadoras giratórias sob a pressão do papel assumido de oposição política: atira-se primeiro para pensar depois. Mas nesse momento a pressão só aumenta com o hipotético cenário negativo para um ano eleitoral: de que não só a Copa seja um sucesso de organização como, pior, a seleção brasileira seja campeã. Pela dificuldade em montar bombas semióticas nesse momento (o ritmo dos jogos e dos debates televisivos tem isolado protestos e incidentes de organização), a grande mídia passou a mobilizar seu braço armado: os colunistas, sob o apoio das não-notícias na Operação Anti-Copa.

Para quem acompanha de perto as transformações da linguagem midiática, a tragédia dos mortos nas enchentes e deslizamentos de terra nas serras fluminenses em 2011 marcou o início das coberturas jornalísticas politicamente comprometidas com o papel de oposição ao governo federal.

Depois de uma disputa eleitoral polarizada no ano anterior entre Dilma e Serra onde se misturou política com religião, bolinhas de papel, intolerância e preconceito, a grande mídia iniciou naquele ano um processo de coberturas jornalísticas cuja pressão oposicionista que partia das reuniões de pauta explodia nos repórteres que deveriam nas reportagens, enquetes, entrevistas ou depoimentos buscar ansiosamente qualquer índice ou evidência da incompetência gerencial do governo.

Um dos reflexos dessa ansiedade é a construção de personagens nas narrativas jornalísticas, estratégia discursiva onde se busca a legitimação de uma pauta por meio de um personagem elaborado muitas vezes com signos retóricos e ficcionais.

Na corda bamba entre a ficção e a realidade, algumas vezes o jornalista despenca e surgem as vexatórias "barrigas" - gíria jornalística para designar uma grave bobeada de um jornalista que pensa estar publicando um "furo" quando não passa de engano ou má fé do próprio repórter.

Na cobertura da tragédia na serra fluminense em 2011 surgiu a "barriga" do suposto episódio do cão chamado "Caramelo": diversos veículos se sensibilizaram com a suposta história do cão Caramelo que guardava o túmulo da dona morta pelos deslizamentos de terra. A foto era comovente com um cão vira-lata triste ao lado de uma cruz improvisada com tábuas de caixote. Porém, um detalhe: o cão não era o Caramelo, mas de um voluntário que trabalhava no cemitério local.

A tragédia e a fidelidade do cão da família seriam a cereja emotiva de uma cobertura jornalística cujo tom era acusatório a um governo que supostamente investia mais dinheiro público no socorro do que na prevenção de catástrofes.

O braço armado dos colunistas

Atualmente a velocidade da captação, edição e publicação que as novas tecnologias proporcionam se aliam com as fortes pressões nas redações da grande mídia para que pautas pré-estabelecidas sejam sustentadas e confirmadas. Essas pressões acabam explodindo no trabalho dos repórteres, alguns ansiosos em manter seus empregos ou alimentando ambições de ascensão profissional rápida.

E quando isso não é suficiente, a grande mídia lança mão do seu braço armado: os colunistas que irão a fórceps misturar informação com opinião.

A barriga cometida pelo experiente jornalista e colunista da *Folha* e *O Globo* Mário Sérgio Conti só pode ser analisada dentro desse contexto de ano eleitoral onde se apostavam todas as fichas na "bala de prata" eleitoral de uma Copa que seria caótica, uma vitrine quebrada por *black blocs*, com apagões energéticos, aeroportos lotados e aviões caindo.

As bombas semióticas, detonadas desde as grandes

     Wilson Roberto Vieira Ferreira

manifestações do ano passado, não estão sendo montadas durante a Copa com a mesma facilidade – problemas são relatados de forma isolada e manifestações anti-Copa se perdem no ritmo das reprises dos gols e as intermináveis mesas de debates.

Só resta a cobertura colocar em xeque a própria razão de tudo: a seleção brasileira, afinal se for campeã, será um evento fora da curva de um País que supostamente estaria à beira do abismo econômico.

Aqui e ali começam a serem montadas bombas semióticas que procuram criar na percepção pública de que haveria algo errado com a delegação brasileira: algo na organização, no espírito de equipe...

Por exemplo, a ardilosa matéria do *IG Esportes* "Chefe da Delegação Brasileira é detestado entre os Jogadores". A manchete e o primeiro parágrafo levam o leitor a acreditar que há uma crise hierárquica e de comando entre os jogadores e Vilson Ribeiro de Andrade, presidente do Coritiba. Só ao longo da matéria, percebemos que os desafetos estão no Bom Senso Futebol Clube (movimento criado por atletas para rediscutir o calendário do futebol e criar o *fair play* financeiro), mais precisamente os jogadores Alex e Deivid do Coritiba em um incidente que envolveu o time e o presidente no campeonato brasileiro após uma derrota.

É a não-notícia: um fato antigo requentado para criar uma falsa notícia por associação metonímica – mesmo sabendo-se que nenhum jogador da seleção participa do Bom Senso FC, leitores desatentos acharão que há um estopim de crise na seleção brasileira.

A ansiedade das metralhadoras giratórias

A ansiedade dos jornalistas os leva a se transformarem em verdadeiras metralhadoras giratórias, disparando primeiro para pensar depois. O caso da "barriga" com os sósias de Felipão e do Neymar entrevistados por um experiente jornalista que os tomou como verdadeiros parece comprovar isso. Mário Sérgio Conti viu naquelas supostas estrelas da seleção perdidas em um avião de carreira entre Rio e São Paulo em pleno momento da concentração da Copa do Mundo mais que um furo, mas o germe da suspeita: há algo de errado na seleção, que fez o técnico e sua principal estrela ir para São Paulo enquanto o resto da delegação está em Fortaleza.

Como colunista, Conti é um dos braços armados da grande mídia cujas matérias atravessam toda a linha de produção jornalística como pré-aprovadas pela confiança, experiência e salvo conduto ideológico. A pressão de uma possível Copa do Mundo bem-sucedida e, o que é pior, com a seleção brasileira campeã é o pior cenário em um ano eleitoral onde a grande mídia assumiu o papel ativo de oposição política. E a pressão parece agora atingir também os colunistas, a *pièce de résistance* da Operação Anti-Copa.

Mais não-notícias

Em postagem anterior dizíamos que essa Copa seria a da não-notícia. E até aqui parece que estávamos certos.

A grande mídia começa a adotar duas posições opostas diante da organização bem-sucedida da Copa no Brasil. Primeiro, começa a explicitar um detalhe que é conhecido em qualquer Copa do Mundo: a organização do evento é da FIFA e não do governo do país.

Essa não-notícia é agora revelada em debates para tentar descolar do governo federal o sucesso do evento, quando antes a estratégia era a oposta: o possível fracasso seria unicamente do governo federal.

A outra é a de tentar criar estopins de crises organizacionais entre governo e FIFA como transformar eventos isolados (torcedores que entraram com rojões na Arena Pantanal e chilenos que invadiram o Maracanã sem ingressos) em crise aberta entre FIFA e governo. Expressões como "caixa preta da segurança" para designar o Maracanã e o jornal *Estadão* que aposta numa imagem mais endêmica onde "confusões aproximam Copa do Mundo das Libertadores".

É a velha tática metonímica das bombas semióticas, análoga à forma como as TVs cobriram os ataques do PCC em São Paulo em 2006: o mesmo ônibus incendiando era mostrado diversas vezes em diferentes ângulos a cada entrada ao vivo. O efeito metonímico era o de contágio, como se vários ônibus estivessem incendiando em pontos diferentes simultaneamente.

Em seguida, mais não-notícias: cambistas no entorno dos estádios (um verdadeiro esforço do jornalismo investigativo...) e, por último e não menos importante, a sombra da ilegalidade e das suspeitas de manipulação nos resultados dos jogos da seleção brasileira – a grande teoria conspiratórias nas redes sociais de que o governo estaria comprando o título com o dinheiro do pré-sal: "FIFA monitora Camarões por suspeita de manipulação de jogos".

A grande mídia coloca essa declaração da FIFA em textos ambíguos, genéricos, como se a FIFA suspeitasse de algo impreciso e nebuloso, quando temos uma investigação bem direta e que envolve todos os

     Wilson Roberto Vieira Ferreira

campeonatos de futebol: esquemas para corromper times e jogadores para beneficiar casas de apostas em todo o mundo.

Textos imprecisos que nem mesmo obedecem a regra básica de jornalismo da pirâmide invertida. Assim como no exemplo acima da matéria do IG Esportes que conduz o leitor ao erro de imaginar o germe de uma crise interna na delegação brasileira, da mesma forma o texto do Terra na Copa fornece munição para as conspirações de que os resultados dos jogos da seleção na Copa seriam "comprados".

Wilson Roberto Vieira Ferreira

A simplicidade descolada, coxinhas 2.0 e o novo neoconservadorismo

(19/06/2013)

Diga adeus a nomes de pratos requintados e ornamentais da culinária francesa, se despeça de bikes de alta performance, abandone esportes de elite. Agora prefira osso buco e rabada, bicicletas Caloi 10 dos anos 1970 reformadas e peladas regadas a cervejas artesanais. O coxinha evoluiu para a sua versão "sustentável": a simplicidade descolada. Eles são os novos tradicionalistas, uma simplicidade estudada e "descolada", isto é, de grande valor agregado no mercado cultural. Sua psicografia é hoje explorada pelo marketing tanto político como de consumo – ele aspira à simplicidade, pureza e renovação, muito mais por atitudes do que por ações. Por isso, é campo fértil para crescer o neoconservadorismo: a aversão à Política como algo complicado e, por isso, suspeito e corrupto.

Assim como os Pokemons evoluem para se adaptar melhor às batalhas nos *game cards*, da mesma forma o chamado "coxinha" parece ter evoluído para fazer frente às críticas e rejeições que sempre marcaram a sua cena social: evoluiu para a "simplicidade descolada", um novo tipo humano aparentemente mais "consciente", antenado e sintonizado aos novos tempos mais politicamente corretos e sustentáveis.

Essa sua nova roupagem, esse verdadeiro coxinha 2.0 é o protagonista de uma série de programas da grande mídia e seguido por um séquito de fiéis jovens que se distribuem em inúmeras áreas onde exibem seus requintados gostos pela "simplicidade": gastronomia, bebidas, futebol, bicicletas, moda etc.

Ele pode parecer à primeira vista inofensivo pela sua simplicidade e despojamento nos seu modo de trajar, gostos e opiniões, mas não se engane: como o termo desse novo espécime da fauna urbana designa, sua simplicidade é descolada, quer dizer, meticulosamente estudada nos seus efeitos.

Por isso acumulou um grande capital cultural (ajudado pela grande mídia que o celebriza diariamente) o que acabou, paradoxalmente, convertendo-se num signo de distinção. A simplicidade torna-se cara e valorizada no mercado cultural.

Como veremos abaixo, essa simplicidade descolada se manifesta cultural e esteticamente pelo gosto ao retro e de hábitos culturais do passado, mas não num sentido criativamente irônico e debochado como fazia o pastiche dos pós-modernos. Agora, é no sentido do apego ao tradicional. Eles são os novos tradicionalistas.

Politicamente, manifesta-se no novo tipo de conservadorismo: o da anti-política, por achar a política muito complicada e, por isso, obscura, suspeita e, por isso, corrupta.

O simples descolado aspira pela simplicidade por ver nela pureza e inocência.

A nova gastronomia descolada

Diga adeus a chefes franceses, nomes de pratos rebuscados e a gastronomia ornamental. Osso buco, rabada, dobradinha, pertences de feijoada outrora rejeitados como língua e orelha entram em cena como requintadas iguarias.

Rodrigo Hilbert é o melhor exemplo dessa simplicidade descolada. Modelo, ator e figurinha carimbada no glamour das festas em publicações sobre celebridades, em seu programa na GNT *Tempero de Família* Hilbert bravamente maneja panelas de ferro, fogões a lenha e churrascos de fogo de chão antes de uma pelada regada a cerveja com os amigos – amizade é uma dessas coisas simples da vida.

Jeans (variando para bermudas cargo), camiseta, sandálias havaianas e barba estudadamente por fazer compõem essa tipologia do simples descolado.

Como Hilbert diz, era fascinado pela "comidinha" (o diminutivo é sempre importante no léxico desse espécime urbano-midiático, como, por exemplo, "bistrozinho") da sua avó na infância em Santa Catarina, e, por isso, acabou se apegando à simplicidade da cozinha brasileira.

   Wilson Roberto Vieira Ferreira

Expressões como armazém ou empório passam a designar com um ar retro mercados com produtos de alto valor agregado como produtos naturais, veganos, casas de queijos, vinhos ou pequenos mercados hortifrúti "orgânicos" para a classe média alta – coisas naturais e simples, porém, bem caras.

Felicidade está na simplicidade

Rapidamente o marketing capturou essa tendência do simples descolado. "O que faz você pra ser feliz?", pergunta a rede Pão de Açúcar, com um jingle cantado por Clarice Falcão - ela própria uma musa dos simples descolados, com um jeitinho tímido e com um look de brechó. Rende o seu tributo musical ao estilo que inspira os simples descolados: a música indie-folk norte-americana.

Como os comerciais do Pão de Açúcar mostram, a felicidade está na simplicidade (correr, tomar chuva, rir de qualquer coisa etc.) e a decoração das lojas da rede dizem simbolicamente isso com cenários das lojas simulando rusticidade e os entregadores com boina francesa tradicional pedalando bicicletas com baú dianteiro, emulando os entregadores do comércio de início do século XX.

Mas, é com o comercial do Itaú que a simplicidade descolada adquire tons mais épicos: "#issomundaomundo", vemos em hashtag na comunicação do banco. O mundo mudará a partir de ações simples e básicas como andar de bike, contar estórias para crianças ou ouvir música. Aliás, a verdadeira música que agrada o simples descolado é a ideia de que cada uma faz a sua parte nas coisas simples do dia-a-dia.

E por que isso soa como música? Porque é simples e básico, sem a obrigação do simples descolado ter de se comprometer em ações coletivas de transformação como militância política. No máximo um *like* no Facebook ou a confirmação em um evento na rede social do qual se esquecerá no próximo post. Ele passou a ser um "agente de mudança" porque "tomou uma atitude".

"Eu fiz a minha parte"

"Eu fiz a minha parte" é o mantra da simplicidade descolada, repetido para qualquer tema que exija posicionamento como meio ambiente, política, trânsito etc.

Por um lado foge da pecha de alienado por supostamente ter consciência da pauta dos grandes problemas sociais e, ao mesmo tempo, se esconde nas supostas pequenas ações que mudam o mundo, como se o

Todo fosse a simples soma das partes – bom... mais aí discutir isso é muito complicado para um simples descolado.

Podemos especular que a simplicidade descolada é uma reação das classes médias à ascensão da chamada classe C ao consumo de itens antes restritos como o automóvel, restaurantes, shoppings e aeroportos. Se agora os novos egressos na sociedade de consumo almejam ostentar marcas e grifes, as classes médias reagem ao tornar desejáveis a simplicidade, o básico e o consumo "consciente".

Essa simplicidade meticulosamente requintada e estudada já conta com guardiões de controle de qualidade da "tradição" da simplicidade como, por exemplo, em reality shows gastronômicos na TV como *MasterChef* da Band ou *Cozinheiros em Ação* do GNT. Cozinheiros amadores são desafiados a fazer pratos populares como galinhada goiana, moqueca de pirarucu ou risoto caipira e julgados por chefs famosos que passam a ditar o padrão de qualidade da "simplicidade".

Numa grande manobra etimológica, o popular torna-se "tradicional", como uma nova *commoditie* de grande valor agregado no mercado cultural.

A psicologia da simplicidade descolada

O ponto de partida do perfil psicográfico do simples descolado é o desejo por pureza, bondade e simplicidade infantil, ingênua e dependente. Aspira por renovação, positividade, se reinventar e entrar na terra prometida. Ele possui um sentido místico de unidade (obviamente explorado pela comunicação do Itaú com a filosofia do "faça sua parte" para mudar o mundo) onde a inocência vem de valores de integridade e não da experiência com o mundo externo. Ele quer ter apenas uma "atitude", apenas "ser" e não fazer.

Por isso torna-se o campo fértil onde germina a semente das soluções aparentemente simples: o discurso da corrupção, a hostilidade à política, a panaceia da sustentabilidade como ideia que renovaria o mundo, o apego às novas tecnologias onde tudo possa ser resolvido à distância com apenas um clique.

O problema é que o simples descolado, embora pareça ser antenado e crítico, desconhece que por trás dessas soluções simples subjaz um mundo público da complexidade, das lutas, correlações de forças e interesses bem concretos de classes e corporações. Assim como por trás das brilhantes interfaces descoladas dos gadgets tecnológicos existe uma batalha

    Wilson Roberto Vieira Ferreira

cibernética entre códigos fontes e algoritmos entre grupos que lutam pelo controle e poder.

Concluindo, esse novo tipo urbano, hoje tão paparicado pelo marketing político e de consumo, é mais uma mutação do conservadorismo que, afinal, sustenta todos os sistemas. Nos anos 1970 tivemos o tipo *alienado*: aquele que simplesmente ignorava a política em pleno momento da ditadura militar e das perseguições e torturas. Preferia consumir a *disco music* ou qualquer novidade da cultura pop importada dos EUA.

Nos anos 1980, tivemos os *Yuppies*: jovens profissionais urbanos ambiciosos, materialistas e consumistas. Tinham uma posição política até clara – o ultra-neoliberalismo representado por Ronald Reagan, Margaret Thatcher e Rambo, personagem cinematográfico do Silvester Stallone.

Nos anos 1990 surgem os *Mauricinhos* com suas camisetas Lacoste. Apoiavam FHC e as políticas de privatizações para garantir o sonho da telefonia móvel e da Internet discada...

Chegando aos 2000, vimos o surgimento dos *Roberts*, loucos por celebridades e o desejo de ver e ser visto, produto psicográfico da era dos *reality shows*.

E agora vemos a ascensão dos coxinhas e a sua rápida evolução "sustentável": a simplicidade descolada.

Explode a bomba semiótica
da não-notícia

(06/08/2014)

Apesar das previsões catastróficas a Copa do Mundo foi um evento bem-sucedido. As grandes manifestações de rua declinaram. E as eleições se aproximam, mostrando uma oposição política cada vez mais inepta. Pressionada, a grande mídia lança a "piece de resistance" do seu arsenal de bombas semióticas, testada durante a Copa: a não-notícia, blefe turbinado pelos "efeitos de realidade" - estratégia semiótica de produzir uma sensação de verossimilhança através de imagens e sons propositalmente "sujos" que, numa televisão de alta definição, ganha uma conotação "investigativa" ou de "denúncia". E as supostas denúncias da revista "Veja", repercutidas de imediato pela grande mídia, sobre a "farsa da CPI da Petrobrás" são os primeiros estilhaços das não-notícias na opinião pública, apontando a necessidade urgente de combate a um novo analfabetismo: o midiático-visual.

Em plena televisão digital de alta definição se repetem em telejornais e congêneres imagens granuladas em preto e branco, câmeras com imagens desfocadas e trêmulas e infográficos toscos reproduzindo supostos diálogos telefônicos e microfones escondidos com áudios sujos e trechos inaudíveis acompanhados de legendas.

Na medida em que as eleições se aproximam, a Copa do Mundo foi organizacionalmente bem-sucedida (apesar das previsões catastróficas). As grandes manifestações de rua acabaram e a oposição política ao Governo se demonstra cada vez mais inepta.

A grande mídia lança a *pièce de résistance* do arsenal das bombas semióticas: o blefe das não-notícias, turbinadas por uma estratégia que, em tempos de paz, a televisão sempre utilizou de forma discreta e esparsa: aquilo que o semiólogo francês Roland Barthes chamava de "efeitos de realidade" – detalhes semioticamente estratégicos para produzir uma sensação de verossimilhança principalmente em telejornais – leia BARTHES, Roland, *S/Z - Um Ensaio*, Edições 70, 1999.

Harmonizar detalhes autenticadores que criam uma espécie de ilusão de ótica de verdade que passa a ser mais importante do que o mero fato de que esses detalhes existam.

O teste na Copa do Mundo

Essa nova bomba semiótica começou a ser testada durante a Copa do Mundo. A grande mídia percebeu desde a partida inaugural na Arena Corinthians que o evento seria um frustrante sucesso – tanto é verdade que depois de uma semana de Copa, começou a transferir para a mídia internacional a responsabilidade pelas previsões negativas, saindo de fininho pela porta dos fundos. Por isso, começou a testar uma nova modalidade de bomba: a não- notícia

Quem não se lembra do telejornal do *SPTV* que colocou seus "parceiros" para irem de carro à Arena Corinthians em dia de jogo só para confirmar a recomendação contrária da CET. Presos no congestionamento, os "parceiros" registraram imagens em tom de "denúncia", usando efeitos de realidade (câmeras trêmulas, imagens desfocadas, áudio picotado etc.). Ou então as imagens precárias e granuladas em PB de micro câmeras para denunciar a grande revelação nas imediações do estádio do Maracanã que comprovaria o caos da organização da Copa no Brasil: cambistas (ah, vááá!!!), figura tão comum no futebol brasileiro quanto pasteleiros nas feiras livres.

A bomba semiótica da CPI da Petrobrás

Pois agora, depois do período de testes, essa nova modalidade de bomba semiótica entra em ação para valer na última edição da *Veja* e repercutida, como de hábito, pela grande mídia: a "Grande Farsa da CPI da Petrobrás" – o "vazamento" das perguntas que seriam feitas pelos senadores aos investigados.

E a prova do "crime" repetida nos telejornais: imagens precárias (isso é retoricamente importante) de 2 min40 seg feitas por uma caneta espiã onde um chefe da Petrobrás e o advogado da estatal discutem estratégias dos convocados que iriam depor na CPI. E para a revista, a estratégia se consistia em soprar aos convocados perguntas que os senadores fariam.

Se na escaladas das grandes manifestações de rua iniciadas em junho do ano passado presenciamos as estratégias de *dissimulação* da grande mídia (turbinar os acontecimentos através de estratégias de edição, montagem e angulação de textos e imagens), agora com essa nova bomba passamos a uma tática radical: a *simulação* ou blefe – a revista diz que possui algo que na verdade não existe.

O que a grande mídia "descobriu" foi uma prática corporativa muito comum nas grandes empresas nos seus relacionamentos com a mídia: o *media training*, aliás, fonte de complementação de renda para muitos jornalistas: treinar empresários e executivos a lidar com as perguntas de repórteres e saber se posicionar diante de câmeras e microfones. E mais: o *media training* da Petrobrás se baseou em informações públicas disponíveis no site do Senado Federal – perguntas centrais (que vão gerar outras perguntas durante as sabatinas), nomes dos convocados e documentos que servem de base para a investigação.

O sexo dos anjos e o analfabetismo midiático

Esse episódio lembra também a grande "revelação" da mídia após a vitória de Lula nas eleições de 2002: a imagem do candidato na campanha foi criada por um marqueteiro chamado Duda Mendonça. Num esforço investigativo a grande mídia "descobriu" o sexo dos anjos: a existência do marketing político, tão comum na chamada democracia Ocidental quanto a existência de hóstias em igrejas e divulgou isso como uma espécie de "denúncia" de um suposto artificialismo de Lula.

A bomba semiótica da não-notícia lembra a gíria jornalística do "dar pernas prá notícia". Mas aqui temos algo mais: uma sofisticada articulação de efeitos de realidade para a criação de impacto.

O ponto de partida do blefe dessa bomba é, como não poderia deixar de ser, a ignorância do leitor/espectador de subsetores midiáticos especializados como o *media training* e o marketing político – e por isso se faz cada vez mais necessária uma espécie de alfabetização midiática-visual como disciplina curricular para além da alfabetização tradicional.

A semiótica dos efeitos de realidade

A retórica dessas "denúncias" é semioticamente tão carregada ou canastrona que acaba expondo duas realidades: o desespero da grande mídia diante de uma oposição política tão impotente e a incapacidade de amplos setores da opinião pública em perceber o artificialismo de notícias construídas com operações linguísticas tão artificiais. Sem muito esforço analítico, de imediato se percebe os seguintes efeitos de realidade recorrentes nas notícias:

(a) em um ambiente televisivo com imagens em alta definição, telejornais com cenografias futuristas e muita metalinguagem das sofisticadas tecnologias de edição e transmissão, paradoxalmente imagens "sujas", preto e branco, desfocadas e tremidas ganham um inesperado efeito de realismo.

Algo como o movimento *back to vinil* no rock e o som sujo de guitarras grunge em um ambiente de produção musical sofisticado das grandes gravadoras. O realismo vem de imagens supostamente produzidas em condições precárias, difíceis, dando um tom "investigativo" ao trabalho jornalístico.

No fundo estes vídeos de denúncias são metalinguagens de programas globais como *Profissão Repórter* de Caco Barcelos ou *Cena Aberta* dirigido por Guel Arraes, Jorge Furtado e Regina Casé. São herdeiros da onda da estética *reality show* que domina a TV mundial contemporânea. O pesquisador norte-americano Robert Stam já descrevia como os atuais telejornais se transformavam ao narrar notícias em linguagem ficcional cinematográfica onde os apresentadores são atores (com estudadas conotações de solidez e sobriedade) e as escaladas transformam-se em teasers hitchcockianos. Mas hoje vai além dos atributos da ficção: eles são agora, literalmente, ficção – leia STAM, Robert, "O Telejornal e Seu Espectador", em *Novos Estudos Cebrap* número 13, outubro, 1985, p 74-87;

(b) A precariedade do áudio das canetas espiãs ou microcâmeras digitais confere ainda mais o tom "investigativo" ou de "denúncia". O curioso é que mesmo quando a voz é audível, são inseridas legendas para criar um evidente efeito de realismo documental;

(c) Infográficos toscos onde didaticamente se transcrevem conversas telefônicas ou áudios de microfones escondidos com muitos chiados e ruídos (o precário como efeito de realidade). Os infográficos retoricamente dão um tom de dossiê *top secret*;

(d) O tom patibular ou de gravidade dos apresentadores de telejornais (por exemplo, os olhos apertados de William Bonner e as sobrancelhas erguidas da Patrícia Poeta no *Jornal Nacional*). O mais importante é a ambiguidade de declarações como "procurado pela reportagem o diretor

   Wilson Roberto Vieira Ferreira

fulano de tal não foi encontrado..." sugerindo o ardil do acusado em fuga.

Se o acusado emite uma nota pública de resposta às supostas denúncias, como a Petrobrás o fez, ela é lida como nota impessoal. A resposta anunciada de forma burocrática evidentemente fica em desvantagem diante dos efeitos de realidade construídos pela acusação;

(e) Pessoas dando depoimento para as câmeras e em contraluz com a voz distorcida para impedir a identificação. Um poderoso efeito de realidade, pois dá uma conotação criminógena a qualquer suposta denúncia, além de criar a moderna estética do "jornalismo investigativo";

(f) O efeito de realidade da consonância: o Jornal Nacional cita a revista *Veja* e, logo depois, outros telejornais e portais de Internet repercutem a citação do telejornal global. Isso cria o efeito de acumulação, consonância e onipresença: se todas as mídias dão a notícia, então é real. Essa estratégia semiótica é comum nos telejornais quando da cobertura de acontecimentos importantes e a citação da sua repercussão na imprensa internacional. Efeito de realidade = credibilidade.

Portanto a bomba semiótica da não-notícia revela não só o problemático analfabetismo midiático-visual do público que se torna presa fácil dos fragmentos da explosão dessa bomba, como também a natureza ilusória dos telejornais atuais: o critério de verdade foi substituído pelo de credibilidade.

O pesquisador Robert Stam já apontava que todos os telejornais são agradáveis – eles são construídos para nos dar o prazer da ficção. Não importa se as notícias são boas ou más, elas são construídas para nos proporcionar o prazer da linguagem ficcional, como em um filme ou novela – narrativas carregadas de efeitos de realidade para que o roteiro faça o espectador esquecer, nem que seja por duas horas, que o que ele vê não é real. Por isso os efeitos de realidade criam muito mais credibilidade do que a certeza de que estamos vendo a verdade dos fatos – se a TV falou, então é verdade.

Por isso, essa bomba semiótica da não-notícia, talvez a última do arsenal da grande mídia, seja a mais frágil de todas: o efeito do prazer ficcional é de curto prazo porque é especular e catártico – um prazer que se consome após a sua exibição, ainda mais em momentos em que a credibilidade da grande mídia tradicional experimenta declínio na concorrência com as mídias digitais.

O "escândalo da Wikipédia" e a autofagia da TV Globo

(09/08/2014)

O "escândalo da fraude da Wikipédia" é a confirmação de que nada mais resta para a grande mídia do que a bomba semiótica da não-notícia. Em nova "denúncia" jornalistas Miriam Leitão e Carlos Sardenberg tiveram seus perfis na enciclopédia virtual Wikipédia "fraudados" com a inserção de difamações e críticas. E tudo teria partido do endereço virtual "da presidência"... ou teria sido "do Palácio do Planalto"... ou, então, "de uma rede pública de wi-fi?". A ambiguidade dá pernas à não-notícia que revela um insólito desdobramento de um jornalismo cuja fonte primária (a Wikipédia) nega a si própria como fonte confiável de investigação. Abre uma surreal possibilidade de um tipo de jornalismo que se basearia exclusivamente em fontes onde o próprio repórter pode criá-las para turbinar a sua pauta. E de quebra revela o momento autofágico da TV Globo que oferece suas próprias estrelas jornalísticas em sacrifício no seu desespero de ter que lutar em duas frentes simultâneas: a política e a audiência.

Com o "escândalo Wikipédia" e a perspectiva de uma hilária "CPI do wi-fi" está se confirmando que na atual batalha semiótica pela opinião pública a única arma que restou para a grande mídia é a da *não-notícia* – sobre esse conceito veja no "Glossário" o conceito de "não-acontecimento".

O jornal *O Globo* deu a manchete ("Planalto altera perfil de jornalistas com críticas e mentiras") e a TV Globo repercutiu nos seus telejornais durante todo o dia a "notícia" de que os perfis dos jornalistas Carlos Alberto Sardenberg e Miriam Leitão na enciclopédia virtual foram alterados com o objetivo de criticá-los. E o IP (endereço virtual) de onde partiram as alterações era da rede do Palácio do Planalto.

As supostas "críticas" inseridas no perfil dos jornalistas qualificam as análises e previsões econômicas de Miriam Leitão como "desastrosas" e de ter defendido "apaixonadamente" os ex-banqueiro Daniel Dantas quando foi preso pela Polícia Federal em escândalo de crimes contra o patrimônio público. E o jornalista Sardenberg de ser crítico à política econômico do governo por ter um irmão economista da Febraban que tem interesse em manter os juros altos no Brasil.

Três características chamam a atenção nessa segunda detonação seguida de uma bomba semiótica da não-notícia (a anterior foi a tentativa de transformar a existência do media trainning na Petrobrás em escândalo político): a irrelevância, o timing e o tautismo.

Wikipédia é relevante?

Como a própria Wikipédia já admitiu, a enciclopédia não deve ser utilizada como fonte primária de investigação. Jimmy Walles, cofundador da Wikipedia, afirmou que "enciclopédias de qualquer tipo não são apropriadas como fontes primárias, e não devem ser invocadas como autoridades".

Pelo seu caráter colaborativo onde qualquer usuário pode alterar o conteúdo dos verbetes, o uso da Wikipédia não é aceito em escolas e universidades. No máximo é utilizada como indicadora para fontes externas. Mas repentinamente para a grande mídia a Wikipédia passou a ter uma surpreendente relevância como documento primário de investigação.

Como "dar pernas" à não-notícia?

Estamos na típica situação jornalística em que se tenta "dar pernas" para a notícia que, em si, não possui relevância. A melhor forma de dar algum gás à não-notícia é por meio da retórica da ambiguidade.

A matéria do jornal *O Globo* ora fala que o IP era da "Presidência da República", ora do "Palácio do Planalto", ou também de "computadores do Palácio" e "IP da Presidência" para no final diluir tudo no "endereço geral do servidor da rede sem fio do Palácio do Planalto". Naturalmente o teaser é dado pela manchete e primeiro parágrafo que tentam aproximar ao máximo o fato (irrelevante em si mesmo) da figura da presidente da República. Se o leitor persistir a leitura até o final da matéria, perceberá a diluição do próprio impacto noticioso.

Qual a matéria-prima dessa suposta notícia? De um lado a própria enciclopédia virtual que é até cautelosa consigo mesma e do outro uma rede wi-fi pública. Com isso se projeta a possibilidade de que se alguém

     Wilson Roberto Vieira Ferreira

alterar o perfil do governador Geraldo Alckmin em rede wi-fi pública insta-
lada pela prefeitura de São Paulo, o gabinete do prefeito seria responsabili-
zado... A matéria abre uma surreal possibilidade de um tipo de jornalismo
que se basearia exclusivamente em fontes primárias de investigação onde o
próprio repórter pode criar para turbinar a sua pauta.

O timing do escândalo

Outra coisa que chama a atenção é o timing da detonação
dessa bomba semiótica. Supostamente o "fato" teria ocorrido nos dias 10 e
13 de maio e somente agora é "revelado". Desde então, os perfis da Wikipédia encontravam-se alterados, sem haver qualquer tipo de escandalização –
o que demonstra a "relevância" da enciclopédia virtual. Nesse momento,
outras bombas semióticas estavam em andamento na Operação Anti-Copa
(manifestações de rua, black blocs etc.). A não-notícia foi guardada no paiol
de armas semióticas da grande mídia, aguardando o momento propício para
a detonação, que acabou sendo na sequência da suposta fraude da CPI da
Petrobrás.

É para turbinar a não-notícia dos "perfis fraudados" da Wikipédia (como pode haver "fraude" se a enciclopédia é colaborativa?), a
manjada estratégia da chamada *agenda setting* que até aqui o Governo federal mantêm-se inacreditavelmente refém:

A não-notícia é repercutida pela imprensa ao "noticiar" que
políticos de oposição pedem que a Procuradoria Geral da República apure
a "denúncia"; ou divulgando a "preocupação" de órgãos como Associação
Brasileira de Imprensa, Associação Nacional de Jornais e Federação Nacional dos Jornalistas.

O que exige uma resposta institucional da Secretaria de Comunicação do Governo, dando legitimidade e combustível à não-notícia da
"fraude da Wikipédia".

Um escândalo tautista

Outra característica dessa não-notícia é que ela revela não
só o desespero da grande mídia em ter que continuamente rebocar uma oposição política inepta como também o próprio *tautismo* da Organizações
Globo.

Por *tautismo* nos referíamos em postagem anterior a um momento de crise que a Globo enfrenta revelada por uma combinação de tautologia com autismo, por meio do conteúdo da sua programação cada vez
mais autorreferencial e metalinguístico – sobre "Tautismo" consulte a sessão

"Glossário" desse livro.

Quando a emissora oferece as própria estrelas do seu jornalismo como supostas vítimas no *script* de uma não-notícia (repare na matéria do *Jornal Nacional* como o depoimento de Miriam Leitão foi feito com a câmera pegando-a de cima para baixo para reforçar a ideia de vitimização e fragilidade), é que estamos diante de uma situação análoga ao caso de um indivíduo que, sob condições extremas de fome ou de alteração do metabolismo basal, o corpo começa a entrar em processo catabólico (processo de degradação onde o corpo começa a consumir seu próprio tecido muscular).

Essa autofagia da TV Globo pode ser percebida nessas seguintes características que tornam a não-notícia da "fraude da Wikipédia" num exemplar caso de tautismo global:

(a) ao colocar seus próprios jornalistas como vítimas de uma armação cibernética, a Globo insere essa não-notícia na sua tradicional linha editorial de criminalização da Internet. Em geral nos seus telejornais, a Internet é pautada em seus aspectos negativos e difamatórios (crimes, vício, fraude etc.). Afinal, a mídia digital é o grande vilão da crise de audiência da TV aberta e concorrente direto da mídia tradicional.

(b) A insólita edição do Jornal Nacional do dia 08/08 onde um repórter entrevista outro jornalista da própria emissora, acaba revelando uma situação comum na cobertura de eventos extensivos como Copa do Mundo e Olimpíadas: na falta de assunto, jornalistas entrevistam-se entre si. No atual cenário eleitoral com uma frágil oposição política, a grande mídia começa a consumir a si mesma ao oferecer seus próprios integrantes como matéria-prima das bombas semióticas.

(c) Essa não-notícia revela também ser nostálgica: reviver os antigos fantasmas da censura, do controle da Imprensa por governos autoritários e toda a mitologia da extinta Guerra Fria – as supostas ditaduras comunistas como a cubana onde não haveria liberdade de imprensa e os jornalistas críticos seriam cruelmente perseguidos.

(d) O episódio guarda uma impagável ironia com a jornalista Miriam Leitão. No meio jornalístico ela é conhecida como "urubóloga" por suas apocalípticas previsões para o País que nunca acontecem e pela forma como gagueja e engole seco quando é obrigada a dar notícias econômicas positivas nos telejornais da TV Globo. A "fraude" do verbete "Miriam Leitão" revela essa fina ironia autorrealizadora: numa suprema metalinguagem, a emissora brinca com a própria notoriedade pública da sua jornalista.

 Wilson Roberto Vieira Ferreira

Marina e as novas bombas semióticas do "Sim!" e do "Storytelling"

(31/08/2014)

O trágico mergulho fatal do Cessna Citation em Santos não só mudou o cenário eleitoral como modernizou o arsenal de bombas semióticas midiáticas. No momento em que a grande mídia esgotava sua estratégia semiótica ainda condicionada pela Guerra Fria (criar a percepção de caos e pré-insurreição ao anabolizar as manifestações de rua), eis que surge Marina Silva com o mix de ambientalismo, fundamentalismo religioso e neoliberalismo potencializado por duas poderosas bombas semióticas saídas diretamente do atual kit linguístico de manipulação do mundo corporativo globalizado: a bomba do "Sim!" e a bomba neuromarketing do "Storytelling". O problema para os marqueteiros é que Marina Silva não é um candidato à venda, mas uma narrativa sincromística oferecida para pessoas sedentas por histórias que seduzem mais do que os dados frios e duros da realidade.

Quem não se lembra do personagem Church Lady feito pelo comediante Dana Carvey no quadro chamado Church Chat no programa Saturday Night Live de 1986-1990? Sempre preocupada com as conspirações de Satã nesse mundo, Church Lady sempre soltava um bordão irônico ao perceber satânicas coincidências: "How con-VEEN-ient!" ("Tão conveniente!").

É difícil não perceber a extrema feliz coincidência e conveniência no trágico acidente aéreo de Santos que vitimou o candidato à presidência Eduardo Campos: foi um divisor de águas no cenário eleitoral, substitui um combalido Aécio Neves pelo fator novidade de Marina Silva e, principalmente, renovou de uma hora para outra o arsenal de bombas semióticas justamente a poucos meses das eleições. Exatamente num momento em que se iniciava a propaganda eleitoral na TV com a candidata à reeleição ocupando a maior fatia de tempo para mostrar suas realizações.

Como vimos em uma série de postagens, desde as grandes manifestações de rua de junho do ano passado a grande mídia apostou em um tipo de bomba semiótica que criasse no contínuo midiático uma percepção de caos, desordem e de um país em um estado pré-insurrecional: **fusca incendiando** com família inteira dentro, **índios invadindo** Brasília, sinistros **black blocs**. Tudo acompanhando pelo suposto crescimento endêmico da **inadimplência** e da disparada do **preço do tomate** – leia os capítulos referentes a essas bombas semióticas; consulte a sessão "Sumário".

O inesperado (para a grande mídia) sucesso da Copa no Brasil, tornou extemporânea uma pretensa escalada de manifestações nas ruas que incendiaria o cenário eleitoral.

Mas o mergulho fatal do jato Cessna Citation em Santos mudou de um só golpe uma eleição que caminhava para uma decisão ainda no primeiro turno. De certa forma, foi a bala de prata que tanto a grande mídia esperava na Copa do Mundo e que saíra pela culatra.

A modernização do arsenal semiótico

Talvez ainda condicionada pelo *modus operandi* midiático desde os tempos de IPES-IBAD de 1962-64 e de toda estratégia de desestabilização política que resultou na queda de João Goulart e o golpe militar, a grande mídia tentava atualizar as velhas bombas semióticas paranoicas com sabor de Guerra Fria. Era necessária uma modernização radical, que somente poderia vir do arsenal semiótico globalizado e corporativo do pragmático mundo do capital financeiro por trás da candidata Marina Silva.

O mix de ambientalismo, fundamentalismo religioso e neoliberalismo no programa da candidata do PSB vem potencializado por duas poderosas bombas semióticas saídas diretamente do atual kit linguístico de manipulação de multidões: a bomba do "Sim!" e a bomba neuromarketing do "Storytelling" – sobre o conceito de "Kit linguístico de manipulação" leia o capítulo "As 10 Técnicas do Kit Semiótico de Manipulação das Multidões".

A bomba do "Sim!"

Quem se aproximou mais dessa constatação foi Ciro Gomes em uma entrevista ao jornalista Kennedy Alencar: "O discurso de Marina é uma tragédia porque é fragmentado, porque ela fala de valores muito caros e com

     Wilson Roberto Vieira Ferreira

muita decência e honestidade. Por isso é uma tragédia. Ela tem valores corretos: está preocupada com os índios, com os passarinhos, calangos, bagres... mas é um valor fragmentário. Como estadista deveria encontrar um equilíbrio entre meio ambiente e geração de energia. Mas ela é contra tudo".

Ciro Gomes conseguiu levantar uma das chaves semióticas do discurso de Marina Silva: a bomba do "Sim!". Essa estratégia linguística surge da tática corporativa da busca dos "temas globais de consenso": temas de fácil adesão, porque ninguém pode dizer "não!". Porém, são temas colocados de forma fragmentada, descontextualizada e, principalmente, despolitizada.

A publicidade e o marketing globais se tornaram autoconscientes. Já absorveram a principal crítica que é feita ao mundo das imagens publicitárias: a alienação e a inexistência de consciência social. Críticas como as feitas pelo fotógrafo das campanhas da Benetton Oliviero Toscani, principalmente em seu livro *A publicidade é um cadáver que nos sorri*, onde acusa o mundo publicitário de alienante e distante dos problemas sociais, são levadas em consideração no cálculo dos choques culturais que determinadas campanhas possam ter no mercado mundial.

Por isso o marketing global incorpora temas como AIDS, pobreza, violência, consciência ecológica, trabalho infantil e associa os mais diversos produtos a estas causas para criar uma imagem de engajamento e preocupação política e social. Como as campanhas globalizadas podem adotar temas tão polêmicos que, potencialmente, podem prejudicar os negócios ao criar críticas e oposições ideológicas? Simples: despolitizam-se estes temas ao serem tratados de forma genérica ou abstrata, produzindo imediata adesão e simpatia nos consumidores de todo o planeta.

Ninguém pode ser a favor da destruição da camada de ozônio, da pobreza no terceiro mundo ou do trabalho infantil. São temas que criam consenso instantaneamente.

"Yes, We Can": o grau zero do signo

Por exemplo, o que dizer de eventos como o Rock in Rio promovido pela América on Line em 2001 cujo slogan era "Por um Mundo Melhor"? O slogan era de fácil adesão: quem pode ser contra esta ideia? Contudo, para a audiência "Um Mundo Melhor" foi apenas mais um outro slogan, engolido pelo mar de logotipos de 15 patrocinadores espalhados por todo o local. COMO fazer um mundo melhor? Isso jamais foi discutido entre um show e outro.

A bandas de rock U2 em 2004 fez uma série de shows em prol do perdão da dívida do Terceiro Mundo como a única forma de acabar com a fome e a pobreza. Mas, em coletivas com a imprensa, o líder da banda Bono Vox nunca propunha COMO poderia ser operacionalizado este perdão das dívidas externas.

Tudo permaneceu no plano dos slogans, evitando politizar a questão porque, afinal, a banda U2 tem fãs de diferentes matizes ideológicas. Propostas concretas poderiam gerar polêmicas prejudiciais às metas mercadológicas globais da banda e da gravadora.

Quando Obama na sua campanha presidencial em 2008 bradou o slogan "Yes, We Can!" colocava em prática essa poderosa bomba semiótica: genérica, afirmativa, de fácil adesão porque fragmentada. Tão genérica que nenhuma crítica ideológica consegue confrontá-la. O grau zero do signo. Semioticamente perfeita!

"Storytelling" e Neuromarketing

Vários estudos ao longos dos anos, e confirmado por pesquisa da Nielsen em uma série de Workshops em 2004, demonstraram que os consumidores querem uma conexão mais "pessoal" com as informações – os nossos cérebros se envolvem muito mais facilmente com narrativas do que com fatos ou números duros e frios.

Através dos mapeamentos neuronais realizados por neurologistas feitos com pessoas diante de peças publicitárias, descobriram que quando lemos histórias, não só as partes linguísticas do cérebro se acendem, mas também outras partes são sensibilizadas como se estivéssemos realmente experimentando o que estamos lendo.

O que isto significa é que é muito mais fácil para nós lembrar histórias do que os fatos frios e objetivos porque os nossos cérebros fazem pouca distinção entre uma experiência que estamos lendo sobre o que está realmente acontecendo. Além disso, nossos cérebros são incrivelmente ávidos de histórias. Passamos cerca de um terço de nossas vidas em devaneios - nossas mentes estão constantemente à procura de distrações.

Para o atual marketing político, o candidato deixou de ser um produto à venda: ele precisa agora de uma narrativa, estar inserido em uma experiência contada por meio de uma história. Como vimos em postagem anterior, após o acidente aéreo de Santos a candidata Marina Silva se inseriu em uma sedutora narrativa sincromística: o destino manifesto, o imponderável, o destino de uma mulher saída do coração da Amazônia com uma pauta de temas de imediata adesão (a bomba do "Sim!") – sobre essa bomba lei o capítulo "As 10 Técnicas do Kit Semiótico de Manipulação".

A declaração de Caetano Veloso no Facebook para sua adesão à Marina Silva deu a perfeita composição da *storytelling* arrasa quarteirão que impulsiona a candidatura: "o primeiro postulante de pele escura. Com seus elegantes traços, resultado óbvio da mistura de cafusos com mamelucos, Marina, além de vir do coração da Amazônia (onde a lei faz quase desesperados esforços para instalar seu império), da luta ao lado de Chico Mendes, da fase heroica do PT, ela significará a chegada de evidentes fenótipos negros no posto da Presidência da República.

Assim como a bomba semiótica do "Sim!", a tática do *Storytelling* é refratária a qualquer crítica ideológica. Como Ciro Gomes alertou, "é politicamente deseducadora".

O problema é que enquanto os marqueteiros de Dilma Rousseff e Aécio Neves ainda veem os seus clientes como produtos à venda, Marina Silva é impulsionada pelas mais recentes táticas semióticas e de neuromarketing do mundo globalizado corporativo. Marina Silva não é um produto, é a sedutora narrativa do "Sim!".

O problema é que também as *storytelling* nos contam que sempre depois da sedução do canto das sereias, vem o naufrágio.

Professora da PUC aponta suposto perigo subliminar das ciclofaixas em SP

(13/09/2014)

A professora da PUC/SP e uma das principais especialistas em Semiótica no Brasil, Lucia Santaella, alertou em rede social que as ciclofaixas pintadas de vermelho em São Paulo são "uma descarada propaganda vermelha do PT, provavelmente encomendadas do diabo em pessoa" e recomenda que prefeito e assessores leiam sobre Semiótica para descobrirem o quanto essa diabólica cor afeta o sistema nervoso central dos incautos cidadãos. Curiosa semiose seletiva da eminente pesquisadora e da grande mídia: quando bicicletas são da cor laranja com o logo de um conhecido banco chama-se "projeto de sustentabilidade"; mas quando ciclofaixas são pintadas de vermelho pelo poder público viram demoníacas propagandas políticas subliminares. Mas a discussão sobre cores, Semiótica e Neurociência pode ser um mero sintoma de algo mais profundo: a zona cinza do conservadorismo.

Cuidado, incauto leitor. Você talvez não tenha percebido, mas está em andamento nesse exato momento uma sórdida estratégia de espalhar mensagens subliminares pelas ruas de São Paulo: estranhas faixas vermelhas, supostamente ciclofaixas, seriam na verdade uma estratégia subliminar para furtivamente direcionar a intenção de voto dos cidadãos para o partido do maquiavélico prefeito da cidade, o PT.

Em seu perfil no Facebook a professora Lucia Santaella (titular do Programas de Pós-Graduação em Comunicação e Semiótica e Tecnologias da Inteligência da PUCSP e autora de diversos livros adotados em inúmeras faculdades de comunicação pelo Brasil afora) acusou que "essas faixas não passam da mais descarada propaganda vermelha do PT".

E mais, reivindica que os assessores do diabólico prefeito estudem Semiótica para compreenderem as terríveis consequências no aparelho sensório humano: as "horrendas faixas vermelhas, provavelmente encomendadas do diabo em pessoa", diz a eminente professora, "não passam de "pura poluição visual para punir olhos e mentes", cujo efeito é afetar o sistema nervoso central: "Não poderia ele mesmo [o prefeito, e não o diabo – observação minha] ou seus fantasiosos assessores estudarem um pouquinho só de Semiótica para compreender o efeito das cores no sistema nervoso central?

Santaella suspeita da inutilidade das ciclofaixas "em ruas íngremes, impossíveis de serem pedaladas nem mesmo por campeões olímpicos" (parece que a Semiótica desconhece a existência de bicicletas munidas de câmbio). Se elas são inúteis, então essas faixas vermelhas somente poderiam ter um propósito: a propaganda política subliminar.

Ciclofaixas viram "obsessão"

O arroubo patriótico da eminente escritora e professora da PUC em denunciar tão sórdido e ardiloso plano talvez sequer imaginado pelos artífices da Guerra Fria se junta a uma onda através das redes sociais de levantar suspeitas sobre as licitações e empresas que fornecem latas de tinta, tartarugas amarelas etc. para a instalação das ciclofaixas. Uma repentina e seletiva onda de preocupação cívica com o dinheiro público.

Enquanto isso a grande mídia, em pleno romance amoroso com Marina Silva e toda a história de ambientalismo e sustentabilidade abraçada repentinamente pelo mundo corporativo e financeiro, vê perplexa a realização em ritmo acelerado dos 400 km de ciclovias prometido pelo prefeito Fernando Haddad. Isso também não seria "sustentabilidade"?

Não para a grande mídia. Se um banco como o Itaú espalha estações de bicicletas da Bike Sampa pela cidade a mídia chama de "projeto de sustentabilidade", mas quando a Prefeitura da cidade de São Paulo expande rapidamente a malha de ciclovias e ciclofaixas, acaba virando "obsessão".

"Polêmicas, ciclovias viram obsessão dentro da Prefeitura de São Paulo", dá manchete o jornal *Folha de São Paulo*. "Obsessão" e "mania" transformam-se em designações negativas para um projeto "sem critérios, polêmico e autoritário". Como se de repente o prefeito sofresse de algum surto neurótico.

 Wilson Roberto Vieira Ferreira

"Às vezes um charuto é apenas um charuto"

Retornando à teoria conspiratória da eminente pesquisadora da PUC, sabemos que os pesquisadores de Semiótica possuem um especial fascínio pelo meio urbano: veem a cidade como um imenso texto cujos signos poderiam ser decodificados e seus sentidos, significações e secretas sinfonias e polissemias reveladas.

Mas como disse Freud certa vez, "às vezes um charuto é apenas um charuto". Como podemos observar numa rápida amostragem no Google imagens, as ciclofaixas pintadas em vermelho parecem ser um padrão internacional de sinalização. Ou então estamos diante de uma inacreditável lavagem cerebral comunista em cidades como Winterthur (Suiça), Bristol (Inglaterra), Madison (EUA), e em diversas cidades brasileiras que nem administradas pelo PT são como Curitiba, Santos, Indaiatuba e Porto Alegre.

Santaella parece confundir os conceitos de sinalização, informação e comunicação. Não por culpa do criador da Semiótica Charles Peirce (cuja eminente professora da PUC é no Brasil um dos seus maiores divulgadores), mas provavelmente pelo mix demonstrado por Santaella entre a chamada "síndrome de vira-lata" e o conservadorismo de uma classe média paulistana abraçada ao seu grande símbolo de consumo: o automóvel.

A Semiótica de Santaella parece se escandalizar com pessoas que acreditam viver "em plena Amsterdã", como acusa com indignação. Intelectuais da USP e da PUC viveram a carreira inteira com os corações e mentes voltados para os EUA e Europa.

Afinal, desses lugares vieram as teorias mais caras que se transformaram em dissertações, teses e artigos que pavimentaram suas ascensões acadêmicas.

Muitos deles às vezes se veem como que exercendo uma missão civilizadora em um país atrasado de Terceiro Mundo. Mas de repente, ver esse país querendo aplicar estratégias de mobilidade urbana como fosse "em plena Amsterdã" pode ser demais para uma taxonomia onde cada coisa tem um devido nome e está em seu devido lugar.

Semiótica e Neurociência

Outra coisa que chama a atenção no súbito ativismo digital de Santaella é a aproximação da Semiótica com uma discussão neurocientífica sobre cores e impacto no sistema nervoso central. Novamente, a confusão entre sinalização, informação e comunicação: nem na fenomenologia peirciana da primeiridade há preocupações subliminares com cores. Para

Peirce o sistema nervoso é estimulado simultânea e diversamente, resumindo tudo em um elemento, assim como muitos sons são reduzidos a um acorde. Fazemos uma apreensão sintética da diversidade de dados. Para Peirce, percepções são conclusões, e não impressões.

A discussão sobre cores que Santaella pretende sugerir parece mais voltada às táticas de campos como o do Neuromarketing do que da ciência dos signos.

Mas, vamos aceitar o pressuposto das cívicas advertências de Santaella. Sou usuário diário de bicicleta como meio de transporte. Vou e volto diariamente de casa para as aulas na Universidade em ciclovias e ciclofaixas pintadas de vermelho e lhe digo: desde que abandonei o carro minha qualidade de vida e estado geral de saúde melhoraram. Não consta entre amigos ciclistas que tenham se tornado estressados, agitados ou agressivos depois das faixas vermelhas surgirem nas ruas da cidade.

Pelo contrário, esses sintomas eram observados em mim quando olhava para a cor prata do meu carro...

A zona cinza do conservadorismo

Mas tudo isso que estamos discutindo pode ser inútil. Conceitos como Semiótica, teoria das cores e neurociências no discurso da eminente professora da ciência dos signos talvez sejam meros sintomas de uma coisa mais profunda que em postagem anterior denominei de "zona cinza do conservadorismo", derivado do conceito de "ecologia cinza" do pesquisador francês Paul Virilio: a possibilidade da escalada do conservadorismo paulistano ser explicada através da existência de uma zona cinza ou desconhecida ainda não plenamente explorada nem pela psicologia ou pelas ciências sociais - seria possível os aspectos sensoriais e cognitivos envolvidos nas diferentes acoplagens das pessoas com aparatos como automóvel, computador, celulares etc. moldarem visões de mundo e ideologias?

Quando um motorista dá um "chega prá lá" em um ciclista para que ele reconheça qual o seu verdadeiro lugar na cidade dos signos subliminares tão prezada por Santaella, isso seria o sintoma de uma "cronopolítica": o automóvel molda em seu usuário uma visão de mundo marcada pela estética do painel do carro com seus inúmeros gadgets que dão a ilusão de posse e controle e pelo mundo em travelling através do para-brisa e a janela do carro como uma tela na qual olhamos encapsulados um mundo aparentemente seguro por ser mantido à distância.

Mas apesar de tudo, o brilhantismo da eminente

     Wilson Roberto Vieira Ferreira

pesquisadora Santaella nos deu mais uma lição de Semiótica: o irônico destino dos signos em processos de semiose seletiva – de um lado bicicletas se tornam veículos sustentáveis quando decorados com para-lamas laranja com logo de um conhecido banco; do outro, ciclofaixas vermelhas se tornam "obsessões" demoníacas de uma ardilosa propaganda subliminar com sabor nostálgico de Guerra Fria.

Essa Semiótica...!

A canastrice de Marina Silva e o DNA hollywoodiano

(30/09/2014)

Muitas teorias conspiratórias veem a candidata Marina Silva como um "instrumento de Washington", "a nova direita" etc. Se isso for verdade, não seria tanto pelas teses neoliberais que seu programa de governo defende. Seu DNA não está em Washington, mas em Hollywood. Marina Silva se filia a uma lista de personagens políticos construídos a partir do imaginário coletivo cinematográfico como Hitler e Mussolini (o cinema mudo), Jânio Quadros (Jacques Tati) e Collor de Mello (Gordon Gekko de "Wall Street"). É a "canastrice" na propaganda, noção que a ciência política deveria levar mais à sério: políticos tornam-se verossímeis quando se reconhecem neles elementos de uma certa mitologia pop ou cinematográfica. Mas por que eleitores não percebem o artificialismo das performances exageradas, melodramáticas e esteticamente kitsch, características da canastrice? Talvez porque um século de Hollywood não apenas tenha afetado nossos corações e mentes, mas a própria percepção.

Era 1997. Em plena crise de um escândalo sexual envolvendo o então presidente dos EUA Bill Clinton e uma estagiária da Casa Branca, era lançado o filme *Mera Coincidência* (*Wag The Dog*). O Título em português não poderia ter sido mais feliz pela ironia. No filme, um presidente concorrendo à reeleição nos EUA é envolvido em um escândalo sexual. Com a ajuda de um produtor de Hollywood e um relações públicas cria uma guerra fictícia com a Albânia como estratégia de desvio da atenção.

Um suposto vídeo documental (na verdade produzido em

estúdio como tática diversionista) é exibido pelas emissoras de TV: vemos uma jovem albanesa com um gatinho branco nos braços fugindo de terroristas estupradores em meio ao fogo cruzado de bombas e incêndios.

Tudo muito melodramático, *over*, *kitsch*, estereotipado e com o *appeal* e *look* semelhante às produções medianas de Hollywood e "sitcons" do horário nobre. Apesar disso, jornalistas e a opinião pública mordem a isca do suposto vídeo "vazado" como fosse um vídeo realista.

A cada eleição é sempre necessário assistirmos novamente a esse filme, não apenas pelo tema da manipulação da opinião pública através da mídia, mas como o filme nos mostra a canastrice como a própria essência da propaganda política: as pessoas parecem sempre acreditar em personagens, cenas ou histórias estereotipadas, mal produzidas e, principalmente, repetitivas e clichês. Assim como as pessoas acreditaram no personagem da menina-albanesa-indefesa-com-gatinho-no-colo.

Mera Coincidência nos ensinou que a propaganda política é mal produzida e esteticamente brega, mas, mesmo assim, é crível aos eleitores. Por quê? Talvez alguns subsídios para uma possível resposta estejam no caso Marina Silva e a forma como a construção da sua personagem aproximou-se dos cânones hollywoodianos, tornando-os reconhecíveis e, portanto, fazendo a candidata verossímil para seus eleitores. Na propaganda política não existe a realidade, mas apenas a verossimilhança.

Marina Silva, Washington, Hollywood

Em reportagem especial sobre a campanha eleitoral brasileira, o jornal francês *L'Humanité Dimanche* definiu a candidata Marina Silva como "instrumento de Washington" e "a nova direita brasileira". E o episódio da visita da candidata aos EUA "em busca de novas parcerias", como afirmou, em plena reta final da campanha eleitoral apenas reforçou essa teoria conspiratória.

Marina Silva: a "nova direita" com DNA hollywoodiano?

Mas para esse blog a evidência de que a candidata seria teleguiada pelos EUA não estaria tanto nas teses neoliberais que o seu programa de governo defende - Banco Central independente, recuperação do "tripé econômico" ao custo do sacrifício dos programas sociais para alcançar metas de superávit primário etc.

Para nós, a principal evidência estaria no inconfundível DNA hollywoodiano da construção da personagem Marina Silva: a filha de seringueiros que emergiu da floresta para salvar a Amazônia (ou a "rainforest", expressão com a qual os americanos costumam se referir às florestas tropicais) e, portanto, todo o planeta. A marca indelével da linguagem midiática da indústria do entretenimento norte-americano estaria na canastrice da sua personagem, que repete o mesmo padrão de uma certa mitologia pop.

Canastrice e a Ciência Política

O poder da canastrice é uma noção que deveria ser levada mais a sério pela ciência política. Walter Benjamin afirmava que a estetização da política era a principal estratégia do fascismo: tanto os astros como os ditadores se dirigiram às massas através do cinema.

"A humanidade preparou-se séculos para Victor Mature e Mickey Rooney", também disse outro frankfurtiano, Theodor Adorno, sobre o poder hipnótico dos atores canastrões. Astros do cinema mudo como Chaplin, Max Linder, O Gordo e o Magro e os Keystone Cops prepararam o terreno para as performances caricatas dos ditadores do século XX. Exatamente nesse ponto reside a canastrice na política: certamente Hitler e Mussolini se inspiraram nas gags visuais dos gênios do cinema mudo.

Mais tarde, de forma *overact*, exagerada, *kitsch* e artificial (características da canastrice) trouxeram para a realidade o que viram nas telas. E com trágicas consequências que foram bem além do entretenimento.

Marina Silva é mais um exemplar dessa espécie de hiper-populismo baseado na canastrice política, assim como foi Jânio Quadros (uma versão canastrona de Monsieur Hulot do cineasta francês Jacques Tati) ou Collor de Mello (a reedição canastrona dos yuppies que povoaram as telas do cinema nos anos 1980, como o personagem Gordon Gekko do filme *Wall Street*, 1987).

A construção de uma personagem

Marina possui o que se chama *physique du role* para exercer o papel: magra, olhos fundos, levemente arqueada, com um xale sobre a cabeça e olhar vindo de baixo para cima como um contra-plogee no cinema, sugerindo uma estudada humildade e resignação diante da sua suposta predestinação. A humildade humana diante dos misteriosos caminhos de Deus...

Ela é a reedição de toda uma galeria de santos, heróis, salvadores ou sobreviventes enaltecidos pelo inconsciente coletivo midiático: a foto da menina Sharbat na capa da *National Geographic*, com uma túnica cobrindo a cabeça conferindo um ar beatífico de pureza e resistência; a naturalizada indiana Madre Tereza de Calcutá, beatificada muito tempo antes da Igreja pela mídia...

É a personagem perfeita, porque veio da floresta intocada, pura. Mais uma amostra do DNA midiático norte-americano, chave do novo puritanismo neopentecostal daquele país que criou um fundamentalismo religioso baseado no pensamento ecologicamente correto, como pode ser visto em ação no filme *O Mistério da Rua 7* (*Vanishing on 7th Street*, 2010 – um mix de demônios indígenas, colonização norte-americana e o ideário místico-ecológico da Teoria Gaia.

Um personagem puro e intocado não pode se sujar com a "velha política". Por isso ela deve falar em "nova política" e que vai formar o governo por um conjunto de "notáveis", isto é, aqueles que não foram ainda maculados pela velha política.

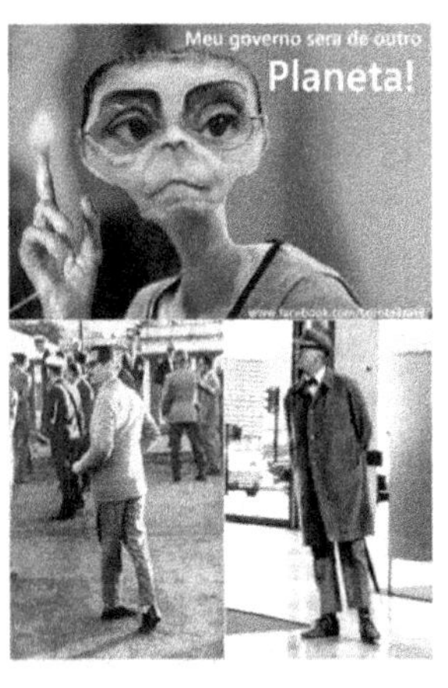

Jânio Quadros e Marina Silva: a força da canastrice está no cinema.

Por isso essa nova canastrice política não dá para ser aplicada em Lula, Dilma ou Aécio. Eles são muito *"hard"* para o DNA hollywoodiano: são produtos do mundo das relações de produção, da política dos confrontos sangrentos ou dos jogos parlamentares. Ao contrário, Marina é *"soft"*, uma figura fortemente icônica, assim como foram Jânio Quadros e Collor de Mello. Tipos físicos perfeitos para desempenharem o papel criado para eles.

Ao mesmo tempo piadas e memes nas redes sociais que apresentam comparações de Marina com o personagem ET do filme homônimo de Spielberg são reveladoras por serem verdadeiros atos falhos: involuntariamente revelam esse secreto DNA hollywoodiano que comanda sua

Wilson Roberto Vieira Ferreira

canastrice: solitária e melancólica, como se fosse a mensageira de uma importante mensagem para nós, assim como o foi o pequeno alien do filme.

Canastrice é uma hiper-realidade?

Em postagem passada, discutíamos os chamados "Sete Dispositivos da Propaganda", denunciados em 1940 mas ainda ativos no marketing político e publicidade – sobre isso pesquise no blog *Cinegnose*.

A questão que levantávamos naquela oportunidade é a mesma dessa postagem: por que ninguém percebe o artificialismo e a canastrice de dispositivos retóricos e estéticos manjadíssimos baseado na *imagerie* do pior que o cinema pode produzir? Por que a opinião pública vê a cada eleição a repetição da canastrice como uma novidade? Por que o reconhecimento de elementos do imaginário cinematográfico em um candidato torna-o verossímil, apesar de toda artificialidade e exagero próprios do ator canastrão?

Um século de cultura visual e do espetáculo fizeram a nossa percepção da realidade ficar invertida. Tomamos o real não a partir dele mesmo, mas tomando como referência imagens anteriormente feitas do próprio real.

Em uma feira de rua vemos uma linda maçã vermelha, brilhante e suculenta. Tão perfeita que não nos conformamos de ser real. "Que maçã linda. Parece até de plástico!" E temos a necessidade de tocá-la para nos certificarmos da sua existência. É a inversão perceptiva pós-moderna. Não percebemos que é o plástico que imita a perfeição da natureza, mas invertemos os referenciais: parece que é a maçã real que imita a sua cópia de plástico. A esta inversão os estudiosos pós-modernos chamam de hiper-realidade.

O artificialismo canastrão de Marina Silva é a resultante dessa cultura audiovisual irradiada para todo o mundo por meio de Hollywood. Vemos fatos reais e os achamos verossímeis por reconhecermos nele ícones do imaginário cinematográfico. Marina, Jânio Quadros, Collor de Mello foram encarnações neoplatônicas do ET, Monsieur Hulot e Gordon Gekko, assim como Chaplin e os Keystone Cops deram vida a Hitler e Mussolini.

Hollywood não apenas atingiu nossos corações e mentes: alterou também a nossa percepção.

A grande mídia ameaça: meu ódio será a sua herança

(26/10/2014)

Tal qual uma serpente, um muro cinza escuro serpenteia o Brasil dividindo o País do Acre ao litoral. É com essa sinistra animação que o infográfico do site da "Folha de São Paulo" chamado "Folhacóptero" explica o cenário eleitoral brasileiro, em um previsível silogismo cuja conclusão é a de que somente os pobres e ignorantes mantêm a candidata Dilma Rousseff na frente das pesquisas eleitorais. Divisão e Muro são as metáforas que a grande mídia sistematicamente vem utilizando para explicar o cenário político. Enquanto publicações estrangeiras como a "The Economist" usam infográficos mais neutros e elegantes para explicar as desigualdades históricas do Brasil, nossa grande mídia usa a imagem do muro, simbolicamente carregada de ódio e separatismo. A grande mídia sabe que vive o fim do seu poder político-financeiro e parece querer deixar para a História o ódio como a sua única herança.

Quem não se lembra do filme clássico do mestre da violência, Sam Peckimpah, *Meu Ódio Será Sua Herança* (*The Wild Bunch*, 1969)? Considerado o sexto melhor western de todos os tempos pela American Film Institute (AFI). O filme é um hino ao crepúsculo da era do Velho Oeste e da figura mítica do cowboy, com um general mexicano aparecendo em um carro vermelho no lugar do cavalo e metralhadoras e pistolas automáticas substituindo o tradicional revólver de seis tiros.

O mau presságio para os protagonistas do filme começa com a célebre cena quando entram em uma cidade e avistam um grupo de crianças que empurram dois escorpiões para um formigueiro para se divertirem com a imagem da violência no meio natural.

Em muitos aspectos nessa reta final das eleições a grande mídia não só se comporta como as crianças do filme de Peckimpah como também vive o crepúsculo de uma era com a crescente concorrência da Internet, a ruína financeira e a perspectiva de uma nova regulamentação com a Lei dos Meios. A grande mídia responde a tudo isso com o ódio, ao criar a percepção de um país dividido e intolerante à beira de uma guerra de secessão.

O muro do "Folhacóptero"

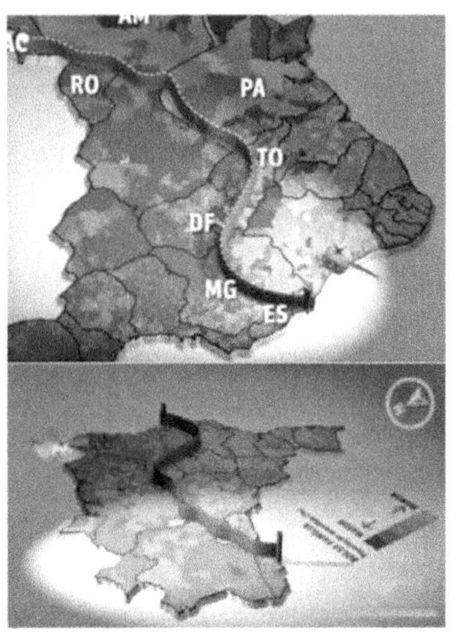

Um muro serpenteia o Brasil

Um sintoma de como a grande mídia parece se divertir como as crianças de Peckimpah é o infográfico animado da Folha de São Paulo "Folhacóptero mostra 'muro' que divide o país em duas realidades". A palavra "muro" é colocada entre aspas, mas na animação ela deixa de ser uma metáfora para se transformar em uma imagem de uma divisão real:

"O folhacóptero sobrevoa com você alguns mapas que ajudam a explicar a divisão do país no primeiro turno das eleições. As desigualdades econômicas criaram um muro invisível separando o Brasil em dois. Ele correria por 8 mil kms (...)".

O mapa sobre o qual o "folhacóptero" sobrevoa sob uma didática e amigável voz feminina é simbolicamente insólito: um muro é como que desenrolado, dividindo estados como Tocantins e Minas Gerais, começando no Acre e terminando no litoral brasileiro.

Um muro cinza escuro que separaria o Brasil mais rico do mais pobre (com destaque para São Paulo, reproduzindo o mito da locomotiva que impulsiona o "Brasil rico").

Ao Sul "mais renda, saúde e educação... e do OUTRO lado do muro municípios com renda, IDH e educação abaixo da média do País, e por isso suas famílias foram as mais atendidas pelos programas sociais do

     Wilson Roberto Vieira Ferreira

governo".

A conclusão óbvia do silogismo da animação é que Dilma mantem-se no poder graças ao populismo e a exploração da pobreza e o baixo nível intelectual daqueles que estão do OUTRO lado do muro.

Alegorias e metáforas da divisão

As desigualdades brasileiras já foram representadas de formas mais irônicas e elegantes, sem o ranço do ódio que a insólita animação da Folha alimenta.

Por exemplo, a expressão "Belíndia": país fictício e contraditório criado pelo economista Edmar Bacha em 1974 no texto "O Rei da Belíndia – uma fábula para tecnocratas" para demonstrar que o regime militar criava um país dividido entre pessoas que moravam em condições similares à Bélgica e aqueles que tinham um padrão de vida semelhante à Índia.

Já a publicação inglesa *The Economist* recupera essa alegoria para falar das mudanças ocorridas no País. Segundo a publicação, o Brasil lembraria uma "Italordânia", com estados onde o PIB per capita equivale a Itália, enquanto outros com renda próxima da Jordânia – leia "Welcome to Italordan", *The Economist*, 12/06/2014, edição digital.

A reportagem da *The Economist* é ilustrada por um infográfico bem mais neutro e elegante do que o retoricamente agressivo e apocalíptico da *Folha*.

Quem está ao Norte e ao Sul do muro?

O inacreditável infográfico animado da *Folha* segue localizando as regiões onde os candidatos Aécio e Dilma tiveram votações mais expressivas como "lado acima do muro", "lado abaixo do muro", "ao sul do muro" etc.

Sempre sugerindo uma divisão radical que, paradoxalmente, o próprio infográfico com as manchas em vermelho, azul e verde desmente, demonstrando como a metáfora do muro é grosseira e retoricamente carregada de ódio parcial.

Na verdade, é mais uma bomba semiótica, não só para criar uma percepção, mas reforçar uma ideologia já pré-existente de que o Brasil vive uma situação pré-insurrecional e de guerra separatista.

Depois de passar 90% do tempo reforçando visualmente

essa percepção, a animação da *Folha* encerra dizendo que, "NO ENTANTO, o Brasil é um só, bolsões de riqueza e pobreza convivem em todos os estados (...)". Inutilmente, o insólito vídeo tenta trazer de volta à racionalidade um leitor que já foi contaminado pela abominável imagem de um muro escuro que serpenteia como uma cobra o Brasil "e que passa ao lado de Brasília" como significativamente destaca a "amigável" voz feminina.

Esse infográfico animado é apenas mais um exemplar do tom retórico que a grande mídia dá às eleições: de um lado a mídia fala em "festa da democracia" e "exercício da cidadania" para no outro momento alertar em manchetes do tipo "País chega dividido ao 2º turno", como ameaçadoramente lembra o jornal *O Globo*.

Infográficos e manchetes retoricamente irresponsáveis como essas lembram as crianças de Sam Peckimpah querendo ver os escorpiões sendo devorados pelo formigueiro.

É o sintoma de um cenário onde a grande mídia tem que assumir obrigatoriamente o papel de oposição política (já que a oposição parlamentar é pífia, vivendo a reboque da pauta midiática) e, ao mesmo tempo, tem que enfrentar a sua ruína financeira.

Sabemos que a escolha da imagem do muro não é neutra, mas simbolicamente carregada de diversos significados negativos que a própria mídia criou: apartheid, Guerra Fria, ódio e intolerância.

Por isso, essa nova bomba semiótica, disparada na reta final das eleições, contém uma outra mensagem implícita: se a candidata do PT for reeleita, haverá um "terceiro turno" – a radicalização do simbolismo do muro que deixará de ser uma simples alegoria para ser construído na realidade.

A grande mídia sabe que vive o seu crepúsculo e parece querer deixar o ódio como a sua única herança.

   Wilson Roberto Vieira Ferreira

"Veja São Paulo" detona bomba semiótica na Cracolândia

(29/11/2014)

Feios, sujos, malvados e viciados retornam à Cracolândia, levantando uma minifavela em plena rua do Centro. A grande mídia esfrega as mãos para denunciar um suposto fracasso do programa da Prefeitura de São Paulo "De Braços Abertos". Assim como os black blocs (úteis na oportuna criação de imagens midiáticas de caos no País em ano eleitoral) foram glamurizados através de Dani Pantera e Emma, agora o "fracasso" na Cracolândia é midiatizado pela personagem da "Cinderela às avessas", a ex-modelo Loemy que se tornou viciada em crack e vaga pelas ruas do Centro. Matéria da "Veja São Paulo" a transforma em mais uma bomba semiótica, assim como foi a "musa" black bloc Dani Pantera: a bomba da "good-bad girl". A matéria se mostra menos uma reportagem e muito mais um sintoma do DNA dos cursos internos de jornalismo da Editora Abril: a frenética busca por personagens que confirmem narrativas que o próprio Jornalismo já tem de si mesmo.

- Olá, querida - gritou Joe Louis a sua mulher ao vê-la o esperando no aeroporto de Los Angeles. Ela sorriu enquanto aproximava-se e quando estava a ponto de ficar na ponta dos pés para lhe dar um beijo, deteve-se de pronto.

- Joe, onde está sua gravata? - perguntou.

- Ai, querida - ele desculpou-se encolhendo os ombros - estive fora toda a noite em Nova York e não tive tempo... (...)

Houve uma época em que jornalistas buscavam personagens (como o protagonista desse diálogo, o boxeador Joe Louis) para mostrar o lado humano de figuras que o tradicional texto jornalístico não permitia.

Nesse texto da revista *Esquire* em 1962, Gay Talese (um dos precursores do chamado *Novo Jornalismo* – gênero jornalístico do início dos anos 60 nos EUA que misturava narrativa jornalística com estilo literário) procurava mostrar o lado humano de um campeão de boxe capaz de expressar fragilidade ao encolher os ombros em uma pequena discussão com sua mulher no aeroporto.

Hoje também repórteres vivem em busca de personagens. Mas não para mostrar a humanidade por trás das notícias. Ao contrário, os personagens agora servem somente para confirmar a pauta recebida pelas chefias de redação, discursos moralizantes e até preconceitos – se transformam em *bombas semióticas*.

Uma morte é tragédia, milhões é mera estatística

Somado ao mantra jornalístico de que noticiar a morte de uma pessoa é uma tragédia e a de milhões mera estatística, o personagem que decide se abrir e posar para fotografias vira uma notícia em si mesmo, sem permitir que o leitor entenda contextos ou processos.

Buscar o personagem típico, o excêntrico, o insólito ou o herói trágico sempre foi uma obsessão do Jornalismo.

Mas agora, os personagens se converteram em bombas semióticas. Desde as manifestações de rua do ano passado, ansiosamente repórteres procuram tipos exemplares que didaticamente ilustrariam a editoria "O Brasil é uma merda": a família retirada do fusca incendiando no meio das manifestações em São Paulo, o desespero do jovem que chegou atrasado à prova do Enem, mulheres loiras de classe média resgatando beagles de um laboratório em São Roque/SP – sobre esses casos leia os capítulos correspondentes. Para depois as revistas *Veja* e *Época* elegerem as musas dos black blocs: Dani Pantera e Emma.

  Wilson Roberto Vieira Ferreira

A bomba semiótica da good-bad girl

Essas duas personagens femininas inauguraram um tipo de bomba semiótica especial, que agora a matéria de capa da *Veja São Paulo* reeditou: a *good-bad girl* - uma mulher que combina beleza e sensualidade com loucura e desajustamento, mas que no final descobrimos que é uma boa pessoa e que poderíamos até leva-la para casa para apresentarmos à nossa mãe – conceito criado pelo pesquisador alemão Dieter Prokop para definir a atual construção dos estereótipos femininos no cinema hollywoodiano.

Nesse momento, a grande mídia tenta histericamente provar que o retorno das barracas de lona e de dezenas de viciados em crack circulando como zumbis na chamada região da Cracolândia no Centro de São Paulo é a prova do "fracasso das políticas públicas da cidade". Mas o alvo mesmo é o projeto da prefeitura chamado "De Braços Abertos".

E como é recorrente, a cada notícia é necessário encontrar um "retrato triste e trágico". E na edição da Veja São Paulo entra em ação a *good-bad* girl que, de quebra, ainda glamuriza a tragédia, transformando um tema intragável (pobres feios, sujos e malvados se drogando) para o leitor de classe média em notícia mais palatável.

O suficiente para fazer a tradicional avaliação negativa de qualquer coisa que o prefeito Haddad faça. Chegaram até a dizer que as ciclo-faixas pintadas de vermelho fazia parte de uma sinistra estratégia subliminar de Haddad para todos votarem no PT... – sobre isso leia o capítulo "Professora da PUC Aponta para Suposto perigo Subliminar nas Ciclofaixas de SP".

Mas como veremos, a matéria de capa da beleza da ex-modelo cujos traços ainda resistem à droga e miséria das ruas é curiosa porque apresenta um ato falho que deixa transparecer uma visão de jornalismo *tautista* (tautológica + autista – sobre esse conceito consulte o "Glossário" ao final desse livro) que é ensinada desde os cursos internos de Jornalismo da Editora Abril, como podemos verificar na edição de 2014 da revista *Plug*, publicação feita pelos alunos do curso da editora.

A construção de uma bomba semiótica

A construção linguística da bomba semiótica, na reportagem "Ex-modelo Loemy Marques luta contra o crack", inicia com um clássico do etnocentrismo para ganhar o leitor classe média paulistana, público-alvo da publicação: "uma loira magra, de 1,79 metro de altura, no entanto, não consegue passar desapercebida. Alguns traços de beleza ainda resistem". Em meio aos feios, sujos e malvados, surge uma espécie de anjo caído. Ela poderia ser você (quer dizer, o leitor da revista) – temos aqui o início de uma construção semiótica: o que não passa desapercebido deixa de ser uma triste realidade humana coletiva, para ser um signo estético que confirme um script midiático já pré-definido.

De bate pronto a personagem ganha um estereótipo (é a "Cinderela às avessas") para evaporar o contexto e processos sociais por trás de um problema complexo. Aliás o contexto é apenas sugerido de forma maniqueísta: de um lado, o fracasso da política municipal e, do outro, o esforço heroico de ONGs e assistentes sociais – idealizar ONGs faz parte da ideologia neoliberal da "sustentabilidade sustentável".

Para reforçar essa beleza indômita de um anjo decaído a reportagem ainda descreve como ela é agredida no meio da entrevista com uma "paulada na barriga" por um dos feios-sujos-e-malvados que circulam ao redor. Todo o poder de persuasão da bomba semiótica da *good-bad girl* vem de como a matéria consegue isolar o personagem do contexto social.

Loemy é do Mato Grosso e foi descoberta por um caça talentos de modelos que se entusiasmou com a seu rosto "estilo anos 80". Desembarcou em São Paulo em 2012 para ser encaminhada às principais agências de manequins. Mas "era chamada, começava o trabalho e no outro dia era demitida". Em um meio profissional marcado por festas e drogas, a matéria dá destaque a avaliação dos produtores que a descobriram: "faltou foco e disciplina" para a garota.

Culpa é mais importante do que contexto
e processos

Contexto e processos se evaporam na interiorização da culpa pelo fracasso.

Loemy está na Cracolândia porque é uma *loser*. A personagem Loemy é o testemunho do terror paranoico da consciência meritocrática das classes média: a queda para a pobreza, onde lá estão os feios-sujos-e-malvados.

     Wilson Roberto Vieira Ferreira

O meio da Moda e das "manecas" (sabidamente um meio, por assim dizer, moedor de carne de gente, explorador tal e qual as confecções que empregam mão de obra semiescrava de bolivianos alí perto da Cracolândia, no bairro do Bom Retiro) é evaporado: o personagem tem que ser em si mesmo a notícia – o retrato acabado do fracasso do poder público e da derrota individual de alguém que não teve "foco e disciplina".

Mas como toda personagem *good bad girl*, deve demonstrar disposição para o arrependimento e a vontade de dar a volta por cima, assim como reza o evangelho meritocrático das classes médias para as quais se voltam as publicações da Editora Abril: "Preciso de ajuda", apela Loemy. "Quero voltar a estudar e ser engenheira".

A composição da personagem como "Cinderela às avessas" revela a secreta natureza da matéria: assim como os contos infantis, sempre com lições moralizantes sobre o bem e o mal, a reportagem também detém a mesma estrutura – virtude-queda-arrependimento-moral da estória.

O DNA tautista da Abril

Outro importante detalhe da matéria da *Veja São Paulo* também revela a própria natureza do atual Jornalismo: o *tautismo* – ao invés de procurar representar qualquer realidade externa a ela, a prática jornalística fecha-se em si mesma numa espécie de auto referência sem fim.

A matéria fala de "sessão de fotos" que a reportagem fez com Loemy. Sintomática definição para o "fotojornalismo" da matéria: as fotos que ilustram a reportagem se assemelham muito mais a um editorial sobre uma *heroin hero* do mundo da moda do que documentos jornalísticos brutos e espontâneos de uma triste realidade humana.

Também é sintomática porque revela o próprio DNA do curso de jornalismo da Editora Abril, como mostra a apresentação tautista da revista *Plug* (espécie de trabalho de conclusão do curso).

O tema da revista era sobre a chamada geração *millennial* (jovens nascidos entre 1980-2000) onde os alunos tiveram que criar pautas e projetos jornalísticos sobre o tema para as revistas da editora: "A PLUG desse ano é um retrato deles mesmos [os aspirantes a jornalistas do curso] (...) Os textos carregam um tom autoral: quem escreve é como se fosse um personagem da história que está contando".

Loemy foi, portanto, explorada pela segunda vez: depois

das festas, drogas e sucessivas demissões na carreira incerta das manequins, agora se oferece como "evento-encenação" (para usar um conceito do semiólogo italiano Umberto Eco) para posar em um book perverso sobre uma "cinderela-heroin-hero" decadente e arrependida.

A matéria da *Veja São Paulo* mostra muito menos a tragédia da vida desperdiçada de uma jovem, e muito mais a miséria do jornalismo atual onde a busca obsessiva por personagens serve apenas para reforçar narrativas que a própria imprensa já tem sobre si mesma.

 Wilson Roberto Vieira Ferreira

Efeito Pinball potencializa bombas semióticas na mídia

(10/11/2014)

Quem não conhece o jogo de arcade chamado Pinball? Um lançador dispara uma bolinha de metal que bate e rebate em pinos somando pontos a cada tilintar barulhento. Numa tragicômica analogia, a grande mídia parece ter transformado o País numa gigantesca arcade ao chegar no estado da arte de impor sucessivas agendas que se assemelham a bolinhas metálicas disparadas em um Pinball: "mensalão", "caos aéreo", "o gigante acordou", "petrolão" etc. O Governo responde aqui e ali com notas, criando um círculo infernal de bate-rebate que só legitima a agenda anteriormente criada. O Efeito Pinball se transforma no meio condutor das bombas semióticas que são detonadas diariamente nas mídias. Por si só elas não têm força: necessitam do meio condutor da agenda, assim como as ondas de choque produzidas por uma bomba química necessitam do ar.

Nas últimas edições do telejornal SPTV da Globo, o apresentador Cesar Tralli tem se mostrado particularmente indignado, não se sabe por que orientado pelo ponto para que ele eleve o tom das críticas ou se está contaminado pelo clima do chamado "terceiro turno" que se seguiu após as eleições.

Em sucessivas matérias Tralli tem demonstrado uma indignação tão cívica quanto seletiva. Na inauguração de mais uma ciclo-faixa, na Zona Norte da cidade de São Paulo, dispara inconformado: "assim é fácil fazer 400 quilômetros de ciclo-faixas, passar a tinta sobre buracos", diz mostrando um *close up* de um buraco no meio da faixa recém-inaugurada.

Pelo tipo de lente e esmero da teleobjetiva parecia mais uma cratera lunar!

Cresce o número de latrocínios (roubos seguidos por morte) em São Paulo? Tralli fica com raiva, tenta atropelar por três vezes o comentarista especialista em segurança do telejornal, Diógenes Lucca, para tentar nacionalizar um problema que é de alçada estadual: "é muita arma andando por aí", repete, para tentar puxar o problema para uma suposta ineficiência do Governo Federal em vigiar as fronteiras do País e impedir o tráfico de armas para dentro do País.

A represa Guarapiranga esvazia na eufemisticamente chamada "crise hídrica"? Culpa da construção ilegal de casas em áreas de mananciais que a Prefeitura deveria fiscalizar... O repórter às margens da represa até tenta relativizar: as construções TAMBÉM colaboram com a crise hídrica. Corta para o estúdio: para o indignado Tralli não existe "também". O prefeito Haddad é o único responsável pela seca na represa.

"O que é bom a gente fatura"

Essa é apenas uma amostra mínima das bombas semióticas cotidianas que a grande mídia vem detonando diariamente, de segunda a domingo, em cada telejornal, a qualquer hora do dia: problemas locais devem ser obrigatoriamente nacionalizados – quem não se lembra, por exemplo, no caso "tem alemão no campus" onde um repórter da rádio CBN tentou ligar manifestações estudantis na USP com uma situação pré-insurrecional supostamente dominando o País - sobre isso leia o capítulo "Tem Alemão no Campus?".

E os problemas nacionais devem se transformar em evidências da proximidade do colapso econômico e do escândalo político. A não ser que o TSE nos salve.

Até aí não há grande novidade. Desde que em 1994 as antenas parabólicas transmitiram indiscretamente a fala do ministro da Fazenda Rubens Recupero antes de entrar no Jornal da Globo ("Eu não tenho escrúpulos; o que é bom a gente fatura, o que é ruim a gente esconde"), esse *modus operandi* promíscuo entre grande mídia e os cenários políticos não surpreende ninguém.

A novidade é que essas pequenas bombas semióticas cotidianas não buscam a persuasão (como é a natureza de toda bomba). Seu objetivo não é o convencimento ou doutrinação ideológica – as pequenas bombas semióticas visam criar pânico, alterar a percepção, disseminar a chamada espiral do silêncio – estado de clima de opinião de uma suposta

     Wilson Roberto Vieira Ferreira

unanimidade graças a consonância e onipresença nas mídias, onde as vozes discordantes tendem a silenciar por terem a percepção de serem minoritárias – tendem ou à cooptação ou ao simples silêncio.

Para que essas bombas semióticas sejam eficazes é necessário um "ambiente" condutor, assim como o ar que propaga as ondas de choque de uma explosão. Esse ambiente é proporcionado pela criação de uma agenda. Antes das bombas semióticas serem lançadas, é necessário que a grande mídia imponha uma agenda, uma pauta que produza consonância, acumulação e onipresença midiática.

O Efeito Pinball

Nesses doze anos de governos do PT, nunca o governo federal conseguiu impor uma agenda própria. Ao contrário, reage sempre numa estratégia de controle de danos aos sucessivos estragos provocados pelas agendas criadas pela mídia e replicada pela oposição parlamentar.

O que cria um curioso efeito que poderíamos denominar de Efeito Pinball – o tradicional jogo de arcade operado por moedas onde o jogador opera uma ou mais bolinhas metálicas contidas no interior de um campo coberto por vidro. Com a mesma dinâmica da diversão eletrônica, a grande mídia dispara a bolinha que começa a rebater em pinos e flips, somando pontos.

Bolinhas são seguidamente disparadas: a agenda do mensalão; depois o caos aéreo; a descontrolada inflação do tomate; as manifestações de rua do "gigante que acordou"; o chamado "terceiro turno"; e atualmente o "escândalo do petrolão" e a iminência de um impeachment da presidenta eleita.

Elas rebatem aleatoriamente nos pinos e flips criando ressonância, recursividade, loopings: numa estratégia reativa de controle de danos o Governo é obrigado a ser o interlocutor, dar respostas em notas aqui e ali. O que dá mais legitimidade ao jogo... e as bolas batem e rebatem... tlim!... tlim!... tlim!.... Pontos são somados num ciclo vicioso infernal.

A única agenda que os governos petistas têm sido bem-sucedidos é a econômica, nada bolivariana, por sinal: modernizou o capitalismo brasileiro com a normalização das funções de reprodução da mão de obra e consumo como medidas de inserção social e a manutenção da financeirização – o *neodesenvolvimentismo*.

Como vimos em outra oportunidade, essa combinação de

estratégia de controle de danos no pinball político e o neodesenvolvimentismo acabou chocando o ovo da serpente de duas formas: de um lado o ódio da Casa Grande que não suportava dividir aeroportos com a chamada "nova classe média" e ver o quarto da empregada vazio (ela foi embora para a Universidade!); e do outro, os novos egressos da sociedade de consumo que confundiram consumo com ascensão social e combinaram despolitização com ideologia meritocrática.

É a agenda, estúpido!

O verdadeiro poder da mídia não está em dizer para as pessoas *o que* pensar, mas sim *sobre o que* pensar. Essa sutil, mas enorme diferença é a base da chamada Agenda Setting ou Teoria do Agendamento formulada em 1972 por Donald Shaw e Maxwell McCombs – a mídia é muito pouco eficiente em impor conteúdos, posições ou valores, mas ela é ótima em criar uma pauta ou hierarquia de temas supostamente pertinentes a serem discutidos pela sociedade.

Para que a pauta seja pertinente, é necessário que a percepção da opinião pública seja moldada através de uma sensação de acumulação, consonância e onipresença das mídias. Para a Teoria do Agendamento, pouco importa se essa percepção tenha alguma base na realidade. O que interessa é o efeito de criar o meio condutor das ondas de choque das bombas semióticas.

Por si, as bombas semióticas não possuem efeito. As mídias manipulam e sempre manipularão. Porém, a novidade é que elas necessitam dessa engenharia de opinião pública que dê pertinência às manipulações semióticas.

Apesar da relativização do fator da ocupação dos mananciais como causa da seca da Guarapiranga que o repórter tentou dar no SPTV da Globo, a desautorização de César Tralli no estúdio só passou a ser relevante porque tem toda uma agenda por trás: a pauta da catástrofe que representariam as administrações petistas.

Na medida em que o Governo Federal ou Municipal se tornam interlocutores nessa agenda, só a legitima e acaba criando o infernal efeito Pinball: apenas rebate a bolinha para o próximo pino que retorna com força maior.

Em consequência acaba produzindo a espiral do silêncio: a percepção de uma suposta unanimidade que acaba cooptando outros pinos que rebaterão a bolinha – roqueiros como Roger e Lobão, por exemplo.

 Wilson Roberto Vieira Ferreira

Tudo que resta ao Governo é a capacidade de criar uma contra agenda, capaz de criar uma guerrilha semiótica.

O paradoxal em tudo isso é que todo o jogo se baseia na percepção e no imaginário: no mundo real a grande mídia olha para o próprio abismo financeiro, com a perda de audiência, credibilidade, relevância e ainda o fantasma das tecnologias de convergência que ameaçam engolir as mídias de massas.

Wilson Roberto Vieira Ferreira

2015 - Ficção, agenda política e etnografia da polarização política

O gênio do Chefe Shang inspira dedo-durismo da grande mídia

(18/01/2015)

Há quase 3 mil anos na China, Chefe Shang, dirigente na totalitária Disnastia Ch'in, criou a ardilosa tática de estímulo ao dedo-durismo generalizado entre agricultores: preocupados em vigiar seus vizinhos, esqueciam-se que estavam sob um regime de terror e autoritarismo. Desde então, o dedo-durismo passou a ser a prática recorrente nos regimes totalitários. Pois o gênio do Chefe Shang continua vivo – sob o pretexto de "exercício da cidadania" durante a chamada "crise hídrica" em São Paulo, a grande mídia vem estimulando pessoas a enviar vídeos e fotos de vizinhos que supostamente desperdiçam água. Mais uma vez a grande mídia pisa no pântano do proto-fascismo: uma suposta cruzada cívica que pode se transformar em vingança e violência por motivos oportunistas como racistas, sexistas ou político-ideológicos. Com isso, São Paulo dá mais um passo para o seu futuro distópico – uma cidade transformada em um deserto igual ao filme "Mad Max" com milícias de "fiscais da Sabesp" executando aqueles que escondem não mais gasolina, mas agora água.

Desde a explosão do nazi-fascismo no período entre guerras no século XX, a sociologia tenta entender como é possível a ascensão de regimes ou atmosferas totalitárias em países formalmente democráticos.

Mais do que um sistema totalitário centralizado nos moldes de 1984 de George Orwell, o que chama a atenção é o fenômeno do totalitarismo descentralizado e difuso, com o apoio de quase toda a população.

Sociólogos como o norte-americano Barrington Moore Jr. (1903-2005) apontam para similaridades entre o totalitarismo moderno e das sociedades pré-industriais. Práticas totalitárias modernas que se repetem ao longo da História, desde a antiguidade – veja "Totalitarian Elements in Pre-industrial Societies", In: *Political Power and Social Theory*, Havard University Press, 1958.

Uma semente desse totalitarismo popular tentou germinar na democracia ateniense sob a forma de anti-intelectualismo - sentimentos religiosos enraizados eram uma fonte de ressentimento e ódio contra os intelectuais. Mas felizmente para os gregos esse sentimento careceu de tradução política, tornando-se totalmente ineficaz.

Bem diferente disso, há quase 3 mil anos a dinastia Ch'in (221-209 A.C.), de onde vem o nome China, construiu não só um estado poderoso baseado no terror e tirania, mas também uma forma de totalitarismo popular baseado nas suspeitas e antagonismo individuais. E criou uma tradução política e um modo de produção baseado no medo e desconfiança.

Por exemplo, diz-se que um tal de Chefe Shang organizou famílias de agricultores em lotes vizinhos laterais para permitir controle e vigilância mútuos. O Estado centralizado estimulava que cada um aplicasse castigos uns aos outros, além de denunciar os supostos crimes dos vizinhos. Com isso, os dirigentes responsáveis pelo recolhimento de produtos e tributos tiravam proveito dos antagonismos e desconfianças entre os vizinhos.

A estratégia diversionista do dedo-durismo

Perfeita tática diversionista: o Estado totalitário e os pesados tributos eram esquecidos pelas intrigas, ressentimentos e vinganças estimuladas por uma espécie de dedo-durismo oficial generalizado.

Séculos depois, Maquiavel descreveria essa estratégia do Chefe Shang como "dividir para reinar" - provocar a divisão entre seus potenciais opositores para estabelecer um poder baseado no diversionismo.

Pois em plena chamada "crise hídrica" (expressão marota que dá uma conotação natural a um efeito da incompetência gerencial da Sabesp), eis que a grande mídia, a pretexto de estimular "o exercício da cidadania", coloca em ação a milenar estratégia do Chefe Shang: incentivar a

Wilson Roberto Vieira Ferreira

delação entre vizinhos para que qualquer um tenha orgulho de cumprir o dever em denunciar os "gastões" de água.

Telejornais apresentam vídeos feitos com telefones celulares dos telespectadores mostrando vizinhos lavando calçadas, carros ou simplesmente regando o jardim.

Com o requinte retórico típico das matérias explosivas sobre denúncias da Operação Lava Jato, delatores são colocados em contraluz com a voz alterada para nãos serem identificados enquanto relatam em detalhes os delitos dos vizinhos gastões.

Enquanto isso, o Portal Terra incentiva internautas a enviarem fotos com casos de desperdício de água por meio da página chamada "VC Repórter".

O gênio o Chefe Shang

Eufórica com esse auxílio luxuoso de última hora da grande mídia, dentro da sua costumeira tática de fugir dos temas desconfortáveis desviando a atenção para questões periféricas, a Sabesp acabou criando no ano passado um registro específico de denúncias desse tipo. A companhia declarou que o número de denúncias tende a aumentar, podendo ultrapassar a marca de 3 mil por mês.

Para o sociólogo Barrington Moore Jr em seu clássico estudo, esse estímulo ao dedo-durismo é um elemento recorrente nos regimes totalitários. Se lá na época da dinastia Ch'in aproveitava-se da dissolução das formas comunitárias primitivas agrícolas pela introdução de formas de propriedade individual da terra (beneficiando-se dos frutos dos antagonismos entre vizinhos), aqui no Estado de São Paulo do século XXI a grande mídia tem uma atmosfera fértil para estimular a tática do Chefe Shang – individualismo, competitividade, medo e desconfiança nas grandes metrópoles.

Também, da mesma forma que lá há quase 3 mil anos a tática do Chefe Shang desviava a atenção das pessoas da realidade de que viviam sob um regime que era sinônimo de terror e tirania, da mesma forma na atualidade a mesma tática desvia a raiva e frustração pelas torneiras vazias para os vizinhos, deixando de fora a incômoda verdade para a grande mídia: a "crise hídrica" é o resultado menos das mazelas climáticas e muito mais na obsessão pelos dividendos dos acionistas de uma companhia que esqueceu da sua função elementar – captar e distribuir água.

Regimes totalitários e demagogos tem no imaginário do dedo-durismo um campo fértil, pois está muito próximo do "fazer-justiça-com-as-próprias-mãos".

Os "fiscais do Sarney"

Os leitores mais velhos certamente se lembrarão da curta onda dos "fiscais do Sarney". Era 1986 e o então presidente José Sarney lançou o Plano Cruzado para combater a inflação com congelamento de preços, salários e reforma monetária (o cruzeiro fora substituído pelo cruzado). Com a dificuldade em fiscalizar a obediência ao congelamento, Sarney convocou a população para denunciar comerciantes e empresários que remarcassem preços.

Exibindo botons e vestindo camisetas "eu sou fiscal do Sarney", formaram-se verdadeiras milícias que agrediam e amarravam gerentes de supermercados acusados de remarcação de preços. Exercício de cidadania se confundiu com dedo-durismo, a tática mais óbvia e milenar quando um governo ou autoridade quer se eximir de qualquer responsabilidade pública.

Tudo está mal? Então dê ao populacho a liberdade de escolher a sua própria válvula de escape!

A distopia proto-fascista

A tática do Chefe Shang é mais uma ferramenta da estratégia geral do Diversionismo. Desviar a atenção da opinião pública requer explorar o lado mais escuro do nosso psiquismo: medos, ressentimentos, sadismo etc.

Crise de segurança pública? Estimule linchamentos e a sensação de "justiça-com-as-próprias-mãos".

Debate político? Estimule o discurso moralista da corrupção para que o ressentimento coletivo seja descarregado em bodes expiatórios. Crise de algum serviço de utilidade pública? Estimule o dedo-durismo para que o mal-estar coletivo escolha uma vítima, deixando de fora a responsabilidade de governos e autoridades.

O problema é que essa válvula de escape tem tudo para ajudar a criar uma atmosfera social e política anômica e distópica, ao melhor estilo de filmes pós-apocalipse como *Mad Max*.

Observando as expressões que internautas usam em fóruns para nomear os vizinhos supostamente gastões ("vaca filha da puta", "denunciar essa vagabunda" etc.), dá para perceber que ao estimular o dedo-durismo generalizado a grande mídia pisa no perigoso pântano do proto-fascismo – a suposta cruzada cívica pode se transformar em vingança e violência por outros motivos oportunistas como racistas, sexistas, político-ideológicos etc.

Já dá para imaginar um cenário cinematograficamente distópico com uma cidade como São Paulo transformada em deserto inóspito com as ruas dominadas por milícias de justiceiros (fiscais da Sabesp?) que executam aqueles que escondem o precioso líquido. No filme *Mad Max* era gasolina. Agora, será a água.

Para a grande mídia isso tudo pouco importa. Quanto pior, melhor. Ela sempre explorou o medo, a desconfiança, antagonismos e ressentimentos. Por quê? Porque pessoas dominadas por esses sentimentos regressivos são amedrontadas. Pessoas amedrontadas não saem de casa, principalmente no Estado de São Paulo transformado num deserto igual do filme *Mad Max*. E ficarão isoladas no interior de suas casas. Assistindo televisão.

Wilson Roberto Vieira Ferreira

Ligações perigosas nas séries "Felizes Para Sempre?" e "Questão de Família"

(08/02/2015)

As séries televisivas "Felizes Para Sempre?" e "Questão de Família" (Globo e GNT) apresentam sincronismos e insólitas coincidências envolvendo autor, diretor e o timing dos episódios que parecem espelhar na teledramaturgia notícias e imagens do telejornalismo da grande mídia. Estaria a todo vapor funcionando uma correia de transmissão entre os núcleos de novelas e o jornalismo da emissora? O sincronismo seria favorecido pelo vazamento antecipado de informações das investigações do Judiciário? Por outro lado, poderia ser um sintoma do tautismo da TV Globo que, em crise, injeta realismo na teledramaturgia para recuperar a relevância perdida? Ou são apenas eventos sincromísticos?

Em 1982 ia ao ar na TV Globo a minissérie *Quem Ama Não Mata*, escrita por Euclydes Marinho. Eram épocas de abertura política na ditadura militar. O título fazia alusão a pichações nos muros de Belo Horizonte por conta do julgamento do playboy Doca Street, acusado de ter matado a mulher Ângela Diniz. A minissérie foi polêmica e contribuiu para o debate sobre os direitos da mulher numa sociedade que procurava o caminho para a democracia.

Trinta e três anos depois, Euclydes Marinho escreve a minissérie *Felizes Para Sempre?*, retornando ao tema dos dramas de relacionamentos de vários casais de uma mesma família da série de 1982. Somente que agora num contexto bem diferente: numa TV Globo que tenta reverter a sua crise de audiência e que simultaneamente assumiu o papel de oposição ao Governo Federal.

E esse novo contexto certamente influiu no tom da minissérie atual: dos dramas familiares de 1982 passou para a abordagem política; do Rio de Janeiro, os dramas dos casais foram transferidos para Brasília e os capítulos praticamente se sincronizaram com as últimas ações da Operação Lava Jato da Polícia Federal.

Ao ponto de que o penúltimo capítulo, onde o protagonista corrupto Cláudio Drummond (empreiteiro que financiava campanhas eleitorais) é levado pela Polícia Federal para depoimentos, coincidiu com o noticiário de mais uma ação de impacto midiático da PF com as imagens da invasão da casa do tesoureiro do PT para os policiais intimá-lo a depor sob coerção.

Sincronismos ou coincidências?

Nesse ponto começam os incríveis sincronismos da série *Felizes Para Sempre?* Os capítulos foram produzidos e gravados em 2014. Segundo o diretor Fernando Meirelles, a série foi escrita em 2013: "O Paralelo com a Operação Lava Jato foi pura coincidência ou sorte", disse.

Mais uma dessas "coincidências" foi outra minissérie da TV Globo de cunho político, *O Brado Retumbante* (2012), onde além do protagonista ser muito parecido com o candidato à presidência Aécio Neves (feito pelo ator Domingos Montagner), na trama ele chegava à presidência após a morte do presidente e vice em um acidente aéreo.

Numa insólita coincidência (ou sincronismo?), um acidente aéreo em 2014 matou o candidato à presidência pelo PSB Eduardo Campos, embaralhando a disputa eleitoral com o lançamento da sua vice Marina Silva.

Diretor de *Felizes Para Sempre?*, Fernando Meirelles pretendia assumir a direção da propaganda de Marina Silva caso fosse para o

 Wilson Roberto Vieira Ferreira

segundo turno. Segundo ele, colaborou com a campanha do PSB em 2014, no primeiro turno, "dando opiniões".

Brado Retumbante também foi escrita por Euclydes Marinho. Na série, Paulo Ventura é um advogado e político que acaba sendo eleito presidente da Câmara dos Deputados em uma articulação para ser usado como fantoche. Após o acidente aéreo, vê-se obrigado a assumir a presidência.

Estranho sincronismo com a atualidade onde o novo presidente da Câmara dos Deputados Eduardo Cunha foi eleito através da "solidariedade de uma cadeia de agradecimentos" (Folha nov. 2014) de grandes companhias... em meio a um clima de pré-impeachment da presidenta Dilma... iniciado pela Operação Lava Jato da Polícia Federal... cujas ações se sincronizam com a minissérie *Felizes Para Sempre?*... dirigida pode Fernando Meirelles e escrita por Euclydes Marinho...

Série *Questão de Família* e o "juiz justiceiro"

Menos explícito na temática política, mas igualmente pegando carona no atual jogo Poder Judiciário/grande mídia, vazamentos seletivos de informações e delações premiadas, é a série *Questão de Família* do canal GNT das Organizações Globo.

Du Moscovis faz Pedro, juiz da Vara da Família que não tem uma rotina nada comum. Ao lado dos seus dilemas familiares e acompanhando casos de divórcio, constantemente relaciona os problemas dos outros com os seus. Isso o deixa inebriado pela necessidade de fazer justiça: Pedro acaba investigando pessoalmente cada caso que chega a sua mesa, chegando a contar com a ajuda de um detetive da polícia.

Na sua segunda temporada, a série foi lançada em um ano de campanha eleitoral onde os sistemáticos vazamentos das investigações da Lava Jato (iniciada em março e a série lançada um mês depois) à grande mídia deu a pauta de discussões.

A grande estrela passou a ser o juiz federal Sérgio Moro, que para a grande mídia foi pintado com um perfil justiceiro e implacável – o juiz que "sacode o Brasil", nos termos usados pelo *El País Brasil* –

"intimidador até para os advogados de defesa".

Questão de Família é mais uma série que segue paralela à judicialização da política na figura de juízes justiceiros – o juiz Pedro é a glamourização no campo da ficção desse novo personagem da política brasileira que ignora instâncias e recursos processuais preferindo a adrenalina dos linchamentos midiáticos.

Testando hipóteses

Como explicar os sincronismos dessas duas séries com o atual cenário tenso da política brasileira? Vamos "testar" (por favor, sem alusões a uma expressão de um poderoso dirigente do jornalismo global) algumas hipóteses:

(a) **Hipótese sincromística:** não existem coincidências. Por trás dos fatos da realidade se esconderia uma secreta sintaxe onde em dados momentos símbolos e arquétipos se convergem, criando fortes impactos no contínuo midiático. A onipresença midiática criaria um verdadeiro "horizonte de eventos" – capaz de criar egrégoras ou arquétipos que potencialmente contaminam a realidade por meio da ficção e vice-e-versa.

Por exemplo, a narrativa ficcional de *Felizes Para Sempre?* bebe na fonte do arquétipo moderno de Brasília – a fotografia em cores gélidas combinadas com as locações que salientam a aridez do concreto e das linhas retas e curvas do modernismo de Niemayer, são signos da Brasília como terra de estrangeiros: todos de passagem, sem vínculos, a não ser de curto prazo e oportunistas. Egrégora de formas-pensamento que invade a ficção (por exemplo, letras de bandas de rock de Brasília como Legião Urbana) ou contamina a própria realidade com os seguidos escândalos políticos na cidade.

(b) **Hipótese conspiratória:** nesse momento está funcionando a todo vapor uma correia de transmissão que ligaria a teledramaturgia com o telejornalismo da TV Globo, alimentado pelo constante vazamento das informações do Judiciário. Essa antecipação permitiria planejamento e sincronização das ações: imagens de forte impacto nos telejornais (como as dos policiais federais escalando o portão da casa do tesoureiro do PT) que ganham a glamourização ficcional nas minisséries.

Depois de décadas de uma opinião pública que cresceu assistindo telenovelas em grade de programação "sanduíche" do horário nobre (telejornal da rede entre duas novelas), onde a teledramaturgia explora temas noticiados no jornalismo da emissora e, vice-e-versa, o jornalismo

     Wilson Roberto Vieira Ferreira

repercute temas polêmicos abordados pelas telenovelas, esse sincronismo tem sentido: as notícias só passariam a ter relevância para a opinião pública quando ficcionalizados por novelas e séries.

Isso fica evidente na sequência final do último capítulo onde os policiais federais são glamourizados na cena-clichê "the last minute rescue" – inventada nos filmes mudos e repetida *ad infinitum* nos filmes de ação: a heroína é salva pelo herói sempre no último instante. Os policiais salvam a vida da esposa Marília Drummond cujo marido Cláudio aponta a arma para sua cabeça.

Para evitar que esse sincronismo se torne explícito demais, aplica-se uma estratégia diversionista, como nesse momento ocorre com *Felizes Para Sempre?* – a "repercussão" propositalmente estimulada pela cena sensual da atriz Paolla Oliveira que performou a personagem Danny Bond, uma garota de programa. Em uníssono, as colunas de TV repetem o mantra "A minissérie trás à tona um tema que está na ordem do dia, mas o que ficou mesmo foi a bunda...".

(c) Sintoma do tautismo (autismo + tautologia – sobre esse conceito veja a sessão "Glossário") da TV Globo: em crise de audiência e vendo sua teledramaturgia perdendo a relevância que teve no passado, a emissora assume uma estratégia autofágica – injeta na sua teledramaturgia notícias da pauta do seu próprio telejornalismo.

O efeito autista e tautológico de curto-circuito entre ficção e realidade pode ser acompanhado na sequência onde uma revista informativa chamada "Questão" chega à casa do protagonista Cláudio em *Felizes Para Sempre?*. A matéria de capa é o escândalo das denúncias contra ele feitas pela sua própria esposa à Polícia Federal. A diagramação e os elementos gráficos são idênticos a da revista *Época*, informativo semanal da Editora Globo.

O que nos faz retornar à hipótese (b): por assim dizer, a ficção legitima o denuncismo e vazamento semanal das informações judiciais que alimentam semanalmente as matérias de capa das revistas da grande mídia – a capa ficcional da revista "Questão" quer passar a seguinte mensagem subliminar: acredite, todas as manchetes da grande mídia são verdadeiras.

Wilson Roberto Vieira Ferreira

Cuidado! Os rinocerontes já estão entre nós

(10/03/2015)

Filmes publicitários são mais do que peças promocionais de produtos e serviços – refletem a sensibilidade de cada época. E o novo comercial do TNT Energy Drink não deixa por menos: em efeito digital 3D um rinoceronte com fone nos ouvidos passeia entre as pessoas nas calçadas para depois entrar numa academia de lutas, parar diante de um espelho e vermos o reflexo de José Aldo, campeão do UFC. A ironia é que se no Teatro do Absurdo de Eugène Ionesco (autor da famosa peça "O Rinoceronte") a transformação de seres humanos naquele animal era um impactante simbolismo que denunciava o conformismo, frieza e agressividade do homem moderno, agora torna-se um modelo positivo de caráter: o esporte (principalmente os midiáticos) como modelo de educação pela dureza, dor e severidade, chave para o sucesso. Dessa rinocouraça psíquica resultante emerge um novo tipo-ideal urbano da atual onda de neoconservadorismo: os Rinocerontes.

Durante o século XX, todas as vanguardas artísticas, sejam elas no cinema, literatura, teatro ou pintura, tentaram desafiar o princípio de realidade com simbolismos obscuros, imagens impactantes e narrativas absurdas.

Homens que se transformam em baratas em Kafka, relógios que se derretem em telas de Dali, situações teatrais absurdas como pessoas que esperam uma pessoa chamada Godot por horas e que nunca chega na peça de Becket ou chocantes imagens surrealistas como a navalha que vaza um olho em um filme de Buñuel.

Kafka, Dali, Becket e Buñuel tentavam se insurgir contra o mal-estar e desespero do homem contemporâneo na incipiente sociedade de massas que produz alienação, conformismo e fascínio pelo irracionalismo e fanatismo coletivo.

Por isso, procuraram a anti-literatura, o anti-teatro, o anti-cinema, o anti-tudo!

O chamado Teatro do Absurdo do romeno Eugène Ionesco é outro exemplo. Ao lado do *non sense* de Becket, Ionesco escreveu várias peças que mostravam o absurdo e surrealismo das situações cotidianas mostrando a estranheza do mundo, a solidão e alienação humanas.

"O Rinoceronte"de Ionesco

O Rinoceronte de 1958 é uma delas. Em uma corriqueira cena parisiense, do nada passa um rinoceronte correndo. Enquanto as pessoas tentam levar uma vida normal, estranhamente outros rinocerontes começam a aparecer. As discussões se tornam absurdas: seria uma ilusão? De onde vem? Da África ou da Ásia? Uma mulher se diz perseguida por um deles, para os bombeiros descobrirem depois que o rinoceronte é o marido metamorfoseado. Aos poucos se dão conta que toda cidade sofre um surto de "rinoceronite" – uma doença que transforma seres humanos no enorme animal selvagem.

Mas todos começam a apreciar a moda de se tornar rinoceronte – querer permanecer humano é que passa a ser estranho. O protagonista Bérenger é único que tenta resistir e é desprezado até pela noiva: "Eu me defenderei contra todo mundo! Sou o último homem, hei de sê-lo, até o fim! Não me rendo!" Ionesco tematiza a submissão, conformismo e alienação do indivíduo. O efeito-manada produzido pelo fanatismo como forma de controle político.

Porém, diante da onipresença da indústria publicitária e de entretenimento, esses simbolismos que pretendiam chocar e abalar os pilares do conservadorismo moral e político parecem perder a sua virulência para serem docilmente absorvida pela estética de filmes publicitários.

Os relógios moles do surrealista Salvador Dali inspiraram anúncios como o da água Perrier ou de um carro da Nissan; o *non sense* de Becket passa a ser um efeito humorístico em muitos filmes publicitários; as imagens-choque simbólicas de Buñuel hoje são superadas pelo gênero

     Wilson Roberto Vieira Ferreira

fílmico *exploitation* e as metamorfoses a la Kafka estão presentes em peças publicitárias como oximoros e prosopopeias que divertem e vendem.

Pois nas últimas semanas acompanhamos nos intervalos publicitários da TV mais um exemplo de como imagens e simbolismos das vanguardas artísticas tiveram seu potencial crítico neutralizado para serem docilmente absorvidos.

O Rinoceronte do TNT

No intervalo da luta de Anderson Silva que marcou a volta ao octógono após um ano de recuperação de uma fratura, entrou no ar um filme publicitário do TNT Energy Drink onde a grande atração era um rinoceronte em efeitos de animação de computação em 3 D.

Assinado pela Young & Rubican, o comercial mostra um "simpático" rinoceronte que anda pelas ruas da cidade, com um fone em seus ouvidos.

Ao ritmo da música *Knock Down*, o animal chega a ensaiar uns passinhos de dança. Ao entrar em uma academia, se detém diante de um espelho. É possível ver no reflexo do espelho que o bicho na verdade é o lutador brasileiro José Aldo que começa a se preparar para mais um treino.

Assistindo as cenas do rinoceronte caminhando na calçada entre mesinhas de bares e restaurantes e transeuntes distraídos, é impossível não ter uma sensação irônica de ver a mesma situação absurda da peça de Ionesco ou na sua adaptação cinematográfica de 1974 (*Rinocerontes*, com Gene Wilder e Karen Black), agora associado à promoção de um energético e de um campeão do UFC.

A ironia é de que aquilo que no passado foi um simbolismo crítico a partir das características do animal (a couraça e ferocidade do rinoceronte como arma retórica para denunciar a insensibilidade, frieza e isolamento do homem moderno) agora converte-se em "simpatia, humor e brincadeira", como nos informa o release do comercial.

Filmes publicitários são mais do que peças promocionais de produtos e serviços: assim como o cinema, carregam de forma sub-reptícia ou inconsciente mentalidades, costumes e o universo simbólico do período em que foi produzido. Isso porque os comerciais buscam concretizar o ideal publicitário da unidade produto/consumidor.

A construção da rinocouraça psíquica

Por isso, o que vemos é muito mais do que uma *antropomorfização* de um animal, mas uma *rinomorfização* do ser humano: as características morfológicas de um rinoceronte seriam as armas ideais para um lutador de MMA – couraça, resistência e insensibilidade.

A questão é que essa popularização atual do MMA (Artes Marciais Mistas), cujo anúncio do drinque energizante TNT é uma pequena amostra, reflete um processo mais amplo atual de uma sociedade que vê nos esportes (principalmente os de sucesso midiático) um tipo de processo educativo através da dureza, dor e severidade.

Nas biografias de lutadores como Anderson Silva ou José Aldo são sempre evidenciadas narrativas de superação da pobreza: poderiam ter se perdido nas drogas e violência das favelas, mas venceram no esporte.

Seus shows televisivos de sacrifícios rituais em octógonos manchados de sangue pelos golpes disferidos servem de modelos para uma sociedade onde a dor física é mais do que uma demonstração de virilidade: é uma forma educativa para através dela todos serem aceitos na sociedade pelo culto da insensibilidade à dor – seja à dor física ou moral pela derrota numa sociedade de competição em todos os níveis, ou a dor de ter de suportar a humilhação da arbitrariedade que gestores corporativos impõem a trainees, estagiários ou mesmo no trote humilhante da universidade, porta de entrada do mundo competitivo.

Educação pela dor: protofascismo?

O filósofo Theodor Adorno, no texto *Educação Após Auschwitz* de 1967, discorre sobre aquilo que denomina de "educação pela dureza", em que as pessoas para terem mérito devem suportar o insuportável.

Wilson Roberto Vieira Ferreira

Adorno, por sua vez, compara esses atos ao sadomasoquismo. Tais práticas levam a indiferença à dor, o que nos levaria a provocar a dor no outro irrefletidamente. O que conduz a sua célebre fórmula de Adorno sobre o psiquismo do fascismo: *quem é duro consigo mesmo, se acha no direito de sê-lo com os demais.*

O absurdo de pessoas se transformando em rinocerontes e aderindo à "rinocerontite" como efeito manada de adesão a mais uma moda, era um simbolismo sugerido por Eugene Ionesco para fazer as pessoas pensarem sobre a condição humana moderna. Certamente, se vivo estivesse, Ionesco ficaria perplexo com essa nova irônica metamorfose: a rinomorfização torna-se "engraçada e divertida" porque perdeu seu caráter absurdo numa sociedade que glorifica a couraça de insensibilidade na forma de um rinoceronte como condição necessária para suportar a dor e levar o indivíduo à vitória, seja no esporte, nos negócios ou no trabalho.

Portanto, na galeria atual de novos tipos urbanos neoconservadores, ao lado dos "coxinhas", "coxinhas 2.0", "simples descolados" e "novos tradicionalistas", encontramos mais um novo tipo: os *rinocerontes*, aqueles que acreditam que a insensibilidade à dor é o modelo de vida bem sucedida. São aqueles que ficam em bares e pubs descolados assistindo aos massacres de UFC em telões para, mais tarde, vestirem rinocouraças psíquicas para enfrentarem mais um dia de trabalho.

Da dureza dos seus psiquismos emana o impulso pela adesão imediata às soluções radicais e maniqueísmo político e a intolerância a tudo que haja a suspeita de conter "fraquezas": sensibilidade, diversidade, sensualidade, individualidade, tolerância, crítica ou intelectualidade.

Cuidado! Os Rinocerontes já estão entre nós.

Wilson Roberto Vieira Ferreira

"Novos tradicionalistas" são a mão de obra da revista "Veja"

(03/03/2015)

Um repórter da revista "Veja Brasília" invade um condomínio em São Paulo disposto a fabricar provas para uma pauta inventada. Pego com a boca na botija, é levado pela polícia e a família vítima da "reportagem investigativa" faz um BO na delegacia. Além do episódio ser mais uma contribuição à pesada atmosfera política atual (a pauta era sobre uma suposta festa infantil de 200 mil reais pagos em dinheiro vivo pelo ex-presidente Lula), há algo mais: curiosamente o repórter é um dublê de jornalista e DJ de festas privadas no Lago Sul de Brasília e clubes que fervem na noite daquela cidade. Está para ser feita uma pesquisa etnográfica dos novos tipos-ideais do atual neoconservadorismo. Alguns já podem ser detectados: "coxinhas", "coxinhas 2.0" e "simples descolados". E o intrépido repórter da "Veja" pertence a um novo tipo-ideal: os "novos tradicionalistas".

Tudo começou com uma nota da revista *Veja Brasília* redigida por um repórter chamado Ulisses Campbell sobre festa em buffet infantil na cidade, de um suposto sobrinho do ex-presidente Lula. O custo da festa teria sido de 200 mil reais pagos em dinheiro pelo ex-presidente. Com os desmentidos feitos pelo Instituto Lula e comprovada a mentira, o repórter foi para São Paulo disposto a produzir provas que sustentassem sua bizarra pauta.

Usando nomes falsos passou a assediar a família de "Frei Chico", como é conhecido o irmão de Lula, através de ligações telefônicas como representante do buffet de Brasília ou como estudante da USP fazendo uma suposta pesquisa.

Após ameaças de que "publicaria o que quisesse", invadiu o condomínio da família passando-se por um entregador de livro para obter de uma babá informações sobre horários de chegada dos moradores, além de obter RG e CPF dela.

Tudo terminou em um BO registrado pela família em uma delegacia e o repórter localizado pela Polícia Militar após fugir do condomínio.

Não importa a vertente política ou ideológica: temos que admitir que termos de técnica jornalística, a atitude do repórter da *Veja* foi ética e moralmente abominável – para sustentar uma pauta, inventam-se afirmações, arrancam-se declarações a fórceps mediante ameaças, para depois coloca-las no contexto que o redator quiser.

Mas nada disso é surpreendente. Deixou de ser escandaloso por já ter-se transformado em *modus operandi* diário da grande mídia nesses tempos em que ela obrigatoriamente assumiu o papel de oposição política ao Governo Federal diante de uma oposição parlamentar inepta.

O mais preocupante de toda essa história é a figura do repórter Ulisses Campbell: de qual ovo ele foi chocado? Esse *modus operandi* da grande mídia só pode funcionar se ela encontrar uma farta mão de obra de jornalistas dispostos a mandar às favas qualquer lastro ético que ainda resta à profissão.

Uma tipologia do neoconservadorismo

Casos como esse de um repórter pego com a boca na botija tentando fabricar "provas" para uma pseudonotícia são apenas a ponta do iceberg de um caldo sociocultural que está sendo gestado já há algum tempo, e que começa a entrar em ebulição com a atual temperatura política.

Está ainda para ser feita uma pesquisa etnográfica da tipologia do neoconservadorismo: os novos tipos-ideais, grupos ou tribos urbanas que foram incubados e que agora estão florescendo em uma atmosfera de polarização e radicalização.

Faz-se urgente fazer um verdadeiro inventário dos tipos da fauna humana atual, algo como fez o cartunista Angeli no final da década de 1990 com uma série de tirinhas chamadas "República dos Bananas":

  Wilson Roberto Vieira Ferreira

representações cômicas de tipos urbanos cotidianos dos meios culturais, corporativos, privados e políticos – ressentimentos, frustrações, fantasias e mediocridades de todas as classes como advogados, artistas plásticos, jornalistas e flanelinhas.

Este blog já vem tentando iniciar esse esforço de mapeamento dos novos tipos-ideais no neoconservadorismo, traçando o perfil dos "coxinhas", "coxinhas 2.0", "simples descolados" etc. – sobre isso leia o capítulo "A Simplicidade Descolada, Coxinhas 2.0 e o Novo Neoconservadorismo".

Certamente a carreira e estripulias do repórter Ulisses Campbell apresentam características e sintomas de um novo tipo-ideal dentro da atual onda neoconservadora. Poderíamos chama-lo de "Novo Tradicionalista".

Hal Niedzviecki no seu livro *Hello, I'm Special: How Individuality Became The New Conformity* sustenta que o novo tradicionalismo prospera em uma espécie de sensibilidade pós-milênio de que alguma coisa foi perdida na atual sociedade tecnológica – algum propósito ou conexão que a geração anterior possuía e que a atual obviamente perdeu.

Nostalgia por épocas que não foram vividas e o gosto estético pelo retro fazem parte desse novo tipo-ideal que acaba transformando essa inclinação para o passado em pretexto para o reacionarismo e práticas políticas golpistas como únicas formas de combater um contexto atual que, acredita, esteja corrompido. Esses traços podem ser encontrados no destemido repórter Ulisses Campbell, como veremos.

Jornalista e DJ

O que chama a atenção no repórter "investigativo" Ulisses Campbell é que ele é um dublê de jornalista e DJ nas baladas de clubes e festas privadas nas noites de São Paulo e Brasília.

Segundo o próprio repórter em uma entrevista concedida ainda nos tempos do jornal *Correio Brasiliense*, após ganhar dois prêmios Esso regionais com matérias sobre prostituição infantil nas grandes cidades e crianças mutiladas em carvoarias, ficou "estressado com o trabalho". E a partir de 2003 passou a se aventurar na carreira de DJ.

Começou então a ser "super requisitado para festas particulares e o preferido do "pessoal fervido" do Itamaraty e dos jornalistas baladeiros de Brasília. Uma vez por mês, Campbell toca no Gate's Pub, na festa concorrida chamada Cabaret, no sábado", diz o lead da entrevista de 2006.

Sua marca é a discotecagem com discos de vinil por ser "um som mais puro e vibrante" e o repertório dos anos 80 e 90 por serem "musicalmente as décadas mais ricas". E disponibiliza sets musicais completos gravados com LPs para download no SoundCloud.

Um curioso mix de conservadorismo estético, com a prática da reportagem "investigativa" e discotecagem de festas privadas no Lago Sul de Brasília.

Campbell aparece em muitas fotos ao lado da sua coleção de antigos discos de vinis, usando t-shirts com motivos sobre as velhas bolachonas, posando ao lado de pick-ups com vinis coloridos – que até lembram a velha coleção da Disquinho, pequenos vinis dos anos 1970 com histórias infantis.

A marca dos novos tradicionalistas é inclinar-se para o passado para querer entender o presente. Para eles, "tradicional" e "inovação" não são excludentes – estranhamente, ser "cool" é ser tradicional.

O cantor e compositor Ed Motta é outro Novo Tradicionalista com sua coleção de 20 mil vinis organizados em ordem alfabética – notório pelo seu apreço também a antiquários, objetos e roupas "de bom gosto" do passado e o seu apego a "gente bonita do Sul" para onde gosta de ir de avião para fugir do "povo feio brasileiro".

Talvez seja atrás dessa "gente bonita" que também esteja o destemido repórter "investigativo" Ulisses Campbell: discotecar festas privadas e a "ferveção" de clubes ao som do "Psicokiller" dos *Talking Heads* ou "Heart of Glass" do *Blondie*, sucessos da new wave dos anos 1980.

Por que o novo tradicionalista é neoconservador?

Todos os Novos Tradicionalistas partilham do conservadorismo político, o retorno ao passado para buscar fantasmas que justifiquem seu reacionarismo – "comunismo", "ouro de Cuba", a ameaça da "União Soviética" – sendo que essa nem mais existe, mas há Novos Tradicionalistas que falam dela e dos seus planos para dominar o Brasil em vídeos indignados no YouTube.

     Wilson Roberto Vieira Ferreira

Não é à toa que o Jornal *Folha de São Paulo* criou um jogo *on-line* retro para o leitor "entender os problemas do governo Dilma". O jogo tem o design dos primeiros jogos de computadores do Pacman – o jogo chama-se "Dilman", onde o bonequinho representando a presidenta tenta "capturar" inimigos, ao som das antigas músicas de computador em MIDI.

Folha de São Paulo: sintonizada com os "Novos Tradicionalistas":
Pacman e "Dilman"

Os "nerds" da *Folha* sabem o público que possuem: conservadorismo político atual se associa a tudo aquilo que um dia foi inovador e moderno, para hoje se converterem no signo de um novo tradicionalismo.

Mas os Novos Tradicionalistas não se tornam neoconservadores por quererem fazer oposição ao Governo Federal. Isso é natural e faz parte do jogo democrático. O problema que o conservadorismo estético resulta em reacionarismo social (o fascínio pelos lugares onde "gente bonita ferve"), preconceito e golpismo – como a intrépida aventura do repórter Campbell em tentar fabricar provas para uma pauta fictícia.

Como Novos Tradicionalistas, exemplares como Ulisses Campbell são ambiciosos e buscam um lugar de destaque junto aos seus (a gente-bonita-que-ferve): tornam-se a mão de obra ideal para as pautas decididas em reuniões que não são mais feitas nos "aquários" das redações, mas agora nos porões escuros das empresas jornalísticas.

Feitiço do Tempo paralisa ciclovias de São Paulo

(22/03/2015)

Não existe terceiro turno. Estamos todos presos no dia 26 de outubro de 2014, em uma cilada do tempo que nos condena a repetir o mesmo dia, tal qual no filme "O Feitiço do Tempo" (Groundhog Day, 1993). Os resultados da eleição presidencial nunca são totalizados e retornamos sempre à disputa de uma eleição sem fim. Com isso abriu-se um vórtice tempo/espaço que está sugando o futuro, nos condenando a viver um eterno presente. O exemplo recente da paralisação judicial da construção das ciclovias em São Paulo é mais um sintoma dessa anomalia temporal onde de cosmopolita a cidade de São Paulo tornou-se um enclave neoconservador. Através de um texto adjetivado e vago, o pedido de paralização das ciclovias feito pelo Ministério Público é uma peça exemplar da atual mentalidade neoconservadora que se fundamenta na percepção de terra arrasada e na aposta do quanto-pior-melhor.

Esse humilde blogueiro que vos escreve é um usuário diário de bicicleta como meio de transporte para o trabalho pelas ciclovias/faixas da cidade de São Paulo. Desde o início das suas atividades em 2009 este blog "Cinegnose" tem se posicionado a favor da bike como esporte, lazer e transporte por razões políticas, gnóstico-filosóficas ou cinematográficas.

Sem falar no fator pragmático de que com bicicleta numa cidade como São Paulo sempre temos a certeza que chegaremos no horário a um compromisso.

Após décadas convivendo com a impaciência de motoristas

e com um trânsito cada vez mais ríspido e intolerante, sintomas de uma mentalidade paulistana cada vez mais envolta em uma rinocouraça, foi com otimismo que testemunhamos o crescimento da malha de ciclo faixas/vias em São Paulo e a promessa da interligação de uma rede de 400 km.

Bicicletas como alternativa dentro de uma filosofia multimodal de transporte nas grandes cidades parecia ser um consenso até midiático, traduzido pelo marketing de bancos, supermercados e matérias em telejornais e revistas de uma grande imprensa conservadora.

E surpreendentemente até de montadoras de veículos como aquele comercial em que vemos um ciclista colocando a bike em uma garagem onde está o carro motivo da campanha publicitária.

O Feitiço do Tempo

Tudo parecia caminhar para o futuro quando, repentinamente, fomos capturados por uma espécie de vórtice tempo/espaço semelhante à daquele filme chamado *O Feitiço do Tempo* (*Grounhog Day*, 1993) onde um repórter interpretado por Bill Murray torna-se prisioneiro de um bizarro fenômeno temporal: todo dia que ele acorda, é o mesmo dia – Murray está condenado a repetir o mesmo dia para sempre.

No dia 26 de outubro de 2014 o País parece ter entrado em um vórtice tempo/espaço análogo ao do filme – o resultado do segundo turno daquelas eleições presidenciais estranhamente nunca são totalizados e sempre retornamos ao início daquela manhã quando militantes aecistas distribuíam nas ruas cópias das capas da revista *Veja* que denunciava que Lula e Dilma sabiam de toda a corrupção da Petrobrás e o PT acusava a reportagem de manobra eleitoral.

Desde então, tudo parece que está sendo sugado para esse vórtice onde o tempo se repete e até retrocede: o retorno da União Soviética, a ameaça do comunismo, a iminência de um novo golpe militar e assim por diante.

E o avanço civilizatório das ciclovias e ciclo-faixas em São Paulo é mais uma vítima desse insólito fenômeno temporal.

Guerra contra as ciclovias

Tudo começou bem antes quando a professora de Semiótica da PUC Lúcia Santaella alertou em redes sociais que as ciclo-faixas coinham

    Wilson Roberto Vieira Ferreira

um perigo subliminar de fazer cidadãos de uma hora para outra se tornarem simpatizantes do PT, do comunismo ou do Diabo em pessoa pela cor vermelha pintada no asfalto – sobre isso leia o capítulo "Professora da PUC aponta suposto perigo subliminar das ciclofaixas em SP".

Aos poucos, editores de jornais e revistas da grande imprensa começaram a repetir um mantra: "falta planejamento" – "planejamento", palavra mágica e propagandística, ótima para ser repetida em qualquer contexto pelos paulistanos sugados por aquele vórtice temporal.

Buracos, poças d'água, postes, qualquer coisa era sintoma de "falta de planejamento" – como se a cidade alguma vez tivesse sido planejada com o caótico processo de urbanização ao invadir as várzeas dos rios e abrir ruas com repentinos postes que surgem em pleno meio-fio... Pois a conta da histórica "falta de planejamento" da cidade foi cair agora nas bicicletas.

Mas, apesar disso, o tempo andava para frente e as ciclofaixas eram construídas, ao ponto de serem reconhecidas internacionalmente: São Paulo foi a vencedora da 10ª edição do Suitnable Transport Award em janeiro desse ano com a construção dos 214 quilômetros de vias exclusivas para bikes.

Mas o "feitiço do tempo" de outubro de 2014 encontrou um dos seus maiores vetores de potencialização: o Ministério Público de São Paulo - a promotora Camila Mansour Magalhães da Silveira entra com uma Ação Civil Pública pedindo a paralisação da implementação das ciclovias na cidade. O pedido de liminar da promotora é claramente uma peça política dentro de um conjunto de ações que visam paralisar qualquer iniciativa do prefeito Fernando Haddad que dê visibilidade midiática à administração.

O texto do pedido da promotora é adjetivado e vago com menções ao "desenvolvimento exacerbado do sistema ciclo viário", "número considerável de reclamações de munícipes" (o que é exatamente um "número considerável"? Quais "munícipes", cara pálida?), "impactos no trânsito", "falta de planejamento" (o mantra midiático em uma peça jurídica) e, claro, referência a matéria da revista *Veja* – a promotoria deve ter assinatura garantida da publicação através de verbas públicas do Estado para ajudar a editora da Marginal Pinheiros à beira da insolvência.

A "Síndrome de Higienópolis"

Esse vórtice aberto em 26 de outubro de 2014 parece sugar todo o fluxo do tempo, clivando o acesso ao futuro e paralisando o presente:

além dessa batalha do Ministério Público contra a evolução da política de mobilidade urbana em São Paulo, temos a judicialização da Política com a Operação Lava Jato com esperado impacto negativo de 13% no PIB – desemprego de meio milhão de trabalhadores na cadeia econômica que tem no topo as 23 empreiteiras supostamente envolvidas e abaixo de si cerca de 50 mil empresas.

Esse "Dia da Marmota" da política brasileira apresenta sintomas mais profundos que vão além da estratégia de sangramento e, talvez, impeachment, que a oposição quer emplacar contra a presidenta Dilma.

Tornar o sangramento diário como um sacrifício cíclico que arrasta todo o País para uma espécie de repetição da cena do trauma de outubro de 2014.

Em um enclave conservador que é a cidade de São Paulo, esse acidente temporal revela facetas mais profundas no qual se legitima a onda neoconservadora atual: a concepção do Brasil como terra arrasada. Uma espécie de "síndrome de Higienópolis" (como certa vez se referiu a ciclo ativista Renata Falzoni) onde encara o espaço público, e de resto toda a Nação, como sem futuro ou esperanças.

Motivado pela ideologia meritocrática, encara o automóvel como o símbolo de tudo aquilo que conquistou graças ao mérito, mesmo no meio de uma terra arrasada e perdida como o Brasil. Portanto, qualquer mudança num espaço público que obriga a partilhar as ruas com pessoas menos favorecidas ou bikes que teimam em circular pelos cenários distópicos urbanos, é vista como "delírio autoritário" ou "falta de planejamento".

Defensores ferrenhos do ideário meritocrático, esses neoconservadores adoram livros motivacionais como o chamado *Quem Mexeu no Meu Queijo?* de Spencer Johnson, parábola que nos ensina a aceitar mudanças na busca de nossos objetivos. Curioso é que para eles a necessidade de ter de aceitar mudanças só pode ser prescrita aos subalternos e "colaboradores", nunca para eles próprios. A cidade deve se manter estática para garantir o quinhão de privilégios. Afinal, vivemos em uma terra arrasada e, se eles venceram, foi APESAR da corrupção e de um governo sedento por impostos.

Quanto pior melhor

Mas esse "Feitiço do Tempo" reserva momentos inusitados em telejornais.

No momento em que Cesar Tralli no telejornal SPTV anunciava a matéria sobre a liminar que paralisava a construção de ciclovias (com

     Wilson Roberto Vieira Ferreira

as mesmas imagens repetidas de buracos, postes e poças d'água em ciclo-faixas), sua cara era de constrangimento – logo ele, certa vez flagrado pati-nando em ciclovias na orla da praia no Rio de Janeiro.

É constrangedor para um apresentador de um telejornal que até pouco tempo atrás participava do consenso da necessidade de evolução das políticas de mobilidade (elogiava a abertura da ciclovia da marginal Pi-nheiros e iniciativas como a World Bike Tour em São Paulo), agora vê-se também prisioneiro do Dia da Marmota de outubro de 2014.

E como se solucionará esse "Feitiço do Tempo"? No filme, Phil (Bill Murray) descobre que a sua "vidência" (afinal, ele sabe o que acon-tecerá em cada detalhe daquele dia) não deve ser usada para a manipulação, mas para ajudar as outras pessoas e melhorar interiormente. Phil deixa de ser arrogante e o tempo passa a andar para frente.

Infelizmente, no atual Feitiço do Tempo a repetição acon-tece como farsa, isto é, como onda neoconservadora – se no filme Phil queria mudar, aqui na realidade o conservadorismo se baseia na percepção de terra arrasada e na aposta do quanto-pior-melhor.

Aos ciclistas resta voltar a enfrentar a impaciência e ressen-timento dos motoristas, que agora têm o álibi da judicialização da Política, enquanto mais uma vez saem às ruas em protesto.

Quem sabe um dia a Polícia Federal fará uma blitz nas poucas ciclovias que ainda restarem para prender ciclistas suspeitos em uma futura Operação Lava Bike...

Wilson Roberto Vieira Ferreira

"Veja", Simples Descolados e Coxinhas 2.0 gourmetizam festas juninas

(15/06/2015)

O chamado "raio gourmetizador" atinge também as festas juninas, como mostra matéria da revista "Veja SP" em seu diligente trabalho semanal de elevar a moral da classe média. A complexa retórica dos "ingredientes" e das "harmonizações" agora constrói a mitologia do "rústico", do "artesanal" e do "nativo" em quermesses e arraiais. Simples descolados e "coxinhas 2.0" (a versão autossustentável do coxinha tradicional) seriam os arautos de uma suposta simplicidade perdida pelo consumismo desenfreado de uma classe C sem educação. Parece que a "Teoria da Classe Ociosa" elaborada há cerca de 100 anos pelo economista Thorstein Veblen torna-se cada vez mais atual: a afetação sociolinguística da gourmetização como um "trabalho ocioso" que busca reconstituir uma distinção de classes ameaçada pela política econômica neodesenvolvimentista. Com a midiatização da tendência, hoje a gourmetização assumiria um duplo papel: gourmetizar não apenas a elite, mas também as massas como função disciplinar e ideológica.

Chegamos às festas juninas onde nos quatro cantos do País se comemora os santos populares Santo Antônio, São Pedro e São João. Em seu diligente trabalho de elevação da moral de uma classe média que ainda vê nela alguma relevância, a edição da *Veja São Paulo* de 10/06/2015 quis nos mostrar que as festas juninas já não são mais as mesmas.

Daqui em diante, expressões como "arraial" e "quermesse" se

confundirão com balada para jovens aspirantes a uma suposta elite descolada.

Esqueça o quentão, o "buraco quente" (pão francês recheado de carne ao molho) com carne louca, o pinhão e a barraquinha de pesca. Pense agora em uísque, "buraco quente" recheado com carne de costela de boi da raça angus (porque "harmoniza" melhor com cervejas artesanais), pista de dança com DJs e sanduíches feitos diretamente de *food trucks* com letreiros em *handshop*.

Esqueça os caipiras. Agora são hipsters. Chega de bilheterias onde trocava-se o dinheiro por fichas para disputar prêmios em barraquinhas. Agora são "ingressos antecipados" vendidos "em lotes". Tudo isso para a festa junina parecer exclusiva e diferenciada. O melhor dos mundos: a simplicidade popular combinada com sofisticação hip!

Tudo indica que até o final dessa temporada de festas juninas provavelmente veremos algum arraial oferecendo pinhão orgânico, quentão de vinho Bordeaux e milho com sal do Himalaia...

O que vemos nas páginas impagáveis da *Veja São Paulo* é mais um verdadeiro documento histórico que, no futuro, antropólogos e sociólogos certamente irão se debruçar para redigir suas teses de PhD. Eles descobrirão que esse fenômeno de afetação sociolinguística se chamava jocosamente de "raio gourmetizador" e que surgiu dentro de um contexto político brasileiro de polarização e radicalizações morais e ideológicas.

"Menos é mais"

Como vimos em postagem anterior, a cidade de São Paulo deu até aqui a sua melhor contribuição sociocultural para o País: a simplicidade descolada, figura urbana que representa a verdadeira evolução do chamado "coxinha". Ele é agora o "coxinha 2.0": figura autossustentável, preocupado com a agenda eco planetária e querendo parecer politicamente engajado no contexto dos protestos de rua. Aspira à simplicidade, porque os tempos estão difíceis com a crise planetária (ambiental) e nacional (corrupção do Governo Federal) – sobre isso veja o capítulo "A Simplicidade Descolada, Coxinhas 2.0 e o Novo Neoconservadorismo".

"Menos é mais", é o seu mantra ao mesmo tempos simples (minimalista) e descolado (porque é um hip!). Menos Estado, menos corrupção, menos política (porque é corrupta), e uma sociedade mais justa.

É aqui que a porca torce o rabo. A ideia de sociedade justa

Wilson Roberto Vieira Ferreira

que o simples descolado imagina não tem a ver com a igualdade. Aliás a "igualdade" é imaginada como um conceito competitivo (com a igualdade das posições na largada de uma corrida) onde eles largam na frente por terem acesso ao "exclusivo" e "diferenciado".

O simples descolado aspira à gourmetização geral da vida: da pipoca ao churrasco, do chocolate à água mineral, tudo passa a ter uma versão gourmet exclusiva. O antigo carrinho de "dogão" prensado ou do x-tudo agora virou um *food truck* sofisticado. Até o carvão virou gourmet – não faz fumaça e é ecologicamente correto e ideais para "varandas gourmet", onde as linguiças igualmente gourmet também "harmonizam-se" com cervejas compradas de alguma empresa que adquiriu um kit de fabricação artesanal de cerveja de alguma startup.

Gourmetização é "trabalho ocioso"?

Cem anos depois parece que as ideias Teoria da Classe Ociosa do economista Thorstein Veblen (1857-1929) continuam bem atuais. Para Veblen, devido à sua natureza o homem não se conformaria com o aumento geral da riqueza de uma comunidade que fosse o suficiente para realizar as necessidades de todos. Isso porque as necessidades individuais refletem sempre o desejo de sobrepujar os demais, a fim de ostentar sua honorabilidade.

Diferente da visão da teoria econômica de que o objetivo da produção é a subsistência (satisfação das necessidades físicas e espirituais), para Veblen a base da propriedade é a emulação – trabalho ocioso (tempo gasto em atividade não produtiva) investido em bens que representem distinção, honra, prestígio ou status.

Ou em termos mais modernos: "exclusividade" e "diferenciação".

Quando as classes médias se deram conta que a chamada "classe C" estava ao seu lado no cinema e aeroportos e ao ver videoclipes do funk ostentação estetizando a euforia desses novos consumistas por beber uísque importado e frequentar shopping centers, então procuraram o cinema vip com pipocas gourmetizadas com azeite trufado na cumbuca de cristal.

A política neodesenvolvimentista dos anos Lula democratizou o consumo, com a inclusão de novos consumidores capazes de bancar experiências antes impossíveis: compras a créditos de grifes conhecidas, passeios em shoppings ostentando sacolas de compras, cinemas multiplex, corte de carnes nobres e produtos e serviços premium.

Diante do neobarroco kitsch que expressa orgulho e ostentação de um "novo-riquismo" de uma classe que acreditou ter ascendido socialmente através do consumo, as "elites" (ricaços e classes médias) responderam simbolicamente a essa afronta com o consumo afetado da gourmetização.

Temos a acentuação da dimensão simbólica do consumo ou, nos termos de Veblen, a acentuação do "trabalho ocioso". E a ironia dessa resposta das elites é que elas vão criar distinção e status apropriando-se das suas memórias afetivas populares (a pipoca, o brigadeiro, o "dogão" etc.) para criar uma falsa simplicidade (a simplicidade descolada) como resposta ao suposto consumismo inconsequente de grifes ecologicamente incorretas da classe C.

Valoriza-se a origem dos ingredientes, destacando a mitologia do "rústico", do "nativo", do "artesanal". Essa obsessão acaba criando até momentos de humor involuntário na TV como o impagável churrasco "simples e saudável" com fatias de melancia e folha de couve na grelha sobre carvão sustentável no programa *Bela Cozinha* no canal GNT, diante de convidados que olhavam incrédulos...

Como resposta simbólica à invasão das hordas bárbaras ao templo do consumo, a gourmetização atualmente parece desempenhar um duplo papel: como "trabalho ocioso" que cria estratégias elaboradas objetivando exclusivismo e diferenciação de classe (*gourmetização para a elite*) e como discurso ideológico transmitido pelas mídias - *gourmetização para as massas*.

Como *gourmetização para a elite*, o consumo restringe-se a uma seleta elite de chefs que se transformam em guardiões da essência da simplicidade popular perdida pelo suposto consumismo desenfreado sem educação e consciência. Galinhada goiana, risoto caipira ou moqueca de pirarucu são gourmetizados pela mitologia do "rústico" e do "artesanal" que constrói uma verdadeira retórica dos ingredientes – se o semiólogo francês Roland Barthes ainda estivesse vivo, deliraria com as semelhanças linguísticas entre a retórica do sistema da moda e o da gourmetização.

Já a *gourmetização para as massas* possui um propósito essencialmente disciplinar e ideológico. Visa à esfera da produção futura de produtos gourmetizados, formando a mão de obra de empreendedores que trabalharão para a elite. Programas televisivos como *MasterChef* (Band), *Hell's Kitchen* (Fox) ou *Food Truck – A Batalha* (GNT) vemos aspirantes à gourmetização não têm apenas o seu desempenho julgado: são humilhados, intimidados por olhares fixos dos jurados e interpelados em tom agressivo, ríspido

   Wilson Roberto Vieira Ferreira

pontuado com palavrões.

A ascese dos candidatos é a resignação, como nas dinâmicas de grupo sem sentido nos processos seletivos corporativos. Humilhação como educação por uma suposta dureza da vida, lição de vida da moralidade meritocrática. Lições de empreendedorismo e meritocracia através de um verdadeiro *bullying* gastronômico.

Com isso, a gourmetização arregimenta a moral da tropa e disciplina a futura força de trabalho que perpetuará o "trabalho ocioso" de construção simbólica que restitua a diferença de classes que ameaça ser perdida.

Virada gramatical tenta curar tiro no pé da grande mídia

(31/07/2015)

Depois de décadas de jornalismo adversativo onde dominavam conjunções como "mas", "porém", "contudo" etc. para minimizar impactos negativos e, com os governos petistas como oponentes, inverter o sinal e as adversativas minimizarem impactos positivos, a grande mídia dá uma virada gramatical: adjuntos adverbiais de concessão como "apesar da crise, indústria cresce..." ou "mesmo com a crise, setor de informática vende mais..." passam a se repetir ao ponto de tornarem-se bordões ridicularizados em redes sociais. Por que essa virada gramatical? Depois de 12 anos em uma cavalgada suicida querendo provar que o País está no abismo econômico detonando bombas semióticas da crise autorrealizável, a grande mídia chegou ao limite: a presunção da catástrofe volta-se contra ela própria, com queda de audiência e anunciantes. Depois do tiro no pé a grande mídia parece tentar sinalizar ao mercado: "apesar da crise, anuncie aqui!".

Lá pelo final do século passado, em plena crise do Plano Real com as maxidesvalorizações logo depois da reeleição presidencial de Fernando Henrique Cardoso, um helicóptero da TV Globo sobrevoava os pátios lotados de veículos das montadoras da região do ABC paulista. A voz ao vivo do repórter aéreo falava em pátios lotados, crise e férias coletivas. Corta para o estúdio. E o apresentador Chico Pinheiro contemporizou: "Mas quem ganhará é o consumidor com os descontos que as concessionárias oferecerão...".

Essa era ainda a época do jornalismo adversativo. Embora o jornalismo sempre tenha vivido da presunção da catástrofe (o acidente, o bizarro e o endêmico prendem a atenção do espectador), a utilização das conjunções coordenadas adversativas (mas, porém, contudo, todavia etc.) sempre teve duas funções primordiais.

Primeiro, a função *existencial* – relativizar ou minimizar o impacto negativo é a sua função comercial de entretenimento. Afinal, não importa se as notícias são boas ou ruins. No todo, seja o jornalismo televisivo ou impresso, deve ser uma experiência visual, gráfica e informativa agradável.

Anunciantes não querem associar subliminarmente suas marcas e serviços a experiências desagradáveis. Por exemplo, no dia dos atentados de 11 de setembro de 2001 as redes de TV dos EUA tiveram um prejuízo de US$ 200 milhões com a suspensão de inserções publicitárias. Um ano depois, ao fazer reportagens especiais em horário nobre sobre o evento, a FOX News teve mais prejuízos: anunciantes ficaram relutantes em associar suas marcas à lembrança de um evento tão negativo.

Segundo, a função *política* – desde a ditadura militar, a grande imprensa tentava conciliar a sua função informativa com a adesão às políticas dos governos militares e, mais tarde, o apoio e confiança irrestrita ao Plano Real. Inflação aumentou? Mas em termos relativos diminuiu comparando-se com o mesmo período do ano anterior... O desemprego cresceu? Porém, é a oportunidade de criar seu próprio negócio...

Marteladas adversativas

Conjunções coordenadas (aditivas, adversativas, conclusivas, explicativas etc.) sempre foram retoricamente interessantes para o jornalismo: conciliavam interesses muitas vezes contraditórios (publicitários e políticos), além de criarem uma percepção aos leitores/espectadores de um jornalismo articulado, explicativo ou investigativo.
Parece haver isenção ao mostrar um pretenso "outro lado". Ao contrário das conjunções subordinadas (causa, comparativa etc.), suspeitas de intenções ideológicas ao tentarem criar subordinações entre afirmações – porque, do que, mais, contanto etc.

A partir de 2003 e início da era dos governos petistas Lula e Dilma, a grande mídia manteve esse traquejo adversativo, mas agora com o sinal trocado.

Deve-se agora relativizar e minimizar o impacto positivo –

Wilson Roberto Vieira Ferreira

O PIB cresceu? Mas o desemprego aumentou. A economia está aquecida? Entretanto, o "gargalo estrutural" não vai permitir escoar a produção...

Foram 12 anos de marteladas adversativas, até chegar a um ponto onde as duas funções dessa conjunção gramatical (*existencial* e *política*) começaram a entrar em choque: de um lado, a experiência do jornalismo como infotenimento começou a perder o seu lado do "entretenimento" – a experiência para o leitor/espectador tornou-se cada vez mais desagradável, alarmista, baixo astral com alusões recorrentes de abismos, crises, precipícios, buracos e quedas.

E do outro, a condição que a grande mídia passou a se auto investir de ser a única opção viável de oposição ao Governo Federal, pautando as ações da oposição política e parlamentar.

A crise autorrealizável

Após a transformação diuturna de cada trepidação da Bolsa, de cada variação sazonal de preços de hortaliças e legumes (os vilões tomate e cebola, por exemplo) ou de cada flutuação do câmbio em sintomas de uma presumível catástrofe, finalmente explodiu a bomba semiótica da crise econômica autorrealizável.

A crise econômica autorrealizável lembra bastante a chamada inflação psicológica da hiperinflação brasileira dos anos 80-90 – por ter medo da inflação e na tentativa de se prevenir contra uma catástrofe futura, consumidores, indústria e comércio adotavam ações que colaboravam para a expansão da própria inflação.

Com a inversão dos sinais, o diapasão do discurso adversativo finalmente criou a percepção (paradoxalmente em todo espectro político) de que a crise econômica chegou, a corrupção é endêmica e o País caiu no abismo.

Mas como coloca de forma simples e irônica a charge de Duke (publicada no jornal *O Tempo* de Minas Gerais) sobre essa dinâmica psicológica da crise, a vitória da grande mídia pode ser um tiro no próprio pé – ou a chamada "vitória de Pirro".

"Apesar da crise..."

A começar, a contradição entre a função existencial e política: assistir a um telejornal tornou-se desagradável e chato, produzindo medo e ansiedade. Por isso, somada a ameaça das mídias de convergência (por exemplo, a Reuters lançou um canal de vídeos cujo slogan é: "o canal de notícias para quem não vê mais TV"), despencam as audiências dos telejornais, repercutindo nas telenovelas e todo o horário nobre. Os patrocinadores ameaçam debandar ou querem negociar preços mais baixos de inserção: afinal, todos sabem, estamos em crise...

Em desespero, a mídia vem nos últimos meses abandonando as conjunções adversativas como bem percebeu Pablo Villaça, que em seu Facebook ironizou o abuso da expressão "apesar da crise" pela imprensa. Villaça fala que se a grande mídia não utilizasse essa expressão, ela não teria mais o que publicar, já que os fatos econômicos insistem em contradizer as previsões dos colunistas.

"Apesar da crise, porto de Santos bate recorde de movimento no primeiro semestre de 2015", informou a TV Tribuna de Santos nessa semana ou "Apesar da crise, a indústria está otimista com as vendas na Páscoa", informou o portal de *O Globo*. São amostras recentes desse repentino apego ao adjunto adverbial de concessão, abandonando as conjunções adversativas.

Virada gramatical

Por que essa virada gramatical? Comunicadores como Jô Soares ou Serginho Groisman logo perceberam que a mídia na sua cruzada oposicionista abriu uma espécie de caixa de Pandora que ameaça a si própria, também a grande mídia percebe que chegou ao limite da distensão entre as funções existencial e política, entre o infotenimento e o papel oposicionista.

Para além do confronto político-partidário, existe a rotina contábil de entrada e saída do caixa, das atividades comerciais cotidianas, da necessidade do constante fluxo de inserções publicitárias que dependem de percepções e expectativas quanto ao futuro da indústria, comércio e serviços.

A grande mídia começa a perceber que há anos está em uma cavalgada suicida. Por isso, o verdadeiro bordão em que se tornou os adjuntos adverbias de concessão (apesar de, embora, em que pese, mesmo que etc.) é o sintoma dessa desesperada tentativa de conciliar a natureza comercial de entretenimento com o papel conjuntural de oposição política.

E uma sutil mensagem aos patrocinadores: sim, apesar da crise vocês podem continuar anunciando aqui...

No caso particular da TV Globo, a situação é ainda pior. Por muito tempo, a crise e a hiperinflação foram aliadas para sua audiência cativa: na falta de dinheiro para ir a um cinema ou restaurante, o brasileiro ficava em casa assistindo ao horário nobre de futebol-telenovelas-noticiário.

 Wilson Roberto Vieira Ferreira

A explosão da bomba semiótica da crise autorrealizável pode ter deprimido o consumo e o ímpeto de sair de casa para se divertir. Mas diante da chatice da recorrência de adversativas e adjuntos adverbiais de concessão, há atualmente em cada quarto da casa de um número crescente de brasileiros algum tipo de dispositivo de convergência (celular, ipad, notebook etc.) como a alternativa mais imediata para abandonar a grande mídia e deixar de vez que ela paute nossas vidas.

Estágio meteorológico da informação cria presunção da catástrofe

(23/08/2015)

Já foi a época em que a Previsão do Tempo nos telejornais era uma prestação de serviços para os espectadores saberem se teriam que sair de casa de guarda-chuva ou então se o próximo final de semana seria aproveitável para passeios. Hoje tornou-se um jogo televisual onde os dados dos satélites e os infográficos animados representando depressões atmosféricas e deslocamentos de massas de ar tornaram-se álibis da busca de uma amarração ideal das seguintes pautas: a "crise hídrica", a presunção da catástrofe climática e a descontextualização das notícias. É o "estágio meteorológico da informação", onde os boletins da previsão do tempo sucedem ou precedem notícias que precisam ser semioticamente maquiadas.

A sessão da Previsão do Tempo nos telejornais tornou-se peça subliminar daquilo que chamamos de "jornalismo metonímico" – a ordem em que as notícias são colocadas em um telejornal cria uma narrativa para confirmar predisposições, visões de mundo e ideologias políticas pré-existentes nas reuniões de pautas das editorias.

O pensador francês Jean Baudrillard já observava esse fenômeno em 1995 ao afirmar que a informação estava entrando no "estágio meteorológico": na televisão francesa as notícias sobre Bolsa de Valores e Economia sempre antecediam ou sucediam os boletins meteorológicos como que as previsões e incidentes climáticos naturalizassem as flutuações especulativas – a especulação dos mercados financeiros não são eventos políticas, mas fenômenos parecidos como os da Natureza – leia BAUDRIL-LARD, Jean. "A Informação no Estágio Meteorológico" In: Idem, *Tela Total*, Porto Alegre: Sulina, 1997.

O mundo da Economia seria tão objetivo e neutro quanto os fenômenos meteorológicos, restando a nós observarmos e tentar prever as tendências. Hoje, os europeus pagam o preço dessa blindagem ideológica dos anos 1990 que ajudou a criar a chamada "Zona do Euro".

Aqui nos telejornais brasileiros, os boletins meteorológicos atualmente procuram fazer a amarração semiótica de três pautas: *a "crise hídrica", a presunção da catástrofe climática e descontextualização de notícias.*

Blindagem semiótica da "crise hídrica"

A cobertura jornalística da crise do abastecimento de água na Grande São Paulo e de cidades no interior do Estado tem se limitado a fazer uma contagem regressiva do esvaziamento das represas em cada boletim da Previsão do Tempo. Infográficos dinâmicos mostram massas de ar quente e nuvens de chuvas desviadas para o oceano.

Analistas criticam a mídia de que a cobertura à chamada "crise hídrica" não menciona a responsabilidade do governador do Estado, Geraldo Alckmin, e nem a omissão administrativa da Sabesp (empresa de saneamento básico do Estado), alertada desde o início desse século por especialistas que já previam o cenário atual. E muito menos são noticiados os lucros recordes da Sabesp, mesmo em um momento de crise de abastecimento – que, aliás, é noticiado como pontuais "quedas de pressão" da rede de fornecimento.

Porém, mesmo que os telejornais comecem a fazer o contraponto e deem espaço para especialistas que falem sobre as verdadeiras razões da falta d'água, o estágio meteorológico atual da informação blindaria a pauta da grande mídia contra qualquer voz dissonante: logo em seguida ao bloco de notícias entraria um boletim sobre a previsão do tempo falando em estiagens, quantidades de chuva abaixo de uma suposta média esperada para o mês e assim por diante.

O primeiro critério que o leitor deve ter em mente ao fazer a leitura crítica de um telejornal, não é ficar apenas atento ao que não foi informado, mas a sucessão narrativa da pauta, a escalada das notícias. A contiguidade entre notícias e boletins meteorológicos, por exemplo, é uma desses mecanismos semióticos com a finalidade de, subliminarmente, amarrar a narrativa que se quer empurrar goela abaixo do telespectador.

   Wilson Roberto Vieira Ferreira

Certa vez, o jornalista e sociólogo espanhol Ignácio Ramonet escreveu que mais importante do que as próprias notícias, é a forma como elas são dispostas na pauta do telejornal: as aproximações acabam sugerindo conexões e relações de causa-efeito entre fatos que, de outra forma, seriam meras informações isoladas. Ou, o inverso: notícias cujas conexões são críticas são afastadas, esvaziando seus significados. Aproximações ou afastamento de notícias dentro da pauta do telejornal acabam criando novas significações que, muitas vezes, podem ter motivações político-ideológicas.

A bomba-relógio dos boletins meteorológicos

Outro função semiótica é a da presunção da catástrofe climática – depois de cada notícia exótica sobre fenômenos climáticos extremos (um lugar que não nevava há 50 anos, recorde de calor em Nova York ou Londres ou as apavorantes imagens do cone escuro de um ciclone destelhando casas no Paraná) ou incêndios em matas ou áreas urbanas, vem o boletim meteorológico sobre algumas palavras-chave esotéricas (e, portanto, assustadoras) para o leigo como "efeito El Niño", "depressões", "corredor de convergência", "anticiclone tropical"...

Eventos previsíveis, sazonais ou compreensíveis numa perspectiva de recorrência climáticas de longo prazo transformam-se em evidências de uma catástrofe que se aproxima.

O cacoete metonímico em aproximar rapidamente um incêndio isolado com a sessão da previsão do tempo é um efeito involuntário dessa ansiedade nervosa por conexões que conduzam à agenda do Aquecimento Global.

Notícias sazonais de queimadas em estações secas desde a Califórnia (principalmente quando se aproximam de mansões de celebridades) até o Planalto Central brasileiro seriam confirmações dessa marcha histórica para a catástrofe.

O interessante na retórica das previsões do tempo é o efeito bomba-relógio ou contagem regressiva: diariamente os apresentadores do tempo fazem uma leitura da umidade do ar decrescente, a contagem dos dias de estiagem (não chove desde...) etc. Mesmo sabendo-se que colocado em perspectiva histórica é o período do ano de natural estiagem, o boletim reforça as tintas ao provar na contagem regressiva que alguma bomba climática explodirá.

Historicamente sabemos que, desde quando o magnata das comunicações dos EUA William Hearst inventou uma guerra entre EUA e

Cuba em 1898 para aumentar a tensão diplomática com a Espanha e vender mais jornais, a mídia vive da presunção da catástrofe, do pânico e do medo. Supostamente, essas situações tornariam os cidadãos ainda mais sedentos por informação, para encontrar uma saída ou simplesmente sobreviver.

Mãe Natureza seletiva

Além de tudo isso, o estágio meteorológico da informação descontextualiza as notícias – neutraliza acontecimentos sociais e políticos, transformando-os em eventos naturais ou acidentes imprevisíveis. Notícias sobre acidentes envolvendo intempéries (inundações, secas, raios, tufões etc.) são reportadas como tragédias humanas e as vítimas como cidadãos genéricos, que parecem não pertencer a nenhuma classe social específica.

O porquê de as vítimas serem principalmente pobres e habitantes de regiões periféricas passa longe da preocupação da pauta. Não há contexto socioeconômico que explique o porquê de a Mãe Natureza ser tão seletiva na escolha das vítimas – em geral pobres que moram em áreas de risco.

Fechada a reportagem, entra em seguida o boletim meteorológico que legitima através dos elegantes infográficos em *chroma key* a naturalização das desigualdades sociais.

Como Baudrillard escrevia sobre o estágio meteorológico da informação, as sessões de Previsão do Tempo dos telejornais parecem assumir uma função paradoxal: embora falem em "previsões" (como é de se esperar, já que a Natureza opera por ritmos e padrões), na verdade os boletins buscam o efeito contrário: o imprevisível, o acidente, o catastrófico. Com isso naturaliza as desigualdades sociais e a má gestão dos recursos de uma sociedade que, por princípio, deveria nos proteger da Natureza.

Wilson Roberto Vieira Ferreira

Efeito colateral atinge telenovelas da TV Globo

(17/09/2015)

Será que a culpa é da Internet? Ou as séries da Netflix seriam as culpadas? Será que o gênero é uma vítima do sucesso das tecnologias de convergência? São vários os diagnósticos do porquê da atual crise de audiência do principal produto da TV Globo – as telenovelas. Talvez sejam diagnósticos muito apressados por conterem o desejo político pelo fim do monopólio da Globo. Mas as pesquisas qualitativas com telespectadores feitas pela própria emissora têm uma pista: falam em "teledramaturgia pesada" e "desesperança" desde a novela "Em Família". Em sua escalada oposicionista a Globo recruta as telenovelas como mais uma bomba semiótica, rompendo o sutil equilíbrio entre romantismo e realismo, projeção e identificação que sempre marcou o sucesso do gênero – a ficção deve agora reforçar subliminarmente o "quanto pior, melhor" do telejornalismo. A Globo estaria vivendo o efeito colateral da sua condição esquizofrênica: ser uma empresa e ao mesmo tempo um partido político.

Mal recuperou-se da crise de audiência que obrigou a descaracterizar e encurtar às pressas a telenovela *Babilônia*, e o núcleo de teledramaturgia da Globo passa a viver novo sobressalto: reuniões foram convocadas às pressas para entender o problema da baixa audiência na estreia de *A Regra do Jogo*, nova produção do horário das 21 horas.

A *Regra do Jogo* teve a pior início na história das telenovelas globais (31 pontos), enquanto as antecessoras *Babilônia* (33), *Império* (32), *Em Família* (33), *Amor à Vida* (35), *Salve Jorge* (35), *Avenida Brasil* (37), *Fina Estampa* (41), *Insensato Coração* (36), *Passione* (37), *Viver a Vida* (43), *Caminho das*

Índias (39) e *A Favorita* (35) se saíram melhor.

Desde o último sucesso de *Avenida Brasil* em 2012 (que surfou no sucesso econômico neodesenvolvimentista e ascensão da chamada "Classe C") as audiências vêm despencando no horário nobre e mais caro da televisão brasileira.

Muitas explicações têm sido levantadas: processo de transformação das tecnologias de convergência que oferecem novas opções as telespectadores mais jovens, Internet, crise criativa na teledramaturgia ou simplesmente o início do fim do gênero telenovela – com ofertas como as series da Netflix, por exemplo, ninguém teria mais paciência de ficar meses a fio preso a uma história.

O que parece estar muitas vezes por trás desses diagnósticos é na verdade um anseio político de que a TV Globo esteja se aproximando do abismo depois de décadas de monopólio, de que finalmente a chamada vênus platinada esteja perdendo sua força diante das novas tecnologias ou de que um gênero televisivo que tanto serviu de agente de alienação esteja caminhando para o fim.

Para além desse desejo velado, o *Cinegnose* quer entrar nessa discussão é lançar uma hipótese, já iniciada em postagem anterior: partindo da constatação que a TV Globo vem nos últimos anos assumindo o papel de partido de oposição feroz ao Governo Federal através do seu telejornalismo e, como veremos, utilizado também a teledramaturgia, poderíamos interpretar a atual crise das telenovelas globais como efeito colateral da atual cruzada política da emissora?

Teledramaturgia "pesada"

Ao recrutar seu principal produto de mais alta audiência como bomba semiótica jogada contra o Governo, a ambição política da Globo poderia começar a interferir na rotina de audiência da teledramaturgia da emissora.

Pesquisas qualitativas realizadas pela própria emissora já detectaram, como no caso de *Babilônia*, de que o público considerava uma "teledramaturgia pesada" com vilãs praticando maldades desde os primeiros capítulos, demonstrando "desesperança" sem um "final feliz". No geral, desde a telenovela *Império*, as pesquisas vêm apontando "excessos de maucaratismo" e "realidade".

     Wilson Roberto Vieira Ferreira

No caso de *Babilônia*, uma estratégia desesperada de recuperação foi acionada pelos autores Gilberto Braga e Ricardo Linhares para tirar o pé no "realismo": evitou-se que uma personagem virasse prostituta (Alice, feita por Sophie Charlotte) e um galã (Carlos Alberto, personagem feito por Marcos Pasquim) se tornasse homossexual.

Observando a história e evolução das telenovelas globais em seu conjunto, diversos estudos clássicos sobre o gênero apontam que o segredo do sucesso da teledramaturgia global foi sempre a busca de um equilíbrio entre o romantismo e o realismo.

Ao contrário do formato melodramático latino-americano, como as produções mexicanas ou venezuelanas, as telenovelas globais encontraram uma fórmula de equilíbrio entre drama, humor e realismo naturalista - narrativas, plots e personagens menos estereotipados do que na fórmula do melodrama e até reflexões sobre temas sociais como segregação, machismo, feminismo. Além de temas da pauta do jornalismo como, por exemplo, a clonagem humana abordada pela novela *O Clone* (2001-2) de Glória Perez.

Politicização da teledramaturgia global

Porém, percebe-se que, desde a novela *Em Família* (2014), com cenas como a do estupro de uma personagem no interior de uma van no Rio de Janeiro (repercutindo a notícia da chamada "van do terror", sobre quadrilhas que estariam sequestrando turistas na cidade - fato bombástico à vésperas da Copa do Mundo), esse equilíbrio teledramatúrgico forçando as tintas no "realismo" com os autores utilizando pautas do telejornalismo da própria emissora como ganchos para criar situações ou *plots* narrativos.

Portanto, a hipótese do *Cinegnose* para a atual crise das telenovelas globais (e principalmente no horário nobre da emissora) residente numa evidente "politização" da teledramaturgia na escalada do papel de oposição política que a Globo assumiu.

Essa politização mais explícita já havia se iniciado em minisséries como *Felizes Para Sempre* (o achincalhamento niilista da Política na linha do "nenhum político presta e Brasília é a cidade do pecado") e *Questão de Família* (apologia da judicialização da política através de um juiz justiceiro). Com o acirramento político atual e o clima do "quanto pior melhor" que a emissora parece abraçar, agora a Globo utiliza o seu principal produto (as novelas do horário nobre) como bomba semiótica final.

O clima de baixo astral que domina a pauta do

telejornalismo atual com rostos cada vez mais patibulares de seus âncoras (a voz cada vez mais grave e os olhos apertados de Bonner; as olheiras cada vez maiores de William Waack e Sandra Annenberg; o olhar debaixo para cima com olheiras igualmente crescentes da comentarista econômica Miriam Leitão etc. – até o jovem Evaristo Costa, sempre as voltas com pautas positivas começa a ensaiar feições deprimidas) deve agora também invadir a teledramaturgia com crônicas sobre um país afundado em vilania, corrupção e imoralidade.

Numa estratégia de reforço metonímico, as telenovelas devem reforçar na ficção a desesperança e pessimismo exibido antes no Jornal Nacional. E parece que a atual crise de audiência das telenovelas é um indesejável efeito colateral para uma emissora que, no final das contas, é uma empresa como outra qualquer.

Identificação e projeção nas telenovelas

Esse desequilíbrio da teledramaturgia afeta um dos principais produtos ficcionais da indústria cultural brasileira que, para pesquisadores como o francês Dominique Waltton, foi o principal produto que ajudou a criar "o grande público" no mercado de telecomunicações brasileiro.

Um produto cultural único, capaz de se dirigir sucessivamente para as classes A,B,C e D e criando, bem ou mal, um laço e identidade social baseado na "ficcionalização da realidade" – leia WOLTTON, Dominique, *O Elogio do Grande Público*, Ática, 1996.

Uma ficcionalização tão grande que foi capaz, inclusive, de interferir na taxa de fertilidade do brasileiro como demonstrou estudo do Banco Interamericano de Desenvolvimento (BID) que relacionou os conteúdos das telenovelas com queda da taxa de fertilidade e divórcios em regiões alcançadas pelo sinal da TV Globo.

A telenovela brasileira conseguiu criar a "cross-class fantasies" (fantasias que transcendem as diferenças de classes) através de um delicado equilíbrio estético entre romantismo e realismo e psicológico entre *identificação* e *projeção*.

O romantismo tende a criar uma relação de *projeção* do telespectador com a telenovela: projetar na ficção tudo aquilo que gostaria de ter, ser ou fazer, mas a realidade o impede – sonhos e fantasias projetados na ficção como uma espécie de realização à distância – filmes como *A Rosa Púrpura do Cairo* de Woody Allen renderam uma homenagem a essas antigas narrativas melodramáticas no cinema. As relações psicológicas projetivas

     Wilson Roberto Vieira Ferreira

tendem a ser encontradas quanto mais descemos nas classes socioeconômicas.

Ao contrário, na *identificação* nos reconhecemos na narrativa e personagens: reconhecemos signos ou representações da nossa própria realidade. Esse realismo é mais presente quanto mais subimos no espectro socioeconômico.

Politização desequilibra teledramaturgia

Em alguns momentos esse desequilíbrio aconteceu como no caso da novela do horário das 18h *Pecado Capital* (1998), remake da telenovela clássica de 1975.

Pesquisas qualitativas da emissora que tentavam entender o porquê da drástica queda da audiência nas primeiras semanas de exibição localizaram o desequilíbrio nas classes socioeconômicas mais baixas: a narrativa ainda estava muito focada na personagem Lucinha (Carolina Ferraz), moradora de subúrbio pobre no Rio de Janeiro.

Pobres não gostam de ver pobres, descobriu a pesquisa. Pobres não querem identificação, mas narrativas onde possam projetar seus sonhos. Esse diagnóstico forçou Glória Perez a acelerar a narrativa para que Lucinha se casasse logo com seu patrão, Salviano Lisboa, tornando-se rica com cenas dessa vez mais centradas na Zona Sul rica.

Olhando em perspectiva a história das telenovelas globais, o desequilíbrio em favor do realismo parece ter ocorrido pela última vez no período das eleições de 1989 com novelas como *Vale Tudo* (o pessimismo de um país afundado na crise ética e moral) e *Que Rei Sou Eu?* e *O Salvador da Pátria* – novelas que alimentaram o imaginário do sebastianismo por trás da figura do candidato Fernando Collor de Mello, o "caçador de marajás", apoiado pela emissora.

Em épocas de calmaria, como nos anos 1990 onde as políticas neoliberais de privatizações eram implementadas com vento em popa, a teledramaturgia global vivia seu período de normalidade narrativa entre humor, romantismo e realismo.

Hoje, a Globo paga o preço do seu "ativismo" político. Não é à toa que *Babilônia* e *A Regra do Jogo* estejam perdendo nacos de audiência para os melodramas *As Mil e Uma Noite* da Band e *Os Dez Mandamentos* da Record: com tanto "realismo" muitos telespectadores procuram uma narrativa onde possam projetar seus sonhos.

CAOs, espiral do silêncio e a crise autorrealizável

(01/12/2015)

As intermináveis reviravoltas da Operação Lava Jato; o processo contra o presidente da Câmara dos Deputados Eduardo Cunha envolvendo diversas instituições e paralisando o Congresso. E como pano de fundo, o País à beira do abismo da crise econômica. A grande mídia chegou ao estado da arte: a guerrilha semiótica organizada pela tática de CAOs (Consonâncias, Acumulações e Onipresenças das informações) turbinada por duas bombas semióticas: a profecia autorrealizável e a espiral do silêncio. As mídias abandonaram o campo da propaganda tradicional (repetição, persuasão e reforço) para ingressar no campo sofisticado da cognição - mais do que discursos e conteúdos informativos, construir percepções por meio de CAOs. Mesmo quando desmentidas, essas informações nunca mais serão falsas porque já foram credíveis no clima de opinião.

Era 1997. A Globalização e a desregulamentação dos mercados triunfavam. Os chamados Tigres Asiáticos (Taiwan, Coréia do Sul, Hong Kong, Tailândia e Cingapura) eram o modelo econômico para o século XXI. De repente se transformaram no epicentro de uma onda de pânico afundando as Bolsas em todo o mundo. Boatos e medo invadiram a suposta racionalidade dos investidores que passaram a girar histericamente em torno do próprio umbigo em uma onda de vendas baseada nas opiniões de outros investidores provocando uma espiral viciosa de especulação.

Na época, analistas de investimentos como Barton Biggs da Morgan Stanley apontaram o pânico e a retroalimentação à ausência de memória dos profissionais financeiros: com a ausência de História Econômica na formação acadêmica, os profissionais eram condenados a repetir ciclicamente os mesmos erros, desde o crash de 1929.

Corta para uma loja de conveniência de um posto de gasolina em um bairro periférico de São Paulo no último final de semana. Em frente à porta dois homens conversam sobre a atual crise econômica. Um deles segura um folder de lançamento imobiliário que, pela qualidade gráfica, parecia ser de alto padrão. Ele mostra para seu interlocutor as fotos do interior do apartamento. "Isso só o Lula compra...", comenta ironicamente o outro.

Embora distantes no tempo esses dois episódios guardam um elemento em comum: são produtos do chamado "clima de opinião" – elemento atmosférico e pontual da comunicação criado por momentâneas *Consonâncias, Acumulações e Onipresenças* (CAOs) de informações pela grande mídia – cria-se uma deliberada percepção de que determinado fato ou prognóstico é crível e verossímil.

No episódio de 1997, um prognóstico se transformou em crença, autorrealizando o crash financeiro asiático; e no pequeno conto da loja de conveniência, a lenda urbana do tríplex no Guarujá de Lula repercutida na grande mídia e depois em redes sociais mesmo após desmentidos. Como visto nesse flagrante, agora a informação desmentida combina-se com as CAOs da crise econômica.

Mas também há um fator mais profundo: a ausência de memória - agentes financeiros agem sob o efeito de manada, já que não possuem a memória dos movimentos cíclicos históricos; assim como o pânico paralisante da atual crise econômica não toma como comparação os períodos de hiperinflação e maxidesvalorizações de décadas anteriores.

E diante das CAOs da crise econômica ninguém se pergunta como de uma hora para outra o Brasil passa, de queridinho do planeta, para um país podre, decadente e sem futuro.

Clima de opinião e profecias autorrealizáveis são as principais bombas semióticas que mostram como a comunicação midiática há muito tempo deixou o campo da propaganda tradicional (repetição, persuasão e reforço) para ingressar no campo sofisticado da cognição - mais do que discursos e conteúdos informativos, construir percepções por meio das CAOs.

Clima de opinião e a verdade virtual

Wilson Roberto Vieira Ferreira

Certa vez o pensador francês Jean Baudrillard refletiu como ambiente midiático privilegia a credibilidade e a verossimilhança (percepção) no lugar da verdade: lançada a informação, enquanto não for desmentida será verossímil. Nunca a informação poderá ser desmentida em tempo real. Portanto, será credível. Mesmo depois de desmentida, nunca mais será falsa, porque foi antes credível.

Para Baudrillard, o problema da credibilidade é que ela não tem limites. Diferente da Verdade, é impossível de ser refutada por ser virtual – leia BAUDRILLARD, Jean, "A Informação no Estágio Meteorológico" In: Idem, *Tela Total*, Sulina, 1997.

A percepção da realidade (clima de opinião + credibilidade) é construída por um mecanismo de massa bem conhecido por sociólogos e pesquisadores em comunicação: a chamada "espiral do silêncio", conceito criado pela cientista política alemã Elizabeth Noelle-Neumann em 1977.

Espiral do Silêncio e a Profecia Autorrealizável

O fenômeno da espiral do silêncio partiria de uma percepção equivocada do indivíduo (a "ignorância pluralista") do que ele acredita ser um clima de opinião - podemos ter uma opinião que pode ser modificada frente a uma posição que achamos ser majoritária. Algo assim: se todos veem a coisa de uma maneira diferente do que penso, deve ser porque estou errado.

Para Noelle-Neumann os indivíduos parecem ter um "órgão quase estatístico", uma espécie de sexto sentido sobre o que a sociedade em geral está pensando ou sentindo. Para a pesquisadora, a mídia, e em particular a TV, acelerariam esse processo de silenciamento de uma suposta minoria ao criar um clima de opinião através das CAOs.

Por isso, a espiral do silêncio cria a profecia autorrealizável – se cada um acha crível uma suposto prognóstico ou clima de opinião teremos dois resultados: ou a suposta minoria se cala ou adapta sua opinião à uma tendência supostamente crescente.
A falsa situação inicial suscita um novo comportamento que faz a situação originalmente falsa se tornar verdadeira.

CAOs e a crise autorrealizável

Do escândalo do Mensalão em 2005 a atual *tour de force* da Operação Lava Jato, a grande mídia vem aprimorando esse ciclo vicioso cujo ápice é a bomba semiótica mais potente pelas suas consequências práticas e reais: a crise econômica autorrealizável por meio das CAOs.

Desde a crise do Mensalão, a grande mídia veio batendo na pauta do moralismo lacerdista da corrupção, das denúncias seletivas, na repetição de um mesmo argumento: o Estado, o Governo e o PT são corruptos e corruptores, um câncer cuja metástase ameaça levar todo o País ao abismo da crise.

Mas a grande mídia precisava de uma arma mais decisiva que transformasse a repetição propagandística do discurso da corrupção e da urgência da moralização do País em efeitos mais reais e contundentes: a bomba semiótica da profecia autorrealizável.

Essa bomba semiótica já estava sendo testada, como, por exemplo, nas CAOs do "Caos Aéreo". Após o acidente do voo 3054 da TAM em Congonhas em 2007 a consonância da pauta nas mídias sobre um suposto Caos Aéreo foi tão grande que no ano seguinte um incêndio em uma loja de colchões em São Paulo próxima a Congonhas fez veículos como Globo News e Record News noticiarem a queda de um avião.

Notícias de mais uma explosiva evidência do "Caos Aéreo" interromperam a transmissão ao vivo da CPI dos Cartões Corporativos – outro desdobramento das CAOs do Mensalão. Por uma hora veículos de imprensa sustentaram uma tentadora notícia que daria mais combustível à pauta do Caos Aéreo – emissoras e portais de notícias começaram a creditar a notícia uns aos outros, girando em torno dos seus umbigos no esforço de sustentação da pauta.

Por uma hora, a queda de um suposto avião da empresa Pantanal sobre uma loja de colchões foi crível por confirmar as CAOs pré-existentes. Mesmo após o desmentido da evidente "barriga" jornalística, os efeitos demoraram para serem diluídos porque a notícia da queda virtual já havia reforçado subliminarmente por mais um tempo o Caos Aéreo.

A doença infantil da Comunicação

      Wilson Roberto Vieira Ferreira

Hoje, chegamos ao estado da arte dessa bomba autorrealizável: as CAOs da Operação Lava Jato combinada com as CAOs das denúncias sobre o presidente da Câmera dos Deputados Eduardo Cunha paralisaram política e economicamente o País: a percepção do clima de opinião da crise econômica (ela própria já tornou-se uma CAOs independente) se autorrealiza como verdade, produzindo efeitos econômicos concretos.

Diante dessa política de terra arrasada que orienta a grande mídia ao articular simultaneamente diferentes CAOs, podemos chegar a duas conclusões:

(a) O PT parece ter levado a sério a afirmação do jornalista Argemiro Ferreira no célebre documentário *Muito Além do Cidadão Kane*: "Onde há governo há Rede Globo porque o Roberto Marinho é um realista". Acreditaram que naturalmente o suposto pragmatismo da família Marinho faria a grande mídia apoiar os governos petistas por pura necessidade de sobrevivência econômica. Deixaram de contar não só com a fidelidade de classe (afinal, a grande mídia pertence à chamada "Casa Grande" brasileira) como ignorou a própria natureza da mídia: ser o Quarto Poder por meio das CAOs;

(b) O PT é mais uma vítima da doença infantil da comunicação: o conteudismo. Hoje a Esquerda comemora a aprovação pelo Senado do Projeto de regulamentação do direito de resposta a ofensas da mídia. Otimismo equivocado porque não percebe que grande mídia atua em outra cena: não mais a da informação, dos conteúdos ou dos argumentos. Mas no ambiente etéreo e atmosférico das CAOs, percepções e climas de opiniões.

Enquanto o ciclo vicioso das CAOs não for quebrado pela própria quebra dos monopólios midiáticos (a base econômica que produz espirais e autorrealizações) nenhum direito de resposta surtirá efeito. Mesmo porque após desmentida, a informação jamais deixará de ser "verdadeira" pois no clima de opinião foi uma vez credível.

Wilson Roberto Vieira Ferreira

2016 - Super-heróis, radicalização e impeachment

Agenda Hollywood e os super-heróis: ingovernabilidade para o mundo

(22/03/2016)

Numa manhã de domingo de 2001 Karl Rove, Vice-Chefe da Casa Civil do presidente Bush, reuniu-se em Beverly Hills com os chefões de Hollywood. Era o início da criação da "Agenda Hollywood" para esse século – mais uma vez, a indústria do entretenimento norte-americana era convocada a servir de braço político para o jogo geopolítico mundial. Na época, o terrorismo da Al Qaeda. Hoje, as várias "primaveras", árabe e brasileira, e o xadrez político jogado contra os países que compõem os BRICS. Sincronicamente quando a Agenda Hollywood intensifica a presença das franquias de super-heróis nas telonas, as diversas "primaveras" (manifestações e protestos em diversos países) são tomadas por bizarros adereços do super-heróis do cinema como metáforas de solução para crises políticas nacionais. Com isso, a Agenda Hollywood avança da simples propaganda para o "neurocinema": moldar a percepção de que problemas podem ser resolvidos através da amoralidade dos super-heróis. A palavra-chave do jogo é indução à ingovernabilidade em países emergentes, como o Brasil.

Era novembro de 2001. Sob o impacto dos atentados de 11 de setembro daquele ano nos EUA, Karl Rove, Vice-Chefe da Casa Civil da administração George Bush, reuniu-se numa manhã de domingo com os chefões da indústria do entretenimento no Peninsula Hotel, Beverly Hills.

Estavam lá Summer Redstone, dono do império Viacom (MTV e Estúdios Paramount), Rubert Murdoch (News Corporation, rede Fox, 20th Centrury Fox, rede de TV Star na Ásia e jornais The Times e The Sun), presidente da Walt Disney Co. Robert Iger, presidente da MGM Alex Yemenidijian, o chefe da Warner Bros. Television Tom Rothman. Além de diretores, atores de Hollywood e roteiristas.

Numa reunião de 90 minutos, Rove exibiu para a plateia slides em Power Point sobre a história e alcance da rede terrorista Al Qaeda de Osama Bin Laden. Com muitas informações até então restritas à Inteligência da Casa Branca.

O resultado final foi a criação de uma agenda para Hollywood projetada para os próximos 20 anos: linhas gerais de criação de conteúdos (narrativas, temas, personagens etc.) buscando transformar TV e Cinema em um braço dos esforços de propaganda de guerra.

Filmes militares, históricos e de super-heróis

Rove pediu conteúdos não só para o público interno, mas principalmente para as unidades militares da linha de frente e para os povos das zonas de conflito: "nós temos um monte de filmes, mas todos estão velhos e já assistiram milhares de vezes", disse Rove para a plateia. Especificamente Rove pediu mais filmes "de família" e mencionou específicamente filmes como *O Senhor dos Anéis* e *Harry Potter e a Pedra Filosofal*.

Para o público interno filmes que salientassem o heroísmo e a ameaça externa; para o mundo, os valores familiares e morais pelos quais os EUA supostamente lutam pelo mundo afora.

Desde então, Hollywood iniciou uma escalada de filmes sobre protagonistas nas frentes do Afeganistão e Iraque (militares ou jornalistas) ou filmes "históricos" cujo ápice foi o filme *Argo*, premiado com o Oscar em um link ao vivo direto da Casa Branca – Michelle Obama abrindo o envelope de Melhor Filme de 2013.

Sem falar a intensificação da exibição de franquias dos super-heróis da Marvel Comics e DC Comics como Homem Aranha, Batman, Os Vingadores, Homem de Ferro (no filme de estreia o protagonista Tony Stark é sequestrado por terroristas no Afeganistão), X-Men, entre outros. O que lembra os esforços de propaganda durante a Segunda Guerra Mundial

Wilson Roberto Vieira Ferreira

quando os super-heróis Capitão América e Super-Homem era convocados a lutar contra os nazistas nas histórias em quadrinhos.

Quinze anos depois da criação dessa agenda pelos chefões do entretenimento, tudo leva a crer que o plano convocado por Karl Rove em 2001 tem hoje novos desdobramentos geopolíticos com a ascensão dos BRICS (Rússia, China, Brasil, Índia, África do Sul – projeto orgânico de alcance global que ameaça bloquear os planos expansionistas dos EUA) no cenário político-econômico global.

Vivemos atualmente a instabilidade política em dois países dos BRICS: Brasil e Rússia. No Brasil, o coquetel jurídico-midiático da "ingovernabilidade" e contra a Rússia a demonização da "agressão russa" na crise da Ucrânia e Síria e o ataque contra o rublo.

Hoje à propaganda comum do *american way of life* e demonização dos muçulmanos é acrescentada uma nova tática: o neurocinema. Mais uma vez a mitologia dos super-heróis é convocada para que a percepção da opinião pública dos países emergentes seja moldada não por valores explícitos de propaganda americana – mas pela amoralidade subliminar dos super-heróis (acima do Bem e do Mal, somente a Justiça) aplicada à suposta solução da corrupção e ingovernabilidade.

Guerra Total

Os EUA tiveram que esperar até a Segunda Guerra Mundial para compreenderem a noção de "guerra total" do nazi-fascismo – a guerra não é apenas travada no campo de batalha, mas principalmente no campo do imaginário da propaganda midiática e na estetização da política.

Desde os primórdios do cinema a elite política e cultural dos EUA via a proliferação dos nickelodeons (diversão barata para proletários, desocupados e migrantes) como uma ameaça a ordem pública com o riso descontrolado das massas que viam seus heróis nos filmes burlando autoridades e policiais.

Com a ascensão de Hollywood como indústria a partir de 1920, as imagens e a fúria do primeiro cinema foram domesticadas pelo Código Hays de restrição temática e moral e por Edgar Hoover, do Bureau of Investigation, que passou a mapear filmes supostamente imorais e "antiamericanos" numa época onde conflitos trabalhistas e repressão policial cresciam.

Mas do outro lado do Atlântico o nazi-fascismo via o Cinema de outro modo. Hitler era obcecado com o poder de propaganda dos filmes. Segundo Ben Urwand no livro *The Collaboration: Hollywood's Pact With Hitler*, os nazistas promoveram ativamente filmes americanos como *Capitains Courageous* (1937) que, acreditavam, promovia valores arianos. O livro revela o temor de Hollywood um perder o seu segundo maior mercado de distribuição, passando a cortar nomes de judeus nos créditos de filmes e evitar roteiros que sugerissem qualquer crítica a Hitler ou Nazismo – Hollywood não faria um filme antinazista até 1940.

Rolos de filmes alemães ou norte-americanos que passavam pelo crivo nazi eram levados aos países ocupados pelas *blitzkrieg* para serem exibidos nas linhas de frente como um plano que ia além da propaganda militar – disseminar os valores arianos aos povos derrotados.

Hollywood e o fascismo

Já na Itália, os fascistas contavam ainda com artistas Futuristas que viam na guerra uma obra de arte em si mesma: a destruição do passado clássico dos museus e estátuas que instituiria a nova arte baseada na modernidade radical: máquina, foguetes e velocidade.

Ao lado de Hitler, Mussolini também soube compreender como o cinema poderia ser ferramenta de propaganda. Rodado no mesmo ano da Grande Marcha Sobre Roma que iniciou sua ascensão ao poder, Mussolini atuou interpretando ele mesmo no filme *The Eternal City* (1922) onde o fascismo era mostrado como o grande salvador do mundo. O filme permitiu ao regime fascista aproveitar-se de uma produção americana para levar sua mensagem para além da Itália, coisa que um filme italiano jamais teria conseguido.

Ou seja, se a elite norte-americana temia que o cinema e o entretenimento pudessem provocar desordem pública e anomia social, ao contrário, os nazifascistas viam no cinema uma ferramenta preciosa para criar novas ordens.

Tudo mudou com o ataque japonês a Pearl Harbor, forçando a entrada dos EUA na Segunda Guerra Mundial. O presidente Roosevelt anuncia uma novidade: a Agência de Informação de Guerra com escritório em Hollywood para incentivar produtores e roteiristas a realizar produções patrióticas e antinazistas e anti-japoneses.

O que se viu a seguir foi uma série de filmes antigermânicos e antinipônicos com conotação racista. Alemães e japoneses eram chamados de "hunos", "bestas", "ratos de olho puxados", "macacos amarelos". E os temas recorrentes sobre histórias de sobrevivência e fuga, a vida em campos

    Wilson Roberto Vieira Ferreira

de concentração, espionagem e companheirismo nas tropas etc.

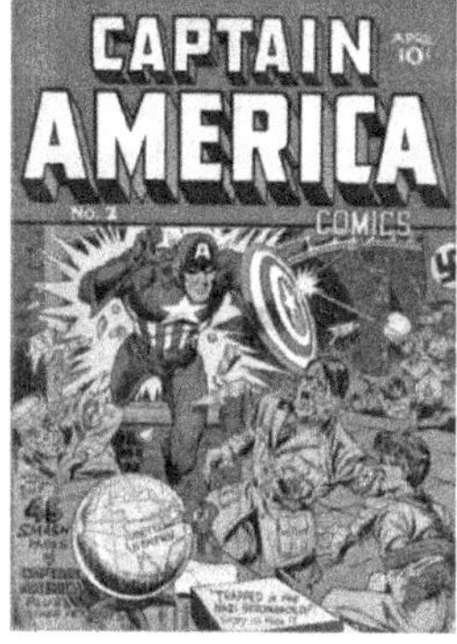

Super-heróis vão à guerra

No esforço de propaganda associam-se a Hollywood os *comics* do Superman (herói criado na Grande Depressão para defender "a verdade, a justiça e os valores americanos) e do Capitão América. Passada a Guerra, a mitologia dos super-heróis até viveu uma breve fase progressista ajudando a desmoralizar grupos racistas como, por exemplo, quando em um episódio o Superman enfrenta a Ku Kux Klan. Mas esse esforço em criar uma consciência social nos jovens foi imediatamente reprimida quando criou-se a Comics Code Authority, instrumento de autocensura da indústria do entretenimento para eliminar "conteúdos mais violentos".

Mas na verdade os murros e sopapos dos super-heróis foram redirecionados para finalidades menos sociais e muito mais patrióticas no contexto da Guerra Fria e a ameaça comunista – uniram-se à TV e Cinema na forma de séries, animações e filmes. Tal como hoje onde as franquias de super-heróis voltam a dominar as telas em uma geopolítica mundial ameaçada pelo terrorismo e os BRICS.

A palavra-chave é ingovernabilidade, a arma atual de propaganda dos EUA para desestabilizar países do Oriente Médio e dos BRICS, em particular o seu elo mais fraco: o Brasil. A intensificação das franquias Marvel ou DC Comics na telona é mais um capítulo da atual Agenda Hollywood.

A mitologia dos super-heróis não é explorada como propaganda explícita de valores norte-americanos, mas atualmente como estratégia de *agenda setting* ou " neurocinema" – a criação de um novo modelo cognitivo de percepção da opinião pública sobre impasses e mazelas políticas e econômicas internas de cada país alvo do xadrez geopolítico dos EUA.

O super-herói amoral

A presença de novas versões de super-heróis nas chamadas "novas primaveras", sejam árabes ou brasileiras (manifestações e protestos internos contra governos democraticamente eleitos, porém incômodos ao jogo global) é sintomática e recorrente.

Brasil, Síria, Afeganistão e Paquistão apresentam bizarras novas versões dos super-heróis hollywoodianos em manifestações e veículos midiáticos.

A aplicação do modelo cognitivo do super-herói como expressão de problemas e soluções possui evidentes implicações ideológicas: a amoralidade política. Assim como os super-heróis são capazes de enfrentar seus inimigos destruindo cidades inteiras (desprezando baixas civis inocentes como "efeitos colaterais" na busca da Justiça), da mesma forma a busca de super-heróis nacionais implica em colocar abaixo o Estado de Direito e a Constituição como fosse também um inevitável "efeito colateral" da luta contra governos corruptos.

Só existiria uma coisa além do Bem e do Mal para o super-herói: a Justiça. Em nome dela, *Os Vingadores* ou a *Liga da Justiça* podem fazer de tudo inclusive suspender direitos e garantias democráticas. Tudo que a geopolítica norte-americana precisa para tornar a política e economia interna de países-chave ingovernáveis e economicamente instáveis, quebrando a resistência de potencias regionais emergentes.

Além disso, é sincrônico não só as representações de um juiz de primeira instância como Sérgio Moro como super-herói nas manifestações. Mas principalmente, em pleno momento de radical polarização política e os primeiros conflitos nas ruas, surgem nos cinemas um novo tema na saga dos super-heróis: lutas entre eles mesmos, divisões e guerra civil – *Batman Vs Superman – A Origem da Justiça* e *Capitão América: Guerra Civil* onde vemos países com opinião pública dividida levando ao conflito entre super-heróis.

Justamente quando lentamente, aqui e ali, em editorias de jornais, comentários em blogs e artigos em diversos veículos fala-se sobre um temor de "guerra civil" precipitado pelo atual ódio político.

Levando em consideração o histórico das ligações promíscuas entre Hollywood e as necessidades geopolíticas mundiais e como os EUA aprenderam tão bem as lições nazifascistas sobre propaganda e estetização da política, chega a ser preocupante esse timing e sincronismo entre os lançamentos do cinema e a realidade política das ruas.

 Wilson Roberto Vieira Ferreira

Agora para a Globo é matar ou morrer

(04/04/2016)

Depois de servir como um substituto midiático a uma incompetente oposição parlamentar, agora a Globo parte para o desespero: matar ou morrer, isto é, ou o sucesso do impeachment que lhe garanta sobrevivência num mundo de hegemonia dos dispositivos de convergência tecnológica ou ser engolida pelo Google. Desde que a presidenta Dilma apareceu nas mídias dentro de um carro automático do Google controlado por GPS no ano passado, a Globo radicalizou contra um governo que promete favorecer seus adversários tecnológicos e comerciais - Facebook e Google. Nem que seja ao custo de perder anunciantes, cada vez mais preocupados com a crescente rejeição ao Grupo Globo estampado em redes sociais e manifestações de rua. Mas a Globo vive um cenário complexo: está entre a "guerra híbrida" produzida pela estratégia geopolítica dos EUA para esfacelar os BRICS e a inevitabilidade do fim do tradicional perfil de publicidade com a entrada do Google com tudo no País.

Na semana passada o programa esportivo *Globo Esporte* mostrou imagens de torcedores invadindo o treino do Palmeiras com narizes de palhaço e conduzindo uma faixa louvando o juiz Sérgio Moro em uma manifestação anti-Dilma. Por outro lado, nas últimas transmissões ao vivo dos campeonatos regionais de futebol vêm ignorando faixas com mensagens "Não Vai Ter Golpe" ou "Cadê a Minha Merenda" da torcida Gaviões da Fiel – relacionado a escândalos das merendas escolares envolvendo o governo Alckmin.

O apoio das Organizações Globo ao movimento de impeachment contra a presidenta torna-se nos últimos meses cada vez mais explícito com o aumento da temperatura política que indica que se aproxima o momento final do tudo ou nada para a oposição formada pelo espectro jurídico-parlamentar-midiático.

O que mais impressiona analistas de mídia e jornalistas é que a ação política atual da Globo (capaz de politizar até mesmo a pauta do jornalismo esportivo) estaria abandonando o próprio pragmatismo que marcou a carreira do patriarca Roberto Marinho, que sempre soube, nas suas cavalgadas políticas, o momento certo de mudar de direção quando a militância prejudicava os negócios.

Foi assim quando a Globo abandonou a ditadura militar, que ajudou a mantê-la em troca da ajuda para a construção do seu monopólio, quando o movimento Diretas Já ganhou as ruas. Ou quando ajudou a derrubar Fernando Collor apoiando seu impeachment, depois que ela própria ajudou a elegê-lo presidente em 1989, quando percebeu a mudança de direção dos ventos da política nas ruas.

Hoje, os filhos de Roberto Marinho (como diz o jornalista Paulo Henrique Amorim, "eles não têm nome próprio") parecem mergulhar de cabeça em uma espécie de tudo ou nada, ignorando os crescentes protestos e críticas à sua parcialidade, inclusive internas de jornalistas e atores da emissora nas redes sociais.

Um tiro no pé?

Um estranhamento que parece estar chegando aos próprios anunciantes da Globo. Segundo Sidney Rezende, ex-jornalista do canal fechado Globo News, a multiplicação de palavras de ordem, faixas e a rejeição contra o Grupo Globo estampada nas redes sociais e em manifestações nas ruas estaria preocupando anunciantes.

Tanto que na semana passada ocorreu uma reunião formada por dois presidentes que representam os interesses de companhias que estão entre os 30 maiores anunciantes do Brasil, seis vice-presidentes de empresas de áreas diversas que atuam em higiene e limpeza, setor automotivo e varejo. No final do encontro foi decidido encomendar uma análise a uma agência internacional de acompanhamento de postagens na internet para avaliar a percepção dos consumidores em relação aos produtos e serviços dos patrocinadores da Globo.

Ainda segundo Rezende, o estudo será concluído em 90 dias e se restringirá a marcas anunciadas nos veículos do Grupo Globo.

Tudo levaria a crer que a Globo estaria dando um tiro no

     Wilson Roberto Vieira Ferreira

próprio pé, num mergulho kamikaze onde a Organização estaria abandonando o pragmatismo dos negócios para dedicar-se a ação política em tempo integral e mandando às favas a sua credibilidade e profissionalismo.

O primeiro momento histórico da Globo

As Organizações Globo vivem um momento histórico tão decisivo quanto foram os tempos das décadas de 1960-70 – época da implementação da primeira network brasileira enfrentando as audiências das grandes emissoras da época: Tupi e a Record.

Naquele momento Roberto Marinho equilibrava seus interesses empresariais entre o projeto político da ditadura militar e os interesses geopolíticos dos EUA em plena Guerra Fria.

Em julho de 1962 Roberto Marinho assinava acordo com o grupo norte-americano de comunicações Time-Life. Um contrato que vigoraria até 1966, período em que a emissora pagaria ao grupo norte-americano (pelo investimento financeiro e *know how* tecnológico e profissional) 3,5% do seu faturamento e 49% do lucro. Marinho sabia do interesse dos EUA na criação de uma primeira network no Brasil, capaz de disseminar o *american way of life* em um país estratégico para o xadrez geopolítico na América Latina.

Um ano após o golpe militar, Marinho inaugurava no Rio de Janeiro a TV Globo e a TV Paulista em São Paulo, praticando uma ilegalidade diante da legislação das telecomunicações que vetava a participação estrangeira.

Com apoio de um lado da norte-americana Time-Life e, do outro, dos esforços dos governos militares em pavimentar o caminho da Globo com um moderno sistema de micro-ondas via satélite, Marinho criou um incrível monopólio midiático que nesse momento começa a ser ameaçado.

Uma nova recomposição de forças políticas e tecnológicas está em andamento. E dessa vez, para os filhos de Roberto Marinho, é uma questão de matar ou morrer.

Globo, Guerra Híbrida e Google

Hoje os filhos do patriarca Marinho vivem um cenário onde os interesses do Grupo estão novamente entre duas variáveis, só que dessa vez são forças que podem destruí-los: de um lado a estratégia geopolítica dos EUA de aplicar no Brasil a tática de "guerra híbrida" com o objetivo político de tornar ingovernável um país membro dos BRICS; e do outro o adversário ameaçador das tecnologias de convergência, redes sociais e, principalmente, o Google.

"Guerra Híbrida" é uma tática sutil de induzir por meio da grande mídia local, ONGs e grupos de interesses empresariais associados conflitos políticos, éticos, religiosos etc. a partir da manipulação da percepção de uma "população média não engajada". Por meio da promoção de "primaveras" como a árabe, egípcia ou brasileira desacreditar governos através do discurso da "revolução colorida" (flash mobs, militância em redes sociais, manifestações apartidárias etc.) da "luta contra a corrupção em defesa da democracia" – Leia o capítulo "Receita para fazer uma Revolução Popular Híbrida".

Com essa tática, os EUA visariam esfacelar lideranças regionais que possam confrontar a geopolítica do petróleo – onde a descoberta do Pré-sal brasileiro é uma perigosa variável.

A grande mídia brasileira liderada pela Globo e seguida pela Folha, Abril e Estado, engajaram-se nessa agenda internacional, principalmente porque viram nesse cenário a oportunidade de derrubar um governo que é francamente favorável à consolidação no Brasil dos projetos do Google e do Facebook.

Assim como a Rússia, o Brasil passou a ser alvo da guerra híbrida norte-americana a partir da primeira reunião de cúpula dos BRICS em 2009, com a intensificação das "primaveras" brasileiras nas ruas a partir do anúncio em 2013 do projeto da criação do Banco de Desenvolvimento dos BRICS.

O que significou um golpe à hegemonia do FMI.

A origem do desespero: Dilma no carro do Google

Mas a guerra da grande mídia contra o governo federal definitivamente chegou ao desespero quando, no ano passado, a presidenta Dilma fez uma visita à sede do Google e deixou-se fotografar em um passeio num carro high tech controlado por GPS. E na pauta daquela visita, um encontro com o presidente do Facebook, Mark Zuckerberg, e outras empresas do Vale do Silício.

A guerra Globo versus Google, que está por trás dessa adesão à agenda da guerra híbrida internacional, segue a mesma fórmula do chefão da News Corporation (estúdio e canais Fox, Sky e jornais e revistas) o australiano Rupert Murdoch. Após falhar na sua tentativa de criar um modelo de negócios na Internet e ser derrotado pelos puro-sangue Google e Facebook, Murdoch levou a guerra para o campo político.

    Wilson Roberto Vieira Ferreira

Mobilizou contra o candidato Obama as maiores ferramentas de manipulação de informações, promoção de atmosferas de intolerância, ódio, terrorismo e os sentimentos mais baixos persecutórios e de paranoia. O candidato de Murdoch perdeu e, sintomaticamente, o primeiro encontro de Obama depois de eleito foi com os donos das grandes redes sociais – Google, Facebook, Apple.

Globo imita Murdoch

Tal como Murdoch, a Globo tentou criar um modelo de negócio rentável na Internet. Além disso, modernizou a linguagem televisiva da TV Globo como muita metalinguagem, auto-referencialidade e "efeitos Heisenberg" (sobre esse conceito consulte o "Glossário" no final desse livro) ao apropriar-se de eventos esportivos como basquete e futebol. E ainda se livrou do visual platinado-kitsch de Hans Donner que marcou por décadas a emissora, para no lugar criar uma visualidade mais "orgânica", interativa, tentando incorporar vídeos de redes sociais na pauta de telejornais e programas.

Mas nada adiantou. As audiências continuaram derretendo nos principais produtos de sustentação da Globo: telejornais, esporte e telenovelas.

De substituto midiático para uma oposição parlamentar incompetente, a Globo agora partiu para matar ou morrer, nem que seja ao custo de "queimar gorduras"- perder anunciantes tanto pela crise econômica autorrealizável promovido pelo cartel jurídico-midiático (Lava Jato – Moro – Ministério Público – Globo) quanto pela explícita partidarização no seu Jornalismo que paradoxalmente produz rejeição tanto para a esquerda quanto para a paranoica direita – para eles, a Globo não estaria mostrando ainda "toda a verdade" por estar "de rabo preso" com Lula.

Os filhos de Roberto Marinho esperam pela possível era pós-impeachment: apesar de aceitar como irreversível a hegemonia das redes sociais e tecnologias de convergência acreditam ainda no poder da Globo de pautar a opinião pública e o Estado.

Com um possível cenário político futuro novamente nas suas mãos, acredita que fará aquilo que garantiu sua sobrevivência nos anos 1990 com a chegada no Brasil das tecnologias de TV paga a cabo, MMDS e DTH: uma legislação que garantiu a Globo propriedade cruzada e o domínio, na época, não só da TV aberta como também da fechada.

Grande mídia resgata espécimes do Brasil Profundo

(08/04/2016)

Esqueça os folclóricos tipos urbanos produzidos pela recente onda do neo-conservadorismo político e cultural como, por exemplo, os coxinhas, coxinhas 2.0, simples descolados etc. Esses tipos ainda são de um "Brasil Renitente". Com o baixo astral generalizado posto em prática pela grande mídia, a pesada atmosfera psíquica nacional revela agora novos espécimes, dessa vez de um "Brasil Profundo": retrofascistas e protofascistas, tipos-ideais mais perigosos e beligerantes: pequenos escroques, acadêmicos e intelectuais obscuros, músicos que fizeram sucesso no passado e que foram esquecidos, ex-anônimos que confundem militância profissional com fundamentalismo religioso e oportunistas de toda sorte. Todos, ao mesmo tempo, parecem ter sido resgatados do ostracismo e infernos pessoais graças à incansável atividade da grande mídia em produzir novos personagens que sustentem suas pautas.

Depois desses tempos de neoconservadorismo político e cultural nos brindar com uma rica fauna urbana composta por *coxinhas, coxinhas 2.0, novos tradicionalistas, simples descolados, "rinocerontes"* etc. (sobre esses tipos urbanos consulte no "Sumário" os capítulos correspondentes), a pesada atmosfera psíquica que baixou no País, decorrente da polarização política e da intensa atividade do contínuo midiático para gerar baixo astral, produziu o habitat perfeito para novos e exóticos espécimes.

Eles vieram do Brasil Profundo! Vamos listar alguns desses exemplares:

Espécime 1 – Nome: Ju Isen. Modelo anônima, famosa por tirar a roupa em uma das manifestações Anti-Dilma na Avenida Paulista em São Paulo, tentou repetir a dose como destaque no desfile da Unidos do Peruche e foi expulsa do Sambódromo. Outras modelos desconhecidas tentaram seguir o exemplo em outro protesto da mesma avenida de São Paulo, seminuas e segurando cartazes anti-PT ostentando enormes óculos de marca. Uma se excedeu ao ficar totalmente nua e foi levada presa pela Polícia Militar.

Espécime 2 – Nome: Junior de França. Ajuda a organizar o acampamento de manifestantes pró-impeachment em frente ao prédio da Fiesp em São Paulo. Às vezes se passa por jornalista, outras vezes por ator, mas na verdade recruta homens e mulheres para participar de feiras. É acusado de estelionato e de tentar fazer sexo com modelos, segundo matérias na TV Record e no Portal R7.

Espécime 3 – Nome: Douglas Kirchner. Transformado em personagem nacional atuando em parceria com a revista *Época* no vazamento de denúncias contra Lula, o procurador do Ministério Público Federal Douglas Kirchner tem uma controversa militância religiosa e uma conturbada vida amorosa. Fiel de uma seita denunciada por explorar crianças e adolescentes, foi acusado de agredir fisicamente a esposa e mantê-la em cárcere privado no interior de uma das igrejas da seita. Ministra o seminário "Casamento Gay e Marxismo Cultural" onde ataca a igualdade de sexos e defende que o feminismo é um "ideal agnóstico das esquerdas".

Espécime 4 – Nome: Janaina Paschoal. Assustando até os apoiadores do impeachment da presidenta Dilma, numa performance resultante do cruzamento de Death Metal com o desempenho da atriz Linda Blair no filme *O Exorcista*, a professora de Direito Janaina Paschoal fez um discurso em ato de apoio ao impeachment na Faculdade de Direito do Largo do São Francisco em São Paulo. Transtornada e transfigurada fez alusões ao poder de uma "cobra" que mantém o país no "cativeiro de almas e mentes". "Acabou a República da Cobra!", gritava ensandecida em um discurso que lembrava um bispo evangélico fora do controle.

"De onde vem essa gente?"

Como perguntou certa vez o Homem-Aranha, cansado depois de enfrentar o Monstro de Areia e o Venon: "de onde vem toda essa gente?".

Pequenos escroques, acadêmicos e intelectuais obscuros,

   Wilson Roberto Vieira Ferreira

músicos que fizeram sucesso no passado e que foram esquecidos, ex-anônimos que confundem militância profissional com fundamentalismo religioso e oportunistas de toda sorte.

Todos de repente parecem ter sido resgatados, todos ao mesmo tempo, de seus ostracismos, infernos e limbos pessoais para serem reciclados, ressignificados pela grande mídia e se tornarem a esperança de um futuro melhor – ou uma "ponte para o futuro", bordão que subliminarmente vem repetindo a todo momento, em alusão ao documento do PMDB divulgado como proposta para um futuro governo pós-impeachment.

Em toda a crise política, talvez a melhor contribuição dada pela grande mídia foi a de trazer à tona esses personagens do Brasil Profundo, pescados nas águas turvas de uma conturbada psicologia de massas.

Uma verdadeira contribuição no campo da Etnografia e da Antropologia Urbana: ressuscitar espécimes que estavam em estado latente, hibernos, apenas esperando a atmosfera ideal para que voltassem a respirar em plenos pulmões. Espécimes redivivos que agora podemos finalmente ter a oportunidade de estuda-los *in loco*.

Brasil Renitente e Brasil Profundo

Por "Brasil Profundo" não estamos nos referindo a uma referência geográfica como um "interior" ou "periferia". Mas como o ponto mais profundo de um inconsciente coletivo ou "sombra", no sentido dado pela psicanálise junguiana.

Muito mais profundo do que o imaginário da "Casa Grande e Senzala" de um país ainda marcado pelos signos de distinção de classes (elevador social, uniformes de empregadas domésticas etc.), marcas de uma antiga ordem escravocrata. Onde até mesmo um publicitário como Nizan Guanaes (Publicidade, símbolo de uma suposta modernidade brasileira) é capaz de revelar esses velhos estereótipos em sua coluna na Folha, reclamando sobre o fim das empregadas domésticas: "Preciso de uma Dona Flor, mas que não precisa ter o corpo da Sônia Braga – precisa é cozinhar", explicou. – Folha, 16/11/2011.

Esse não é ainda o Brasil Profundo, é o *Brasil Renitente*.

Ego embrutecido

"Quem é duro consigo mesmo, também é com os demais", dizia o sociólogo Theodor Adorno na sua célebre fórmula do psiquismo do nazi-fascismo. Certamente esta fórmula poderia ser aplicada nesse estudo dos espécimes do Brasil Profundo.

Em comum, todos eles vieram do esquecimento e obscurantismo. São pessoas apegadas aos valores da meritocracia e competição, o que mais torna essa condição de anonimato em profunda frustração de um ideal de ego também atormentado por um profundo ressentimento.

Ju Isen busca a oportunidade que lhe proporcione, pelo menos, a condição de sub-celebridade; Kirchner, o típico concurseiro de editais públicos, espécime que massacra o próprio psiquismo em busca da aprovação – após a vitória, com o ego tão embrutecido e encouraçado, torna-se frio, indiferente em diversos graus, como, por exemplo, no conservadorismo político e de costumes.

Janaina Paschoal, com seu ego igualmente embrutecido em um meio tão competitivo e masculinizado como o campo do Direito; e Júnior de França, oportunista de ocasião no mundo das subcelebridades que vivem a fama como farsa.

Ressuscitados do seu estado de torpor pela eletricidade das mídias, descobriram que tinham nas mãos uma hiper-tecnologia: redes sociais e dispositivos móveis para poderem amplificar em tempo real seu ódio e ressentimento.

Retrofascismo

Como alertava o sociólogo canadense Arthur Kroker no final do século passado, o futuro seria do "retrofascismo": uma situação ambivalente de hiper-tecnologia e primitivismo. Kroker dizia que "o fascismo é a revolta dos derrotados". A vida dirigida pelo ódio de si mesmo (o ressentimento pelo ostracismo e obscurantismo) vingando-se através da destruição do outro - leia KROKER, Arthur. *Data Trash*, New York: Saint Martin's Press, 1994.

Como nos informa o prefixo "retro", esses espécimes protofascistas são nostálgicos de um passado de pureza onde supostamente haveria lei e ordem. Nos nazifascistas do trágico passado, a pureza da raça em um Idade do Ouro; nos retrofascistas, a ordem militar que nos mantinha seguros de feministas, gays e comunistas - sobre o conceito de retrofascismo leia o capítulo "Retrofrascismo e a Bomba Tecnológica".

Brasil Profundo e Neodesenvolvimentismo

Ao contrário do Brasil Renitente, o Brasil Profundo foi parido nessa última década. A inclusão de milhões de brasileiros à sociedade

   Wilson Roberto Vieira Ferreira

através do consumo (que o economicismo e neodesenvolvimentismo faziam o PT acreditar que por si só geraria consciência política e de cidadania) na verdade produziu um perverso efeito inverso: despolitização por meio da percepção de que qualquer direito seria um oportunista substituto do mérito e do trabalho.

Estado policial e militarismo é a atmosfera ideal para esses espécimes protofascistas – a oportunidade de destruir o outro mandando à favas todas as formas de direitos e garantias sociais. Destruir todos esses preguiçosos corruptos que vivem à sombra do Estado com bolsas famílias e créditos educativos.

A ironia é que esses espécimes são perdedores na corrida meritocrática: concurseiros que se mataram em concursos públicos para conseguirem estabilidade dentro de um Estado tão odiado, pequenos escroques, oportunistas intelectuais e acadêmicos condenados à própria mediocridade, além de roqueiros esquecidos pelo mercado.

Ressuscitados por uma grande mídia ávida por novos personagens que deem sustentação às suas pautas, sentem na nova atmosfera a chance de vingar no outro a dureza com que tratam a si mesmos.

Fora de suas tocas onde se mantiveram hibernos, hoje esperam uma tradução política para, mais uma vez na História, ocuparem o Estado.

Bombas Semióticas, ligações perigosas e as oportunidades perdidas

(08/05/2016)

Com o impeachment da presidenta Dilma aproxima-se o desfecho de uma campanha iniciada ha dez anos com as denúncias do mensalão. Mas em 2013 teve uma virada que acelerou o processo: a nova estratégia semiótica de engenharia de opinião pública com a implementação no Brasil da "guerra virtual" e da "social engineering". Naquele ano, a grande mídia brasileira levou algum tempo para fazer a ficha cair, acostumada que estava com velhas estratégias hipodérmicas dos tempos do IPES-IBAD nos anos 1960 - surgia no País a "primavera brasileira" com manifestações tomando as ruas. A multipolarização criada pelos BRICS forçou os EUA a implementar estratégias resultantes de uma longa tradição acadêmica de pesquisas sobre engenharia social naquele país: a Mass Communication Research de Lazarsfeld, Agenda Setting de McCombs e Shaw e as pesquisas em "ações não violentas" do cientista político Gene Sharp. Logo a grande mídia brasileira entrou em sintonia com a geopolítica dos EUA ao criar as "bombas semióticas" a partir da matéria-prima das manifestações que começaram por "apenas" 20 centavos.

O ônibus da Linha 1 do Festival Tomorrowland saiu lotado do Sambódromo de São Paulo levando jovens adeptos da música eletrônica para o evento na cidade de Itu. No meio de caminho, começou uma discussão entre os animados passageiros sobre o impeachment da presidenta Dilma e a legitimidade do vice Michel Temer: "Se pelo menos ele fizer alguma coisa para tirar o País do buraco, já vai estar valendo!", disse alguém mais exaltado.

Esse é o clima de opinião resultante do bombardeio sistemático e diário de bombas semióticas pela grande mídia nos últimos três anos, desde a "primavera brasileira" de 2013 – a série de manifestações de rua que tão inesperadamente como surgiram, também desapareceram.

Uma estranha percepção de "buraco" em que o País estaria metido expressada por aquele jovem, apesar de todos naquele ônibus estarem rumando para um evento da cena eletrônica mundial onde uma latinha de Skol Beat ou uma garrafinha de água custavam dez reais, unindo tanto jovens da elite socioeconômica como remediados egressos da chamada Classe C e os chamados "cibermanos" – jovens de regiões urbanas periféricas fãs da música eletrônica.

Em plena explosão das manifestações nas ruas em 2013 e a extensiva cobertura midiática, esse blog *Cinegnose* iniciou a série de análises do que chamamos de "bombas semióticas", procurando mapeá-las e, através de uma engenharia reversa, entender o mecanismo de funcionamento e as ondas de choque na opinião pública em cada detonação.

Naquela oportunidade percebemos um elemento novo entrando em cena: uma nova estratégia semiótica, bem diferente das anteriores fundamentadas em longas "suítes" jornalísticas como "caos aéreo", "mensalão", "gripe suína", "o escândalo do dossiê", o "escândalo dos aloprados" etc. Estratégia hipodérmica de simples repetição onde articulistas, âncoras de telejornais, editorialistas e colunistas martelavam a pauta tentando formar a opinião pública.

Bombas semióticas versus estratégia hipodérmica

Essa estratégia era ainda tributária das velhas táticas comportamentais (repetir até convencer) do antigo IPES-IBAD (Instituto de Pesquisas e Estudos Sociais e Instituto para Ação Democrática) onde de 1962 a 1964 desestabilizou o governo João Goulart através de massiva propaganda no cinema, TV e mídia impressa além da ação direta por meio de rede suprapartidária que barrava qualquer projeto do governo no Congresso. Mobilizou a opinião pública para torna-la receptiva ao Golpe Militar que viria mais tarde.

Se a estratégia semiótica hipodérmica funcionou nos anos 1960 (épocas mais "duras" dentro da polarização da Guerra Fria), agora no século XXI já apresentava sinais de que o prazo de validade tinha terminado.

Principalmente num contexto de multipolarização com o

   Wilson Roberto Vieira Ferreira

surgimento dos BRICS e globalização econômica.

De nada adiantava a repetição diária de sucessivos escândalos e crises nos governos petistas nas primeiras páginas dos jornais diários e escaladas de telejornais: Lula não só foi reeleito como fez seu sucessor que ainda seria reeleito, para desespero dos "aquários" das redações da grande imprensa.

A "primavera brasileira" de 2013 iniciou uma nova estratégia semiótica tão diferente e sofisticada que muitos formadores de opinião da grande imprensa levaram algum tempo para fazer a ficha cair – por exemplo, Arnaldo Jabor vociferava na TV Globo que as manifestações nas ruas eram "uma grande ignorância política misturado com rancor sem rumo".

Foi o início de uma nova estratégia semiótica sofisticada demais para ter sido planejada pela grande mídia brasileira: a engenharia de opinião pública ou, como alguns analistas definem, a chamada "Guerra Híbrida" – *Hybrid Warfare*.

Embora diferentes "primaveras" estivessem pipocando pelo planeta (árabe, egípcia, ucraniana etc.), a vetusta mídia brasileira ainda acreditava que tudo era por causa dos 20 centavos de aumento nas tarifas de ônibus. Houve um *gap* de alguns dias, mas logo a grande mídia nacional entrou em consonância com a nova tática planejada bem longe daqui e que não é assim tão nova.

Ligações Perigosas

Aqui começam evidências de ligações perigosas entre as origens das diversas "primaveras" nacionais pelo mundo e o know how norte-americano iniciado a partir das pesquisas acadêmicas como a Mass Communication Research de Paul Lazarsfeld nos anos 1940 na Universidade de Stanford e as pesquisas em Agenda Setting de Donald Shaw e Max McCombs (Universidades de Virgínia e Texas) até chegar à aplicação política direta:

(a) A *Social Engineering*: coordenação de *front groups* (ONGs), *spin doctors* (técnicos de comunicação a serviço de partidos e lobbies) e *paid experts* (profissionais de diversas áreas que se tornam informações de pauta privilegiados para a grande imprensa) – articulados e sempre disponíveis para fornecedor de informações de primeira mão para a mídia - veja abaixo o fluxograma de uma ação de engenharia de opinião pública;

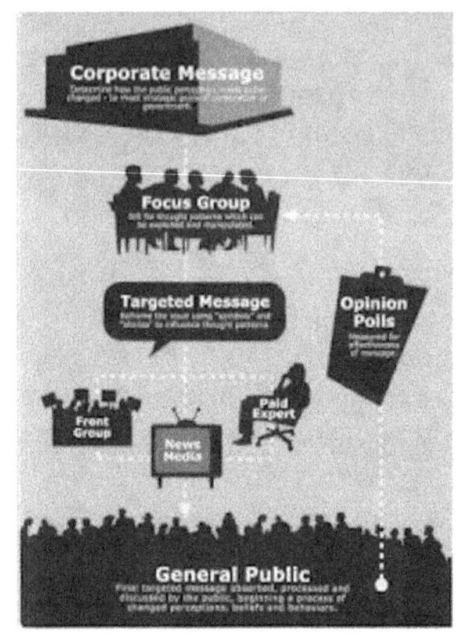

Fonte: HOWARD, Martin. "We Know What You Want". Disinformation Books, 2005

(b) Ação Direta: táticas de promoção de "ação não violenta" (mobilização através de blogs, redes sociais, música, arte, táticas de não-colaboração, ocupações etc.) em conflitos ao redor do mundo a partir de pesquisas do cientista político Gene Sharp (Universidade do Estado de Ohio e Instituto Albert Einstein) financiadas pela Fundação Ford. Cursos baseados em suas técnicas ocorrem atualmente eu Universidades como Yale e na Embaixada dos EUA. O próprio juiz Sérgio Moro, que conduz a Operação Lava Jato, participou em 2007 de um curso no Departamento de Estado nos EUA de formação de Novas Lideranças;

(c) Black blocs (estranhos personagens que tão inesperadamente como apareceram também sumiram): na "primavera brasileira" foram financiados por ONGs ligadas a causas ambientais (sobre isso leia o capítulo "Receita para Fazer uma Revolução Popular Híbrida") que costumavam depredar lugares escolhidos a dedo como, por exemplo, no episódio de uma concessionária da Caltabiano de veículos de luxo em São Paulo: revenda controlada pelo grupo americano McLarty cujo chefe, Thomas McLarty, foi Chefe da Casa Civil do Presidente Clinton.

Ou então depredavam os clássicos estabelecimentos de grandes marcas (MacDonald's, bancos etc.) para renderem fotos e vídeos impactantes para a grande mídia brasileira. Quer dizer, depois que a ficha já tinha caído nos "aquários" das redações e perceberam a intencionalidade por trás de todas essas ações "espontâneas".

A única semelhança com a estratégia de intervenção semiótica do IPES-IBAD nos anos 1960 foi o apoio logístico norte-americano (know how + apoio financeiro). Agora nesse século a criação de revoluções (ou "primaveras") graças às táticas de social engeneering não opera mais com o estardalhaço da massificação, mas agora com viralização através de bombas cirúrgicas e pontuais: as bombas semióticas.

 Wilson Roberto Vieira Ferreira

Enquanto na massificação temos um emissor que repete informações para milhões de receptores, na viralização todos são ao mesmo tempo emissores e receptores quando repercutem as ondas de choque das explosões das bombas semióticas.

Oportunidades perdidas

Essas bombas não visam persuasão ou convencimento político partidário e/ou ideológico (ao contrário dos anos 1960 dominado pela doutrinação ideológica anticomunista), mas através da sedução e percepção produzir um "clima de opinião" – a irresistível sensação de que estamos todos num "buraco" tal como o animado grupo que ia para o Tomorrowland percebia a realidade brasileira. As bombas semióticas são verdadeiras bombas cognitivas.

Mas a sequência das bombas semióticas detonadas pela grande mídia (cuja matéria-prima estavam nas manifestações) poderia ter se transformado em guerrilha semiótica – ataques e contra-ataques. Acabou se convertendo em massacre onde só um lado disparava e o outro (Governo Federal e PT) apenas tilintava como as bolinhas metálicas de um fliperama num "efeito pinball", reagindo timidamente com notas para a imprensa.

A armação e detonação das bombas mostrou seu lado frágil com acidentes como os episódios "tem alemão no campus" (Consulte o "Sumário") e "o falso candidato do Enem" (Consulte o Sumário") onde a ansiedade de repórteres em cumprir a pauta pré-fixada pelos "aquários" das redações criaram situações engraçadas.

Fossem bem aproveitadas, poderiam facilmente ser exploradas em táticas de "trolagem" para desmoralizar a grande imprensa tal como fizeram manifestantes em Lisboa para furar o bloqueio midiático a favor das medidas austeras da Troika (FMI, Banco Central Europeu e Comissão Europeia): um grupo simulou estar se manifestando a favor da Troika, atraindo a atenção de ávidos repórteres loucos para reforçar suas pautas pré-definidas. Diante de câmeras ao vivo gritaram "Que se lixe a Troika!" diante de confusos jornalistas.

Hoje, o clima de opinião de "buraco", se não legitima, certamente tornam "críveis" ou "fatos consumados" o golpe do impeachment e o seletivo combate à corrupção da Operação Lava Jato, assim como a histeria anticomunista embalou o Golpe Militar de 1964 e o clima de opinião da "última bala na agulha" legitimou o confisco da poupança pelo Plano Collor em 1990 para conter a hiperinflação.

Mas o que mais surpreende em toda essa história é como a nova estratégia semiótica geopolítica norte-americana (Guerra Híbrida + Social Engineering) pegou um governo supostamente de esquerda totalmente rendido. Principalmente porque muitos dos seus membros militaram sob a repressão da ditadura militar e conhecem muito bem até onde chegam as estratégias geopolíticas dos EUA.

Talvez o episódio narrado por Roberto Requião (PMDB-PR) explique muita coisa. No primeiro mandato de Lula, Requião foi ao encontro do presidente e relatou o que tinha feito no Paraná: acabou com a verba publicitária e investiu tudo na TV Educativa do Estado.

Lula teria se animado com a ideia e passou a bola para José Dirceu, na época ministro da Casa Civil. "Mas Requião, o Governo já tem TV", interrompeu Dirceu. "Mas que TV, Zé?", retrucou Requião. Ao que o então ministro respondeu: "A Globo, Requião".

Parece que ingenuamente Dirceu acreditava que a mídia nativa fosse na contramão da geopolítica internacional dos EUA de florescer "primaveras" nos países membros dos BRICS.

Wilson Roberto Vieira Ferreira

Impeachment, o não-acontecimento e a psico-história

(02/09/2016)

Comparam a consumação do impeachment de Dilma Rousseff com as circunstâncias do golpe militar de 1964. Lá estavam a força de armas e coturnos. Aqui em 2016, todas as "data venias" dos rapapés de juízes, juristas e parlamentares. Mas os eventos são incomparáveis: lá em 1964 tivemos a tragédia de um evento histórico. Hoje, assistimos ao vivo pela TV a farsa de um "não-acontecimento" que simulou ser um evento histórico. Desde a seminal Guerra do Golfo em 1992, os não-acontecimentos dominam o horizonte de eventos das sociedades, seja por guerras, atentados terroristas ou golpes parlamentares. Em todos eles, um complexo jurídico-midiático inverte as relações de causa-efeito: não se trata mais de acontecimentos que geram informação, mas o inverso – a História transforma-se em "Psico-História", para usar uma expressão de Isaac Asimov. Compreender os mecanismos dos não-acontecimentos é fundamental para uma ação política que vise não apenas ocupar as ruas. É urgente também ocupar o contínuo midiático que compreende a zona virtual de interface entre a mídia e a realidade. Lá estão os "agentes Smiths" (repórteres e editores) a serem enfrentados por guerrilhas midiáticas.

Foi um "Golpe branco", "golpe frio", "golpe parlamentar", "golpe paraguaio", "golpe constitucional". Uma variedade de termos e designações correm através da mídia para tentar nomear o processo de impeachment contra Dilma Rousseff consumado em 31 de agosto.

Diante da perplexidade das esquerdas em procurar um termo que designe um processo de derrubada de uma presidenta sem força bruta de exércitos ou derramamento de sangue, a Direita reage, como proferiu o senador Cassio Cunha Lima (PSDB-PB) na plenária do Senado: "como pode haver golpe se estão aqui representados os três poderes?".

O fato é que o "golpe" foi televisionado ao vivo (só nas TVs fechadas, enquanto a maior emissora da TV aberta, a Globo, ensinava a fazer ovo cozido) com analistas políticos fazendo seus comentários assim como comentaristas analisam jogadas em uma transmissão esportiva. A grande mídia passou uma estranha atmosfera de normalidade. Soft Coup!

É claro que isso se deveu a camadas e mais camadas de discursos e estratégias retóricas para justificar a constitucionalidade de todo o processo. No final, a figura aquilina do ministro do STF Lewandowski presidindo a votação final deu o verniz jurídico necessário para o último ato.

Porém, tirando essas camadas de manipulação da informação, retórica e ideologia, há um fenômeno curioso: no final, a banalidade, a previsibilidade - o tic-tac das etapas do processo transcorreram de forma perfeita, sem glórias ou tragédias – a não ser, claro, a tragédia das consequências futuras para a Democracia.

O não-acontecimento

Tirada as camadas dos vieses e manipulações, resta o fato em si: a natureza de não-acontecimento do impeachment.

Muitos analistas comparam o golpe militar há 52 anos com o atual impeachment. Lá, a força de armas e coturnos. Aqui, a sutiliza de todas as "data venias" e rapapés de juízes e advogados nas cortes refrigeradas em meio ao Planalto Central quente e seco.

Lá no passado o Exército, caminhões, tanques nas ruas e soldados. Aqui, a fina sintonia do complexo jurídico-midiático. Enquanto em 1964 pessoas nas ruas foram pegas de surpresas ao verem tanques de guerras e caminhões carregando soldados armados, agora todo o enredo do impeachment estava previsto e o resultado mais do que esperado.

Os dois eventos distante 52 anos no tempo são incomparáveis, foram de natureza diversa: em 1964, um fato histórico; hoje, a banalidade de um não-acontecimento.

Há uma ironia objetiva no processo político do

  Wilson Roberto Vieira Ferreira

impeachment: não foi um acontecimento que produziu informações, mas, ao contrário, as informações midiáticas que determinaram acelerações e desacelerações, ditou o timing dos acontecimentos e editou a atenção da opinião pública.

O ardil do acontecimento histórico

Guardada as devidas diferenças, o atual impeachment somente pode ser comparado com outros não-acontecimentos como a seminal Guerra do Golfo de 1992: as transmissões ao vivo da CNN é que ditavam o *timing* e extensão dos acontecimentos – enquanto dava audiência, a guerra era estendida para ajudar uma possível reeleição do presidente George Bush pai. De repente, as areias do deserto se transformaram em um gigantesco estúdio em *live action* para a CNN.

Hoje, esses perfeitos estúdios foram os Supremos Tribunais e as plenárias do Congresso Nacional.

O golpe militar de 1964 trazia o ardil tradicional dos eventos históricos: fazer acontecer mudanças essenciais sem darem a ideia de que aconteciam. Por isso, todo evento histórico sempre apresentou um descompasso entre essência e aparência: na aparência, a glória de atos heroicos, as tragédias dos gestos errados e a fatalidade de destinos. Eventos inaugurais, divisores de águas, separação de épocas. E na essência, as mudanças profundas e silenciosas, lentas, que de repente podem explodir, como em um golpe militar sangrento.

Essa tensão entre essência e aparência é o que sempre permitiu a existência do ofício do historiador e do pensamento crítico – mostrar que a História é escrita pelos vencedores, tentar descobrir o ardil do tempo histórico, as leis dos acontecimentos.

A Psico-História

Nos atuais não-acontecimentos tudo isso deixou de existir com a hipertrofia das mídias que deixaram de ser testemunhas oculares da História – doravante, a "História" transformou-se em "psico-história", para usar uma expressão do escritor *sci-fi* Isaac Asimov: a mídia molda a percepção da realidade ao transmitir certas informações que se transformam em profecias autorrealizáveis – crises políticas e econômicas.

No caso brasileiro, era evidente o esgotamento de todas as forças de oposição aos governos petistas – figuras política e pessoalmente medíocres como Aécio Neves, Alckmin, José Serra e todo o chamado baixo clero do Congresso. Por si mesmas, incapazes de criar acontecimentos históricos como propostas, mobilizações populares, incendiar as ruas e assim por diante.

Diante disso, a grande mídia entrou no jogo e transformou-se no verdadeiro partido de oposição ao criar um complexo jurídico-midiático quase seguindo os moldes norte-americanos dos canais de transmissão ao vivo de julgamentos, recriação de julgamentos em infográficos e transmissões online como, por exemplo, o Projeto "Open Court".

Court Entertainment! O que tornou muitos norte-americanos fissurados em crimes, escândalos para depois chegar ao prazer da catarse punitiva ao assistir julgamentos pela TV.

Vazamentos diário das denúncias premiadas através da grande mídia se transformaram no cotidiano dos brasileiros, re-injetando energia em um sistema político exaurido pela inércia dos acontecimentos. O que colocou multidões nas ruas que apenas replicavam slogans da publicidade ("O Gigante Acordou", por exemplo) ou simulacros de obras de artistas plásticos como o gigantesco pato da FIESP.

Mesmo acompanhando os argumentos pró-impeachment nas redes sociais, é possível perceber esse, por assim dizer, DNA da psico-história autorrealizável: os textos são apenas pastiches ou mal ajambradas colchas de retalhos de slogans, palavras de ordem ou frases prontas como "programas sociais inúteis", "os protestos começaram nas ruas", "golpe constitucional" etc.

O efeito "Dunning-Kruger"

O que criou um gigantesco Efeito Dunning-Kruger: indivíduos com pouco conhecimento sobre o assunto acreditam saber mais do que especialistas por estarem constantemente abastecidos midiaticamente por clichês, sofismas e frases prontas. O que reforça ainda mais a ignorância, ao ponto de se tornar incapaz em reconhecer o próprio erro, como demonstraram pesquisas na Universidade de Cornell em 1999.

Os acontecimentos históricos seguem uma linha euclidiana e acumulativa em direção ao futuro. Enquanto os não-acontecimentos seguem em movimento helicoidal – movem-se em uma sobreposição circular, mas em movimento helicoide onde os acontecimentos se repetem como farsa, mas ainda assim se movimentam no tempo.

"Se repetem como farsa" quer dizer a habilidade do

    Wilson Roberto Vieira Ferreira

contínuo midiático inverter as relações causa-efeito produzindo pseudo-eventos que simulam ser históricos.

O Grau Zero da Política

Grau zero da política, o paroxismo do niilismo: Esquerda e Direita se equivalem no Estado em nada mais fazer do que adiar a catástrofe econômica e social, procurando enviar a dívida para um espaço virtual, uma economia fictícia onde papéis e títulos se transformam em riqueza negativa para a especulação.

Por vezes esse niilismo assusta o sistema político como um fantasma entrópico, necessitando do *input* do escândalo insuflado pelos vazamentos seletivamente editados – os não-acontecimentos.

Atualmente a única diferença entre Esquerda e Direita é essa: enquanto as esquerdas querem que uma parte dessa riqueza negativa seja convertida em alguma concreção nos programas sociais e de emprego, a Direita abomina tudo isso, fiel que está à agenda do controle populacional forçado pelas agências financeira internacionais – acabar com a pobreza deixando os pobres à mingua até o genocídio final.

Esse darwinismo social meritocrático talvez seja o único acontecimento verdadeiramente histórico por confrontar o humanismo iluminista que fundamenta a Democracia Ocidental.

Guerrilha midiática

Por outro lado, compreender os mecanismos dos não-acontecimentos é de importância estratégica em uma necessária trans-política à esquerda. De nada adianta tomar as ruas, como declarou Dilma Rousseff em seu discurso após a consumação do impeachment, se o contínuo midiático continua simulando a História em uma infernal sobreposição circular.

Assim como todo o sistema financeiro especulativo, produtor da riqueza negativa, se fundamenta no movediço solo da credibilidade (tudo pode ruir se um dia correntistas desesperados quiserem sacar seus haveres simultaneamente), a grande mídia igualmente se alimenta desse solo frágil.

Em postagem anterior discutíamos como táticas de guerrilha midiática (trolagens e pegadinhas, por exemplo) poderiam golpear e desmoralizar essa frágil credibilidade sobre a qual se sustenta um monstro

com pés de barro – leia no blog *Cinegnose* o post "Pequeno Manual de Guerrilha Anti-Mídia (2)".

Portanto, ocupar as ruas por si só não é o suficiente. É urgente ocupar o contínuo midiático que compreende essa zona virtual de interface entre a mídia e a realidade – atrair os "agentes Smith" (repórteres da
grande mídia) em ciladas semióticas.

A ação política tradicional é inócua diante da simulação dos
não-acontecimentos. A simulação somente pode ser combatida com uma
nova simulação: as estratégias irônicas das guerrilhas semióticas.

     Wilson Roberto Vieira Ferreira

Algumas bombinhas para terminar...

Receita para fazer uma Revolução Popular Híbrida... mas não conte para a esquerda!

(21/10/2017)

"Primaveras", "levantes", "jornadas", "protestos", não importa o nome. Egito, Ucrânia, Síria, Brasil: em todos eles, a mídia corporativa viu os acontecimentos sob a narrativa do "espontâneo", do "novo", da "renovação na política". E sempre pelo mesmo viés: a "velha política" não conseguiria dar mais conta das insatisfações, principalmente dos jovens. O roteiro de todas essas "primaveras" é praticamente idêntico (ONGs e fundações educacionais dando apoio financeiro e operacional, jovens lideranças formadas em universidades dos EUA, faixas e cartazes em inglês, vítimas em manifestações principalmente femininas, vazamentos oportunos do Wikileaks etc.) sugerindo algo como uma receita de bolo com ingredientes bem definidos. Propaganda, branding management, técnicas avançadas de psicologia de massas fermentam toda essa "espontaneidade" com objetivos geopolíticos bem definido contra o governo-alvo. Mas não conte para a esquerda – afinal, tudo não passa de "teorias conspiratórias".

Em uma sequência do filme *MIB – Homens de Preto* o agente Kevin (Tommy Lee Jones) introduz o novo agente James (Will Smith) na Organização. Kevin para em uma banca de jornais e folheia um tabloide sensacionalista.

"Vamos ver os relatórios", diz diante do incrédulo agente James. Percebendo a estranheza do pupilo, Kevin explica: "são as melhores fontes do planeta... às vezes também se encontra algo no New York Times".

Tão previsível e clichê como o último atentado em Barcelona (sempre com a mesma narrativa ao mesmo tempo fatal e enfadonha que caracterizam os "não-acontecimentos", "false flags" e "inside Jobs") são também as "revoltas populares" ou "primaveras" que nos últimos anos pipocaram em países como Jordânia (2013), Egito (2013), Ucrânia (2014), Geórgia (2003), Hong Kong (2014), Síria (2012), Tunísia (2010), Líbia (2011) e, finalmente, Brasil (2013-16).

O modelo desses "levantes populares" de protestos desse século está lá no século passado como a "Primavera de Praga" na Checoslováquia em 1968 ou a chamada "Revolução de Veludo" no Leste Europeu em 1989.

Previsíveis e com uma narrativa tão fixa e recorrente que falar sobre isso sempre faz o locutor ser rotulado de "sensacionalista" ou "teórico da conspiração". Mas, principalmente as esquerdas, deveriam seguir o conselho do agente Kevin: há mais verdades nas maquinações conspiratórias e sensacionalistas do que na séria Ciência Política.

"Primaveras", "levantes", "jornadas", "protestos", não importa o nome. Em todos eles, sempre a cobertura midiática relata os acontecimentos sob a narrativa do "espontâneo", do "novo", da "renovação na política" ou, como no recente giro de "primaveras" pelo planeta, do papel das novas tecnologias digitais (redes sociais e dispositivos móveis) nesse processo. E sempre com o mesmo viés: a "velha política" supostamente não conseguiria dar mais conta das insatisfações, principalmente dos jovens.

A cilada do "novo"

E as esquerdas e intelectuais acabam sempre caindo nessa cilada do "novo".

Por exemplo, durante as "jornadas de junho" em 2013 esse humilde blogueiro assistia, incrédulo, professores da ECA/USP rumando para a Avenida Paulista para sentir, de dentro das manifestações, o irromper do "novo" na política brasileira, que a supostamente carcomida política tradicional não conseguiria enxergar.

Por isso, as esquerdas parecem evitar discutir esse assunto:

    Wilson Roberto Vieira Ferreira

uma guerra híbrida da geopolítica dos EUA por trás das "primaveras"? Isso é "teoria conspiratória!", "sensacionalismo!", teme a esquerda, talvez preocupada em ser levada à sério para ganhar espaço em colunas e entrevistas na mídia corporativa e não ser confundida com "chavistas" ou "bolivarianos".

E toca a fazer "autocrítica" dos supostos "erros de avaliação" por não ter dado "respostas" ou informações "na hora certa" para a opinião pública.

Agentes políticos surgem do nada, em geral vindos de alguma universidade norte-americana e turbinados por alguma ONG ou fundação financiada por algum empresário brasileiro com preocupações na área da "educação". Enquanto isso, a esquerda ou patina nas incansáveis auto avaliações (lembrando as impagáveis sequências das reuniões da inerte e burocrática Frente de Libertação contra a dominação romana do filme *A Vida de Brian* do grupo Monty Python) ou joga fora jovens lideranças com origens na própria esquerda.

Então, esse *Cinegnose* vai dar uma humilde e didática contribuição descrevendo uma receita para criar o bolo das revoluções populares híbridas, diretamente inspirada nas chamadas "teorias da conspiração".

Se o agente Kevin estiver correto, as melhores fontes de informações do planeta estão nos tabloides sensacionalistas... mas não conte para a esquerda!

Receita para fazer uma
Revolução Popular Híbrida (RPH)

Ingredientes:

- Toneladas de dólares da CIA, MI6 e/ou George Soros e/ou irmão Koch

- Empresários nacionais financiadores de Fundações, principalmente em áreas de Educação e Meio Ambiente

- Grupos nacionais de defesa de "Direitos Humanos" ou "Pró-Democracia"

- Jovens universitários idealistas e aspirantes libertários facilmente manipuláveis

- Faixas profissionalmente confeccionadas e escritas em inglês

- Agentes provocadores violentos para ação direta – black blocs ou policiais infiltrados (P2)

- Jornalistas corrompíveis ou chantageáveis

- Políticos corrompíveis ou chantageáveis

- Acadêmicos corrompíveis ou chantageáveis

Modo de preparação:

Passo 1

Despachar agentes da CIA, de ONGs turbinadas por George Soros e/ou irmãos Koch para a nação alvo. Eles poderão facilmente se passar como estudantes de intercâmbio, turista, ativista comunitário, jornalista, empresário, diplomata. O que importa é ser criativo.

Passo 2

Inicie ONGs no país-alvo. Use pretextos humanitários como "Pró-Democracia", "Direitos Humanos", "transparência" ou "Liberdade de Informação". Contate empresários brasileiros que financiam fundações, principalmente na área educacional. Aquelas organizações com ideais altruístas como "formar gente boa que capacita jovens para mudar o Brasil" ou "comprometida em formar líderes no País".

Baixando do céu das boas intenções e colocando em prática na Terra, essas organizações tornam-se úteis para ter em mão aqueles "jovens idealistas" (vide ingredientes) no bolo final da Revolução Popular Híbrida. Essas organizações acabam dando cobertura para descontentes locais e idealistas ingênuos.

Passo 3

Recrutar a rede de traidores nacionais – alvos intelectuais, políticos e acadêmicos e, se possível, militares. Suborno é uma boa maneira para formar essa rede. Se não for suficiente, chantagear aqueles que têm alguma mancha na sua vida privada ou profissional é a solução mais drástica.

   Wilson Roberto Vieira Ferreira

Agora estamos prontos para começar a cozinhar!

Passo 4

Escolha um tema cativante ou cor para sua Revolução Popular Híbrida (RPH). Revolução Laranja (Ucrânia), Primavera Árabe (Egito, Tunísia, Líbia, Síria), Umbrella Revolution (Hong Kong), Revolução Verde (Irã). No Brasil tivemos uma interessante combinação de temas: "Jornadas de Junho" ou "Manifestações dos 20 centavos".

Faça um verbete na *Wikipedia* sobre o tema e crie perfis nas redes sociais. Revolução é uma questão de marketing.

Passo 5

Lance sua revolução como um "protesto espontâneo". Use aqueles agentes da CIA (aqueles sob identidade de "estudantes de intercâmbio", "jornalistas" etc.) e os ativistas e "novos líderes" das ONGs.

Proteste contra alguma coisa do tipo "violações de direitos humanos", "fraude eleitoral", "governo corrupto" ou "Saúde e Educação Padrão FIFA". Pouco importa se as alegações são verdadeiras. O que importa é criar paixões, polarizações e o inevitável efeito de manada.

Nesse momento descobrirá a importância daquelas fundações educacionais que formam "líderes para o futuro": por exemplo, no Brasil a Fundação Estudar, criada pelo empresário Jorge Paulo Lemann, financiou e deu apoio operacional ao Movimento Vem Pra Rua.

Passo 5.1 (opcional)

Em certos casos Wikileaks pode dar uma ajuda a sua RPH através de "vazamentos" de segredos embaraçosos sobre personagens-chave dentro do governo-alvo.

No caso do Brasil, a "Carta Aberta ao Povo Brasileiro" do funcionário dissidente da NSA, Edward Snowden, denunciando que a agência dos EUA teria espionado e-mails da presidenta Dilma e Petrobrás só aumentou a temperatura da fritura do governo-alvo: virou prova da fraqueza de uma presidenta à beira do abismo.

Passo 6

Estenda suas faixas "espontâneas" e cartazes de protesto escritas em inglês nas manifestações. Afinal, é necessário ganhar a simpatia da opinião pública internacional e, principalmente, dos políticos norte-americanos.

Passo 7

Adicione aos seus agentes e líderes políticos em tempo integral que, a essa altura, já ganharam espaço na mídia corporativa (alguns até ganharão coluna fixa em jornais e internet), acadêmicos e universitários aspirantes a uma geração globalizada e "antenada".

Isso vai engrossar a fileira de manifestantes, incluindo descontentes, pessoas com queixas legítimas, desinformados que acabam seguindo a manada ou simplesmente gente entediada que não tem coisa melhor para fazer.

Passo 8

A essa altura a grande mídia norte-americana e europeia já está retratando a sua RPH como "popular", "espontânea" e "renovação política". Uma reação natural à tirania, ditadura, corrupção ou fraude do governo-alvo.

Agora que o mundo está assistindo, encene um incidente. Se você não conseguir encontrar algum fanático que ateie fogo contra si mesmo, simule uma atrocidade. Sangue falso, gás lacrimogêneo ou simplesmente fotos encontradas na Internet. Certifique-se que a vítima seja mulher.

Por exemplo, no Brasil pegou bem o episódio de mulheres salvando cães beagles cobaias em um Instituto farmacêutico em São Roque/SP em 2013: mulheres de classe média salvando animaizinhos em meio a fogo e quebradeira de black blocs. Claro, para jogar a culpa no Governo e Anvisa (Agência Nacional de Vigilância Sanitária).

Ou o fusca incendiando com uma família dentro (marido, esposa e filhos) pegos "de surpresa" em uma manifestação em São Paulo.

Ou ainda os "lindos olhos amendoados do anarquismo" (Caetano Veloso) das fotos de black blocs femininos, capas de revistas nacionais.

Wilson Roberto Vieira Ferreira

Transforme black blocs em editorial de alguma revista moda feminina. Algo assim como o ensaio fotográfico da atriz Bárbara Paz.

Mas avise aos seus agentes para não olharem ou rirem para as câmeras. Como aconteceu nos atentados terroristas *false flag* em Berlim e Paris – em plena cena de tragédia, a câmera pegou policiais rindo e conversando descontraidamente até perceberem que estavam no enquadramento. Para de imediato ficarem em alerta e correr para algum lugar apontando armas.

Ou o caso da iraniana Neda Agha-Soltan (intitulada pela grande mídia "o anjo da liberdade") checando o ângulo da câmera enquanto aplicava sangue falso em si mesma.

Blogueiras que inacreditavelmente conseguem *wi-fi* no meio de uma guerra civil como na Síria ou num país supostamente isolado como Cuba, também cai bem.

Passo 9

Se, mesmo assim, tudo isso não der certo você poderá contar com o levante de alguma armada rebelde ou ainda a ameaça de sanções econômicas ou de "zona de exclusão aérea" imposta pelos EUA, ONU ou União Europeia. Até convencer ou derrubar um governo contrário a agenda geopolítica dos globalistas.

Mas, claro, tudo isso não passa de "teoria da conspiração"... mas não conte para as esquerdas. Elas não entenderão mesmo...

Wilson Roberto Vieira Ferreira

Revisitando o 7X1 de Brasil e Alemanha: uma bomba semiótica na guerra híbrida?

(16/08/2017)

"Massacre de Belo Horizonte". "Mineiraço". Ou ainda jocosamente "Mineiratzen" para nomear a inacreditável goleada de 7X1 da Alemanha sobre o Brasil na semifinal da Copa do Mundo no estádio do Mineirão em BH. Em meio a uma pesada atmosfera de radicalização política e ideológica iniciada pelas "jornadas de Junho" de 2013 que deram início a chamada "Primavera Brasileira", a goleada encaixou-se tão perfeitamente em uma narrativa da mídia corporativa (um país à beira do abismo) e na sinistra cadeia de eventos (a queda do guindaste na Arena Corinthians, o "escândalo Edward Snowden, a queda de uma ponte em BH às vésperas do "mineiraço" etc.) que incendiou a imaginação dos teóricos da conspiração. Revisitado agora, três anos depois, a controversa goleada revela inúmeras "coincidências" e "conveniências" para aquele momento: uma goleada geopolítica, anomalias reveladas em vídeos, a "teratopolitização" tanto da presidenta Dilma como do técnico da Seleção Felipe Scolari e, agora, o coincidente destino de dois jogadores pivôs das "teorias conspiratórias" da época – Thiago Silva e Neymar: os dois no time francês PSG, comprado por empresa de investimentos do Qatar, sede da Copa do Mundo de 2022.

Essa postagem levou três anos para ser redigida. Em 08 de julho de 2014 ocorreu um evento tão peculiar, tão sem precedentes e tão bizarro que o primeiro impulso deste humilde blogueiro foi saltar para o teclado do computador e batucar algumas hipóteses conspiratórias. Hipóteses que quase de imediato começaram a pipocar nos blogs e redes sociais.

Mas o *Cinegnose* foi contido em função de um enorme problema em todas as "teorias da conspiração": como estrelas milionárias do futebol brasileiro jogariam fora a chance de serem imortalizados como campeões mundiais, atraindo ainda mais dinheiro e contratos?

São até compreensíveis denúncias de manipulações de resultados em torno de jogadores pobres em campeonatos africanos ou da América Central. Mas não com ricos astros internacionais.

Porém, o 7x1 da Alemanha sobre o Brasil na partida semifinal da Copa do Mundo foi um resultado absolutamente anômalo: o futebol, por natureza, é um esporte com baixa pontuação (0-0, 1-0, 2-1 etc.), principalmente em jogos decisivos envolvendo forças futebolísticas equivalentes.

Além disso, até aquele momento no histórico das copas do mundo, a defesa brasileira havia sofrido 89 gols em 97 jogos, uma média de menos de um gol por jogo. E em apenas um jogo, numa semifinal onde tradicionalmente forças equivalentes se enfrentam, a seleção tomou sete gols.

O chamado "massacre de Belo Horizonte" ou "mineiraço", assim como todos os meses que antecederam desde a Copa das Confederações, foi acompanhado de pesada atmosfera política, iniciada com as "jornadas de Junho" em 2013 – manifestações de rua, polarização política, radicalizações ideológicas e a desestabilização do governo Dilma chegando à ingovernabilidade.

Além de uma "Operação Anti-Copa" posta em ação diariamente pela grande mídia (com direito a "barrigas" e "não-notícias" – sobre isso consulte o conceito "Não-acontecimento" na sessão "Glossário") com o objetivo claro de jogar pedras na vitrine internacional dos governos petistas (Copa e Olimpíadas), além de impedir qualquer clima de vitória e otimismo que facilitasse a reeleição da presidenta Dilma.

Efeito Heisenberg e esquizofrenia midiática

Naquele momento, a avaliação desse *Cinegnose* para o "massacre de Belo Horizonte" foi de que a Seleção foi vítima de dois fatores extra esportivos: o chamado "efeito Heisenberg" (a Seleção pautada pelas exigências de cobertura midiática) e a esquizofrenia crônica da grande mídia – sabotar politicamente o evento e, ao mesmo tempo, faturar comercialmente com ele.

Wilson Roberto Vieira Ferreira

Porém, três anos depois e colocando a bizarra goleada em perspectiva (principalmente após revelações dos detalhes que diariamente vem à tona de que a "Primavera Brasileira" fez parte de uma elaborada "guerra híbrida" planetária disparada pela geopolítica do Departamento de Estado dos EUA) não há como negar que o episódio foi, no mínimo, sincrônico e pleno de sentido. Alinhado com a sequência de causas e efeitos que era desencadeada com absoluta precisão.

Até o desfecho, com o impeachment da presidenta em 2016 e a consumação do golpe político jurídico-parlamentar-midiático.

Esta postagem não pretende levantar ainda mais hipóteses "conspiratórias" sobre a improvável goleada da Seleção.

Porém, vamos tentar demonstrar como semioticamente aquele fatídico jogo foi mais uma peça de dominó que caiu numa sequência sincrônica de eventos. Uma sincronia tão perfeita que é impossível não parar para pensar na "beleza" das coincidências e conveniências.

(a) A teratopolítica de Dilma e Felipe Scolari

Coincidentemente, Dilma e Scolari foram alvos da estratégia da teratopolítica – estratégia semiótica da criação de inimigos monstruosos, morfologicamente disformes como monstros ou simulacros humanos.

Assim como Dilma, o técnico da Seleção era figurado como teimoso, velho, ultrapassado – sintoma de um País supostamente atrasado e que não dá certo. Parceiro de um evento que roubaria dinheiro público, corrupto na sua essência, e que tiraria dos brasileiros os serviços básicos de saúde e educação.

Personagens de um Brasil que não dá certo. O "massacre de Belo Horizonte" foi o desfecho lógico de uma guerra semiótica de desmoralização tanto da mídia nacional como internacional.

Em contraste, Alemanha era aquilo que dá certo: planejamento, eficiência, foco... todo o jargão meritocrático. Além do surpreendente uniforme com as cores do Flamengo (a maior torcida brasileira) como estratégia mercadológica para ganhar a simpatia nacional.

Após o "mineiraço", prontamente ocorreram nas ruas manifestações de ofensas à presidenta Dilma e onda de assaltos e vandalismos foram registrados em várias cidades brasileiras, como observou a CBS News. Bandeiras brasileiras eram incendiadas nas ruas de São Paulo, mesmo antes do jogo ter terminado.

A tragédia esportiva caia como uma luva, quase como mais um ato na narrativa dominante da mídia corporativa de figurar um País à beira do abismo político e econômico.

(b) O vídeo de Brasil X Alemanha

De toda a massa de vídeos analisando o massacre futebolístico, um deles chama a atenção: isola apenas as ações dos jogadores alemães envolvidos nos lances dos gols – 5 X 0 em 18 minutos. Observa-se que os alemães avançam e chutam sem fazer qualquer manobra evasiva, dribles ou esforços nas jogadas que resultaram em gols - **https://youtu.be/eW22AMQ5nIs**

Em ritmo de treino ou um "rachão" recreativo pós-treino, a Alemanha chega a um inacreditável placar em uma semifinal de Copa de Mundo, em poucos minutos.

Nos gols vemos defensores brasileiros que sequer tentam obstruir os lances – por exemplo, David Luiz vaga na área como zumbi e sequer tenta obstruir o homem atribuído a marcar; Marcelo literalmente fica plantado dentro do gol no primeiro tento alemão; o goleiro Júlio César parece sempre fora do lugar, fazendo mergulhos teatrais após a bola ter entrado e assim por diante - **https://youtu.be/259itAV0x_k**

Alegou-se "pânico", alguma espécie de "black out", imputados em jogadores experimentados internacionalmente. A maioria deles jogando no cenário esportivo europeu exigente e altamente competitivo.

Tim Vickary, um jornalista inglês freelance e correspondente da BBC Sports (além de morar no Brasil desde 1994) deu o tom geral de um recado supostamente modernizante para um País politicamente sublevado: "uma oportunidade para que o Brasil possa recuperar sua identidade histórica e reconstruí-la num contexto moderno, global" – "Brazil must learn lessons from Germany humiliation", BBC News, 2014.

(c) Goleada geopolítica

A críptica fala de Vickary mais parecia um *Think Tank* da mídia internacional em relação à geopolítica brasileira naquele momento: junto com a Venezuela e Argentina o País matara o projeto da ALCA – projeto globalista de fazer crescer uma versão americana da União Europeia.

Adiciona-se ainda o insulto do Brasil se alinhar à Vladimir

     Wilson Roberto Vieira Ferreira

Putin no bloco comercial dos BRICS – Brasil, Rússia, Índia, China e África do Sul. Além de condenar o tratamento dado aos palestinos por Israel e a recusa em impor sanções comerciais ao Irã.

De fato, para a mídia internacional o Brasil necessitava ser reconstruído em um "contexto moderno e global".

(d) Uma oportuna cadeia de eventos

Além da suspeitíssima "Primavera Brasileira" (conjunto de táticas de *engenharia social* – ONGs, "spin doctors", "paid experts" etc. – *ação direta* – faixas em língua inglesa nas manifestações "rent-a-mobs" estudantis, manjadas ações de black blocs – e a pesada estratégia de "lawfare" criando o complexo jurídico-midiático – Lava Jato-vazamentos-TV Globo), o "mineiraço" foi antecedido por uma oportuna cadeia de eventos que serviram como um aperitivo para o que estava por vir.

(d.1.) A queda do guindaste na Arena Corinthians.

A mídia nacional e internacional relatou com fôlego a "preocupação" com os preparativos da Copa 2014: um enorme guindaste caiu através da cobertura do estádio programado para receber o jogo de abertura. Duas pessoas morreram e pelo menos outra pessoa ferida. Muitos mais poderiam ter morrido se os operários não estivessem na hora do almoço.

Passava do meio-dia quando ocorreu o acidente. Oportunamente no horário dos telejornais regionais, nacionais e esportivos da grande mídia, principalmente da Globo. E também oportunamente, um "cinegrafista amador" registrou o exato momento da queda. Um vídeo de 11 segundos, prontamente entregue aos telejornais.

(d.2.) A "denúncia" de Snowden.

Em pleno horário nobre, em 2013, a grande mídia divulga documentos da NSA vazados por um funcionário dissidente chamado Edward Snowden. Uma verdadeira bomba sobre o Brasil – a "Carta Aberta ao Povo do Brasil" de Snowden, dizendo que a NSA teria revogado o direito à privacidade digital e que Dilma e a Petrobrás eram as maiores vítimas de espionagem de e-mails pela agência norte-americana.

Um segredo de polichinelo - há décadas, desde o chamado Projeto Echelon nos anos 1970, qualquer professor de comunicação sabe sobre a espionagem global de ligações telefônicas por satélites com a colaboração das empresas de telefonia.

Mas a "Carta Aberta" surtiu como mais um evento desestabilizador interno e da geopolítica brasileira. Não é à toa que a mídia corporativa nacional "sambou em cima" como mais uma evidência da tibieza de uma presidenta à beira do abismo.

E para Nicholas Kozloff, em artigo no *Huffington Post*, uma evidência de que "o Brasil está comprometido e não deve desafiar Obama".

Enquanto isso, a "Primavera Brasileira" com os bem organizados "rent-a-mobs" ajudaram a promover o escândalo Snowden revertido como mais um ingrediente na desestabilização política.

(d.3.) Uma ponte cai às vésperas do "mineiraço".

Porém, faltava o componente mais sinistro e profético dos eventos: um dia antes do Brasil ser promovido à semifinal (vitória sobre a Colômbia nas quartas de final) e cinco dias antes do "mineiraço", no dia 03 de junho em plena Belo Horizonte (e não muito longe do estádio do Mineirão) uma ponte inacabada colapsou. Matou duas pessoas e feriu outras 22.

Além de ser um desastre em uma das obras inacabadas para a Copa do Mundo (corroborando com o discurso midiático do "desperdício de dinheiro público", a mentira sobre o legado da Copa etc.), foi mais um evento que se somou aos incidentes envolvendo a perda de dois importantes jogadores do Brasil para a semifinal: o zagueiro Thiago Silva (suspenso após falta absurda e estúpida) e Neymar, supostamente lesionado em uma vértebra após entrada "criminosa" do jogador colombiano Zuñiga – sobre eles, leia o "bônus track" abaixo.

As teorias conspiratórias mais delirantes falaram em "mensagem siciliana" aos jogadores brasileiros na queda da ponte em Belo Horizonte, local do jogo decisivo brasileiro: ameaça de morte caso não entregassem o jogo...

Mas temos que admitir: o incidente elevou ainda mais a tensão numa seleção na qual jogadores cantavam o hino nacional a capela junto com a torcida como fosse ato simbólico num ambiente já politicamente carregado.

   Wilson Roberto Vieira Ferreira

(e) Bônus Track - para incendiar a imaginação conspiratória

Teorias conspiratórias na época deram conta dos "estranhos incidentes" envolvendo Thiago Silva e Neymar.

Thiago Silva marcaria o primeiro gol do Brasil logo no início contra a Colômbia para logo depois levar o segundo cartão amarelo numa falta estúpida – em lance inusitado e primário, o jogador entrou na frente de Ospina que ia repor a bola em jogo com um chute, irritando o técnico Filipão. Proibido pelas regras, o jogador levou o segundo amarelo e a suspensão automática para o próximo jogo contra a Alemanha.

E a polêmica contusão de Neymar – ele teria sinalizado para o jogador colombiano, segundos antes da contusão, que significaria "vá em frente, este é o momento!".

Será que Neymar e Thiago Silva participaram da "entrega" do jogo contra a Alemanha ao deliberadamente enfraquecer a Seleção? Ou, temerosos, pularam fora do barco que inevitavelmente viraria?

Coincidentemente, os dois jogadores estão no PSG – Neymar, na maior transação financeira do futebol mundial. O clube francês foi comprado em 2011 pelo Qatar Sports Investments, entidade que faz parte da estatal Qatar Investment Authority que visa espalhar investimentos do país em várias partes do mundo.

O Qatar sediará a próxima Copa do Mundo em 2022 e a contratação de Neymar é a demonstração do poder e vitrine para o evento esportivo mundial que é a menina dos olhos do príncipe Hamad bin Khalifa al-Thani, no poder desde 1995.

Mais do que esporte, a contratação tem um simbolismo geopolítico: apesar de manter relações diplomáticas com o Irã e supostamente abrigar movimentos como o Hizbollah, o Qatar permite a manutenção de uma base militar norte-americana em seu território.

Thiago Silva e Neymar no time do PSG, um dos jogadores pivôs das especulações em torno do 7X1 da Alemanha sobre o Brasil, só acende ainda mais a imaginação dos teóricos da conspiração.

GLOSSÁRIO

Bomba semiótica: informação transmitida pela mídia corporativa travestida de notícia, porém carregada de construção arbitrária de significados. Utilizando recursos retóricos e semiológicos, não objetiva a doutrinação político-ideológica como na propaganda convencional. Sua orientação é cognitiva: moldar a percepção da opinião pública criando sensações difusas ou climas de opinião nos quais os signos transmitidos tornam-se auto evidências de situações caóticas: pré-insurgência, instabilidade, desordem etc. É a matéria-prima da Guerra Híbrida por explorar o medo, ansiedade e ódio. Como bomba cognitiva, procura criar sentimentos e emoções que apenas esperam uma tradução político-partidária para ganharem o direcionamento político para a desestabilização de um governo.

Canastrice: recurso de saturação retórica. Emissão de discursos em performances exageradas, fakes, forçadas porque carregadas de clichês que fazem alusões a atores e personalidades midiáticas igualmente canastrões. Ironicamente, esses discursos ou performances não espontâneas e caricatas tornam-se críveis porque o tempo inteiro são alusivos à ficção midiática. Na sua banalidade da imitação dos simulacros televisivos e cinematográficos com os quais convivemos diariamente, paradoxalmente deixamos de perceber a natureza falsa e "teatral" das performances.

Dissimulação: campo clássico da manipulação – da mentira, da ideologia como falsa-consciência, da censura. Significa dizer que você não tem quando na verdade esconde algo. Esse é o campo da propaganda política tradicional no qual procura-se mascarar realidades que possam entrar em contradição com um discurso dominante – Veja "Simulação" na sessão "Glossário".

Efeito Heisenberg: conceito criado pelo jornalista e crítico cultural norte-americano Neal Gabler. é uma referência ao princípio da incerteza da mecânica quântica de Werner Heisenberg (1901-1976): quando se tenta estudar uma partícula atômica, a medição da posição necessariamente perturba o momentum de uma partícula. Em outras palavras, Heisenberg queria dizer que você não pode observar uma coisa sem influenciá-la. Para Gabler a relação da mídia com a sociedade torna-se análoga: as mídias não estão de fato relatando o que as pessoas faziam; estão relatando o que as pessoas fazem para obter a atenção da mídia. Em outras palavras, a mídia está cada vez mais cobrindo a si mesma e o seu impacto sobre a vida.

Espiral do Silêncio: efeito cognitivo da criação de um clima de opinião. indivíduos ideologicamente não engajados tendem a pensar que estão isolados ou em minoria. Das duas uma: ou ficam em silêncio, envergonhados, achando que sua opinião está em desvantagem ou tendem a adaptar sua opinião à tendência supostamente majoritária. E numa dinâmica de profecia autorrealizável, o que era "percepção" acaba se tornando realidade.

Guerra híbrida: operação psicológica ("psi op") ampla, visando a paralisia estratégica do inimigo e o domínio total de espectro, transpondo as táticas militares do campo de batalha convencional para o plano simbólico da guerra semiótica. na guerra híbrida o conflito tradicional (em torno de dissimulações) dá lugar às guerras assimétricas onde os novos atores se unem aos costumeiros em um ambiente cognitivo marcado por simulações que produzem pós-verdade e incertezas – produzido pela disseminação criptografada (fragmentada) de informações.

Guerra semiótica: tática assimétrica mobilizando todos as mídias disponíveis para plantar e detonar bombas semióticas. Seu objetivo é a criação de um clima de opinião propício.

Jornalismo Metonímico: relativo ao conceito de metonímia – figura de retórica que retira a palavra do seu contexto semântico normal por ter uma relação de significação de contiguidade, material ou conceitual.

No caso do jornalismo, caracteriza-se pela "contaminação metonímica" entre signos de natureza diversa (texto, imagem etc.) segundo a seguinte fórmula: 1 + 1 = 3, isto é, uma notícia que contamina outra notícia totalmente diversa pode produzir uma terceira notícia totalmente diversa e ideologicamente intencional. Por exemplo, notícias sobre incêndios criminosos na Amazônia seguidos pelo bloco de notícias sobre a previsão do tempo em um telejornal, esvazia um crime ambiental ao conotá-lo como um fenômeno sazonal, climático ou meteorológico.

Não-acontecimento: é um dos conceitos mais prolíficos e polêmicos do falecido pensador francês Jean Baudrillard (1929-2007). Evento que simula ser "real", isto é, externo a existência como acontecimento espontâneo, histórico. Mas na verdade ele acontece como um pseudo-evento – é criado para

     Wilson Roberto Vieira Ferreira

atrair a atenção midiática e logisticamente pensado com esse fim. Veja "Efeito Heisenberg" em "Glossário" no final.

Protofascismo: constelação de traços psíquicos que em seus famosos estudos sobre a chamada "Escala F" nos anos 1940, Theodor Adorno definiu como "Personalidade Autoritária", sintetizada no seguinte aforismo do pesquisador: "quem é duro consigo mesmo, também se acha no direito de sê-lo com os demais". Essa constelação psíquica aflora em determinados contextos de estresse social, sempre à espera de uma tradução política que lhe dê sentido e direção. Estresse social que pode ser ampliado pelos efeitos cognitivos das bombas semióticas.

Retrofascismo: por um ponto de vista semiótico, difere-se do fascismo histórico pela existência desse esse plano "retro": utiliza a nostalgia, onda de *revival* ou simplesmente clichês icônicos e históricos como suporte significante (ou se quiser, uma expressão material) para uma atmosfera difusa e contínua de percepções e sentimentos. Na verdade, esse plano retro parece muito mais com racionalizações no sentido freudiano: álibis ou pretextos para que percepções e sentimentos protofascistas (a "personalidade autoritária") latentes na sociedade possam se expressar para serem direcionadas politicamente – veja "Protofascismo" no "Glossário" no final).

Semiótica: não existe propriamente um "modelo semiótico" de comunicação, mas diversas "semióticas". Uma a do suíço Ferdinand Saussure, onde se trata de uma ciência que estuda a vida dos signos no seio da vida social ao que propõe o nome de "Semiologia". Outra, conhecida como "semiótica greimassiana" desenvolvida na década de 1960 por Julien Greimas, em que se baseava no estudo do sentido de um texto ou de uma narrativa a partir da análise do discurso e da produção de sentido pelos processos de significação, seja verbal, visual ou gestual.

Nesse livro utilizamos a *semiótica peirciana* a partir dos estudos do filósofo norte-americano do século XIX Charles Sanders Peirce: a exploração das raízes, condições e mecanismo de significação a partir da classificação dos tipos de signos e analisar o seu funcionamento em diferentes níveis.

A teoria das bombas semióticas vai aplicar especificamente a *fenomenologia peirciana*: Para Peirce o sistema nervoso é estimulado simultânea e diversamente, resumindo tudo em um elemento, assim como muitos sons são reduzidos a um acorde. Fazemos uma apreensão sintética da diversidade de dados. Para Peirce, percepções são conclusões, e não impressões.

Essa fenomenologia abre a dimensão pré-sígnica das

sensações que embora não seja imediatamente ideológica, pode ser instrumentalizada para finalidades simbólicas – ideológicas, políticas ou mercadológicas.

Semiologia: área do conhecimento que se dedica a compreender os sistemas de significação desenvolvidos pela sociedade. Tem por objeto os conjuntos de signos, sejam eles linguísticos, visuais, ou ainda ritos e costumes.

Nesse livro aplicamos a semiologia francesa de Roland Barthes. Para ele, os significados e as intencionalidades de quem está significando (os "emissores") organizam-se dentro de um sistema – uma estrutura invariável de signos descolada da realidade cotidiana. O sistema semiológico por ser desmontado a partir de duas técnicas: a da "recorrência" e o chamado "teste de comutação".

Recorrência busca repetições, padrões, que por serem recorrentes vão além da mera coincidência, tornando-se um fato linguístico de significação, um sentido. O fenômeno da recorrência envolvendo dois eixos: diacrônico (presente) e sincrônico (histórico).

E o teste de comutação: Um teste simples sugerido por Roland Barthes para o analista encontrar as menores unidades de significação em um texto ou imagem: descobrir a existência de outros signos correlatos dentro do paradigma (no reservatório de signos disponíveis em uma determinada letra, palavra, frase etc.) e substituí-los, até encontrar a mudança de significado.

Signo: menor unidade de um sistema semiológico que possui duas partes indissolúveis: significante e significado – respectivamente, o suporte físico ou sensível (cores, Gestalt, imagem etc.) e o conteúdo (ideológico, político etc.). Nas bombas semióticos os signos se diluem em simulacros – os signos perdem seus conteúdos para se converterem em pura forma para criar efeitos cognitivos na opinião pública – veja "Clima de Opinião" em "Glossário").

Simulação: é o campo da guerra semiótica e da produção de não-acontecimentos para criarem bombas semióticas. Simular significa afirmar que você possui algo que não existe. Fingir uma presença ausente. Diferente da dissimulação, em que a operação é oposta: esconder aquilo que existe. Não estamos mais no império do segredo, mas no reino do blefe. Acontecimentos tornam-se simulações quando buscam não mais o segredo, mas a visibilidade midiática – veja "Efeito Heisenberg" em "Glossário".

Simulação da fonte: a não-notícia que é anterior à possibilidade de

     Wilson Roberto Vieira Ferreira

manipulação (dissimulação) no processo de edição/transmissão da notícia. O evento é criado deliberadamente para a repercussão midiática, como um factoide. Dessa forma, a simulação torne-se pré-existente à dissimulação – o problema está na fonte, antes mesmo da existência do emissor da mensagem.

Simulacro: é um signo que perdeu a referência. Ele representa apenas outro signo anteriormente produzido. Cópia da cópia. Não-acontecimentos e canastrice política são essencialmente simulacros – eles nada mais representam do que a forma e o conteúdo midiáticos: a presença da mídia e os clichês cinematográficos e audiovisuais – Veja "Simulação" em Glossário.

Sincromisticismo: baseado no conceito de sincronicidade de Karl G. Jung, é a hipótese de que por trás dos fatos se escondesse uma secreta sintaxe que faz símbolos e significados convergirem em dados momentos, criando eventos de forte impacto no contínuo midiático. Como não há coincidências na Política, mas sincronicidades, das duas uma: ou os acontecimentos são operações psicológicas em uma guerra semiótica, ou estamos diante de massivas manipulações de simbolismos ou arquétipos com forças tiradas do inconsciente coletivo para criar impacto político-cognitivo. Dessa forma, entraríamos no campo da "Parapolítica" – a confluência entre política, esoterismo e misticismo como procuram fazer pesquisadores como Christopher Knowles, Loren Coleman ou Gary Lachman – mais informações veja em **http://cinegnose.blogspot.com/2019/08/livro-dark-star-rising-como-magia-e-o.html**

Sistema semiológico: o sistema de recortes e enquadramentos na criação da notícia. Operação para articular os signos (índices, ícones e símbolos) de uma maneira tal que converta tudo aquilo que é arbitrário (construção artificial de significados) em expressões "motivadas", isto é, auto evidentes, como se os signos não fossem mais representações, mas decalques da própria realidade. É como se o mapa se tornasse o próprio território – Veja "Semiologia" no "Glossário".

Sistema retórico: forma de saturação sígnica para forçar a motivação do sistema semiológico. empregado para valorizar textos ou imagens, tornando a linguagem mais expressiva. Recurso linguístico para conferir emotividade ou poeticidade ao discurso. Veja "Canastrice" no "Glossário".

Tautismo: Conceito criado pelo francês Lucien Sfez, o *tautismo* tem a ver com o que ele chamava de "comunicação confusional", traço dominante contemporâneo onde o processo comunicacional teria se tornado um diálogo sem personagem. Só leva em conta a si mesmo, isto é, a comunicação como seu próprio objeto.

Sistemas de comunicação que se tornam expansivos e complexos tenderiam às características de auto-organização e fechamento: de um lado a característica da tautologia (repetição lógica onde o resultado é igual a sua proposição; soma-se a isso o autismo midiático onde o sistema de comunicação cria um mundo próprio com pouco ou nenhum contato com o mundo exterior.

As redes das grandes mídias acabaram criando uma verdadeira câmara de eco onde seus experts, editores, chefes, colunista e executivos criaram uma agenda cujos temas são confirmados pelos números e estatísticas de pesquisas cujas perguntas tendenciosas acabam confirmando proposições e hipóteses. Discurso auto referencial, delirante, neurótico.

   Wilson Roberto Vieira Ferreira

BIBLIOGRAFIA

1 – ALLPORT, Gorodon e POSTMAN, Leo, Psicologia del Rumor, Buenos Aires: Psique, 1982.

2 - ASSIS, Denise. *Propaganda e Cinema a Serviço do Golpe*, R. de Janeiro: Mauad, FAPERJ, 2001.

3 - KROKER, Arthur. Data Trash – the theory of the virtual class. New York: Saint Martin's Press, 1994.

4 - BARTHES, Roland. *O Sistema da Moda*. Martins Fontes, 2009.

5 - _________ *Mitologias*. Bertrand Brasil, 2002.

6 - _________ *S/Z - Um Ensaio*, Edições 70, 1999.

7 – BAUDRILLARD, Jean. À Sombra das Maiorias Silenciosas, São Paulo: Brasiliense, 1985.

8 - _____________, Partidos Comunistas Paraísos Artificiais da Política, R. de Janeiro: Rocco, 1985.

9 - _____________, Jean. "A Informação no Estágio Meteorológico" In: Idem, *Tela Total*, Porto Alegre: Sulina, 1997.

10 - BERDIK, Chris. "Duped! When Journalists Fall for Fake News" In: Quill, Vol. 90, n.4, Society of Professional Journalists, EUA, 2002.

11 - BOORSTIN, Daniel. The Image – A guide of pseudo-events in America, Vintage, 1992.

12 - BOURDIEU, Pierre. "A Opinião Pública Não Existe", In: Questões de Sociologia, São Paulo: Marco Zero, 1983.

13 - CHEVALIER, J. e GHEERBRANT, A. *Dicionário dos Símbolos*, R. de Janeiro, José Olympio, 2009.

14 - COTES, Cláudia. "O Estudo dos Gestos Vocais e Corporais no Telejornalismo Brasileiro", Tese de Doutorado em Linguística, São Paulo: PUC, 2008.

15 - DREIFUSS, Rene A. *1964: a conquista do Estado*, Petrópolis: Vozes, 1981.

16 - ECO, Umberto, *Viagens na Irrealidade Cotidiana*, R. de Janeiro: Nova Fronteira, 1984.

17 - FERREIRA, Wilson R.V. *O Caos Semiótico*. São Paulo: Livrus, 2010.

18 - GROYS, Boris, "A Guinada Metafísica de Hollywood". Mais, *Folha de São Paulo*, 03/06/2001.

19 - HELLER, Eva. Psicologia das Cores, São Paulo: Gustavo Gili, 2012.

20 - HOWARD, Martin. *We Know What You Want*. N. York: Disinformation Books, 2005.

21 - JAMESON, Frederic. "Pós-Modernidade e Sociedade de Consumo" IN: *Novos Estudos Cebrap*, São Paulo, número 12, junho de 1985.

22 – LACHMAN, Gary. Dark Star Rising – Magik, Power in the Age of Trump, New York: tarcher Perigree, 2018.

23 - MARCONDES FILHO, Ciro. *Dieter Prokop*, coleção grandes cientistas sociais. São Paulo: Ática, 1987.

24 - MOORE Jr, Barrington, "Totalitarian Elements in Pre-industrial Societies", In: *Political Power and Social Theory*, Havard University Press, 1958.

25 - RAMONET, Ignácio. *A Tirania da Comunicação*. Petrópolis: Vozes, 1999.

26 - SFEZ, Lucien. *Crítica da Comunicação*. São Paulo: Loyola, 2000.

27 - SLOTERDIJK, Peter. Crítica da Razão Cínica. São Paulo: Estação

Liberdade, 2012.

28 - STAM, Robert. "O Telejornal e seu Espectador" In: Novos Estudos Cebrap, São Paulo, n.13, p 74-87.

29 - WOLTTON, Dominique, *O Elogio do Grande Público*, Ática, 1996.

www.ingramcontent.com/pod-product-compliance
Lightning Source LLC
LaVergne TN
LVHW020725200726
843506LV00009B/625